寻找“内生”的力量

——小学数学“养学课堂”的教学探索

主　编　彭　娟
副主编　冯　胜　汪　屹　万　泉
　　　　熊　菲　刘重庆
参　编　朱珣珣　吴　丹　王　漪
　　　　朱莉萍　孙巧丽　杨　敏
　　　　张　露　罗淑颖

华中科技大学出版社
中国·武汉

内容简介

湖北省特级教师、湖北省彭娟名师工作室主持人彭娟提出了小学数学“养学课堂”的教学主张。彭娟及其团队经过三年的研究，将教学主张的理论与实践成果结集为《寻找“内生”的力量——小学数学“养学课堂”的教学探索》一书。全书分为上、下两篇，分别为“我们的思考”与“我们的实践”，其中上篇“我们的思考”分为 4 章，分别就小学数学“养学课堂”教学主张的提出与阐述、小学数学“养学课堂”的教学模式、小学数学“养学课堂”的基本操作策略、小学数学“养学课堂”的评价原则与要点进行了系统介绍；下篇“我们的实践”结合教学设计与教学案例对“养学课堂”教学主张如何在教学中落地生根进行了系统剖析。

希望他们在“慢养 · 深耕”的课堂教学中实现师生的同生共长！

图书在版编目(CIP)数据

寻找“内生”的力量：小学数学“养学课堂”的教学探索/彭娟主编. —武汉：华中科技大学出版社，2020.9

ISBN 978-7-5680-6609-9

Ⅰ. ①寻…　Ⅱ. ①彭…　Ⅲ. ①小学数学课-课堂教学-教学研究　Ⅳ. ①G623.502

中国版本图书馆 CIP 数据核字(2020)第 177271 号

寻找“内生”的力量——小学数学“养学课堂”的教学探索　　彭　娟　主编

Xunzhao “Neisheng” de Liliang—Xiaoxue Shuxue “Yangxue Ketang” de Jiaoxue Tansuo

策划编辑：范　莹
责任编辑：朱建丽　刘艳花
封面设计：原色设计
责任校对：曾　婷
责任监印：徐　露
出版发行：华中科技大学出版社(中国 · 武汉)　电话：(027)81321913
武汉市东湖新技术开发区华工科技园　邮编：430223
录　排：武汉市洪山区佳年华文印部
印　刷：武汉科源印刷设计有限公司
开　本：710mm×1000mm　1/16
印　张：19.25
字　数：302 千字
版　次：2020 年 9 月第 1 版第 1 次印刷
定　价：58.00 元

序

为“生”而“养”　顺“养”而“生”

——致彭娟和她的“养学课堂”

与彭娟老师相识多年，看着她从一位基层一线教师，逐步成长为具有影响力的特级名师。这一路上，彭娟老师始终保持着对小学数学教学的热爱与坚守，不断超越自我，实现自我的蜕变。她在且行且思的研究过程中，凝练出了“养学课堂”教学主张。这一主张的提出，凝聚着彭娟老师对小学数学研究特殊的情怀和智慧，承载着湖北省彭娟名师工作室全体成员的教学实践与思考，致力于引导一线教师，秉承“养”的心态、运用“养”的方法、回归“养”的价值、反思“养”的行动，倡导教师，用最朴实的心去护养学生自然生长的学习力，发挥数学学科育人的最大功效。《寻找“内生”的力量——小学数学“养学课堂”的教学探索》一书的出版，也让我有幸成为第一批走近“养学”的学习者，我因此倍感欣喜。

《刘子·崇学》曾有云：“凿井者，起于三尺之坎，以就万仞之深。”“养学课堂”教学主张的研究就好似那口正在精心开凿的井，或深、或浅、或宽、或窄、或清、或浊、或枯、或荣，这口井最终能够甘泉潺潺、能够海纳百川、能够万世不竭，取决于研究者对小学数学教育核心理念的深厚底蕴、对“养学课堂”价值的深度挖掘、对小学生学习规律的深刻剖析。细细品读了《寻找“内生”的力量——小学数学“养学课堂”的教学探索》一书后，我对数学学科未来的发展走向有了新的感悟。这群教师，着眼于小学生数学核心素养的发展，立足数学知识的本质属性，关注数学知识的内在联系。我为湖北省小学数学教育拥有这样一群真挚热情、务实创新、孜孜以求、与时俱进的“凿井人”感到由衷的自豪。这本书从“养学”理论部分的研究，到用教学案例践行教学主张的研究，紧扣基层一线教师的教学实践的需要，能切实地解决课堂教学中遇到的真实问题，为广大教师提供了可操作、可借鉴的教学思路，是一本应对当前小学数学课堂教学盲区与误区的"锦囊"之作。

"养学课堂"，最有味道的莫过于一个"养"字。为谁而"养"？为学生，也是为教师。《易传・系辞上》曰："一阴一阳之谓道。"教师与学生自古以来就被认为是相对的，但相对也必然注定相生。教师在用数学滋养学生的同时，也享受着做教育的幸福。如何"养"？滋养、慢养、蓄养、护养……即尊重、顺应学生生命个体的特性，唤醒和激活学生发展过程中隐藏的内生力！"养"的价值何在？为了让学生具有数学观察的敏锐性、数学好问的主动性、数学联系的自觉性、数学应用的灵活性、数学情感的融入性和数学世界的向往性。反复咀嚼整个主张中最为精粹的"养"，我被"养学"主张所传递的能量深深吸引。

一、"养"之深，博观约取，厚积薄发

在一次与彭娟老师的交谈中，我得知了"养学"主张的缘起。"养学"之说源于著名教育家叶澜教授的《"新基础教育"内生力的深度解读》一文，文中对内生力的研究引起了彭娟老师极大的关注，她认真阅读了相关的教育著作，了解最前沿的教改动态，博采众家之长。

结合数学教学的特点，彭娟老师对内生力一词的内涵注入了新的外延，并在此基础上提出了"养"的理念。"养学"之说，始于深厚的新基础教育研究，这些理论使"养学"更有底气，同时又有别于此，"养学"让内生力的理念在小学数学教育的土壤里生根，开出别样的花朵。

二、"养"之宽，视野开阔，包罗万象

史宁中教授曾说："中国未来小学数学教育将转入更加注重内涵的改革深化阶段。"数学课要让学生触及数学的本质，数学教师一定要有开阔的视野，扎实的理论修养。

为了拓展工作室成员理论修养的宽度，彭娟老师一方面向工作室成员推荐

了五十余种前沿书籍，涉及哲学、教育学、心理学、逻辑学等不同领域，另一方面采用“请进来，走出去”的方式，与专家、名师、一线教师近距离对话，“养学”的理念在这样的碰撞与激荡中迸射出了新的火花。正所谓“非学无以广才，非志无以成学”。

不难发现，“养学”主张中融合了中医慢养、参理悟道、知形合一、发酵等非教育领域的思想，这种引导研究者“跳出数学教数学、跳出教育看教育”的方法，从新的高度重新审视小学数学课堂教学，这种“归零”的研究意识，正是走向“无穷大”的捷径。

三、“养”之清，穷理尽性，一以贯之

“养学课堂”教学主张有一套完备的研究体系，有一套专属于“养学”的话语体系。《寻找“内生”的力量——小学数学“养学课堂”的教学探索》一书中明确提出：“养学课堂”的主体是“人”，课堂应该饱含“养”的韵味，在“养”中学、学中“养”，以促进学生生命发展、成长力量“内生”。

打开本书的理论部分，彭娟老师的研究团队从现实教学中存在的问题出发，依托相关的理论支撑，探索出了“开、探、联、融、生”五步教学模式、六种基本操作策略，以及一套与之相匹配的评价体系。打开本书案例部分，如同走进了课堂，一个个精心选取的情境，一个个精心设计的数学活动，触发了学生的数学思维，唤醒了学生的数学智慧，让学生在感受数学知识形成过程中，感悟数学思想，习得数学方法，提升数学素养。

整本书，教学思想一脉相承，逻辑清晰，层次分明，核心理念掷地有声，让读者顺其自然地见证“三尺之坎”转化成“万仞之深”的过程。

四、“养”之荣，为“生”而“养”，顺“养”而“生”

吴正宪老师提出了“传授知识、启迪智慧、完善人格”三位一体的儿童数学教育观。在我看来，《寻找“内生”的力量——小学数学“养学课堂”的教学探索》一书便是对此最好的诠释。

彭娟老师有着多年的小学数学教学经验，对于“传授知识、启迪智慧”这两个方面，我暂且按下不表，因为这两个方面是很多身处一线教师最为关注的，也是大家一致认同的数学教育价值所在，而对于“完善人格”这方面，则常常被教师所忽视。数学学科可以帮助学生完善人格吗？答案无疑是肯定的，数学能，而且必须如此。

数学学科有自己独特的育人价值：以数学知识的内在结构作为育人资源，帮助学生建立独特的思维方式；以数学知识创生和发展的过程作为育人资源，帮助学生感受数学的基本思想和方法，形成学习数学的内驱力；以学生的学习基础和生活经验作为育人资源，帮助学生更好地运用数学来解决实际生活中的问题；以数学学科几千年来悠久的历史作为育人资源，帮助学生树立远大的志向，打开通往数学殿堂的大门……数学，可以给予学生的实在是太多！但是，我们数学课堂往往给予学生的则太少。如何化解多与少之间的矛盾？看来数学真的需要用“养”的方式，慢慢浸润，在顺其自然中达到水到渠成的效果。

最后，衷心祝贺彭娟老师！祝贺湖北省彭娟名师工作室全体成员！坚守不易，成书不易！今天的“养学”是为学生而“养”，更是为学生的“内生”而“养”，是为将“养学”融化成学生的“学养”而“养”！愿我们一起在“凿井”的途中收获成功的幸福，一起在“滋养”学生的路上昂首阔步！

湖北省教育科学研究院　刘莉

为“养学课堂”点赞

彭娟老师特意给我发来《寻找“内生”的力量——小学数学“养学课堂”的教学探索》书稿。

认真拜读后，我要由衷地为彭娟老师及其团队的探索点赞！

不过，在叙述学习心得之前，我想先讲三个故事。

第一个故事来自常州汪履平老师的分享。课堂上，学生用硬纸板做的圆在直尺上滚动，计算周长和直径的关系。反馈时，执教老师询问结果，第一个学生没有操作却回答“3.13”，后面的学生纷纷答“3.15”“3.16”“3.12”……最后一个学生没有操作过，正在开小差，通过旁边学生提示后，他毫无底气地回答“3.14”。不料，老师却喜出望外，夸他最认真。而另一位真正操作过的学生说自己的结果是“2.98”。老师却评价他“很不认真”。无独有偶，我后来在刘坚教授那里听到了同一个课题的课，同样是一个执教老师不把2.98写上黑板的案例。

第二个故事是知名特级教师俞正强分享的。在“认识分数”一课上，执教老师问：“二分之一怎么写?”一位小朋友走上讲台，拿起粉笔就要写，却突然停住，转身轻声问老师：“要不要我写错啊?”老师一时没有听清楚，学生却说：“算了，算了！”然后在黑板上写了一个正确的“$\frac{1}{2}$”。

第三个故事源于荷兰知名的数学教育家弗赖登塔尔。他在《作为教育任务的数学》中提到，给出一艘海轮的长度、宽度、重量、排水量、速度、建造年代及少量其他数据，然后问船长的年龄。如果他说能算出答案，很多人也是相信的。这个“梗”后来简化为“船上有20头羊、40头牛，船长多少岁”的问题。学生如此推理：老师给的问题都是有答案的，题目中的数据都是要用上的，数学课无非就是用加、减、乘、除对数据进行处理，老师的题目多半是不会出错的……所以，不少学生算出了答案。

如果您耐心读完这三个故事，那么我想说的话，其实一部分也在故事中了。

同样的小学数学学科知识内容，教师其实是可以“教”出不同的层次的，或者说是可以让学生经历不同思维水平的学习和情感体验的。恰如第一个故事中计算周长和直径的关系，有的教师还是“知识本位”，认为课堂的目标就是得到“3.14”这个结果，其评价自然也就关注结果的对错，而恰恰数学中的对错又是“客观”的。

但有的教师却可以“照见”学生学习的丰富生成，把教学定位在培养学生的能力上。上述的案例中，只要教师多问一句“为什么大家测量的答案不一样”，就有可能打开学生的思维，让学生关注操作的注意事项。而关于“为什么这么做”的策略性，是可以迁移到其他内容中的。

如果进一步，教师有培养学生批判性思维、发展学生品格的高远目标，那么“2.98”这个回答，何尝不是学生实事求是的操作态度和敢于发声的科学精神的体现呢？同样，写分数的那个学生，在写法、读法上，是没有问题的，但学生是“高明的心理学家”，他在与教师互动的过程中，多多少少发展出“投其所好”的学习习惯。而计算船长年龄的那些学生，在计算技能上没有问题，但他们欠缺的是对问题本身的质疑意识。

我想说的是，教学可以有不同的层次，但当下的课堂还是停留在知识与技能层面的多，而关注思维与精神品质层面的少。当然，我们不能犯“吃第三个包子才能吃饱，就不吃前两个包子”的错误，同时我们的教学应该追求“诗和远方”。

从这个角度说，“养学课堂”的提出，从表面上看还是在讲学科教学，将数学学科知识的育人价值归结为丰富学生知识、发展学生思维、发展学生能力的三个层次，其实质加入了“树立品格”的层次。“开”“探”“联”“融”“生”的环节设计，从规范流程的角度，增加了教师的教学往更高层次去跃迁的可能性。例如，五环节中的“开”有“开放”“开问”的要求，“探”强调思维的主动性、独立性，“联”的基础是学生的独立思考和探究……这不仅是对教学主张更系统、深刻、丰富的阐释，也体现了“让教学更有价值”的意识。

“养学”要“养”什么？要“养”学生的学习力，要“养”学生作为“全人”参与到学习中的可贵的兴趣、热情，探索与质疑的精神，理性与反思的品格。当然，这重重的期待，还是会让人有以“加法思维”给课堂“压担子”的感觉，反而有可能让一线教师觉得有压力，觉得“专家”又在天花乱坠地画大饼（虽然我只承认自己是给大家搬砖的“砖”家)。那么,一个“养”字,其实也是以“负的方法”(冯友兰语)提醒我们,要看到效率至上的课堂教学的“负”作用,要像涵养土地的肥力一样,给学生“休养生息”的机会,有时,不教、少教,恰恰更有价值。

同样是一个“养”字,我也希望可以将彭娟老师及团队的教学追求与功利主义的效率至上的教学做出适当的区隔。现实中,教师要面对的多半是这样复杂的环境:家长要分数,“别的孩子都上辅导班了,我的孩子也不能落后” 领导也可能要分数,“其他地方都把成绩作为绩效考核的一部分,我能怎么办”;社会也看重分数。是的! 教育的逻辑不等于行政的逻辑,不等于社会认知的逻辑。但作为教师,却可以有一些“养学”的意识,尊重教育规律和学生生长的节奏,营造教室中的生态,让教学有一些“诗和远方”。“养学”可以视为现实的理想主义者的一种坚持。

关于“养学课堂”的内涵与实践方式,在书中有详细的阐释。我觉得,书中说得非常好,没有过分拔高的夸大其词,也不是囿于经验的泛泛而谈,具体、实在,又带有合适的思想深度和逻辑结构。

这里需要指出的是,把“养学课堂”作为教学模式提出,可能带来的两面性。

其积极的一面,教学模式的提出,是把教学价值观层面的思索以相对固定的方式实践化、可视化、具体化。一线教师需要一个模式来改变自己的实践。作为教学模式的“养学课堂”,便于教师加以实践运用。何况,“养学课堂”在诸多教学模式的“话语丛林”中,其实选定了要解决的现实问题,划出了自己解释课堂的边界,丰富了我们对课堂教学和学科育人价值的认识。

另一面,教学是充满不确定性的,有意义的教学必然是需要教师通过实践智慧、深度地参与的。教学模式不宜变成机械的教条,不宜变成非此不可的金科玉律。教师直面的始终是活生生的学生,直面的始终是热腾腾的、不可重复、现场直播的课堂,因而,只能是借鉴模式所具备的结构化力量来完善和提升自己的教学,而不能是套用模式,既需要警惕“养学课堂”的过度模式化,又要从中看到模式背后的指向、原则,并认识到把握原则下的智慧转化是践行模式的必然途径之一。如此,作为教学模式的“养学课堂”,何尝不是一份思维地图,何尝不是一种思考教学的方式?

“养学课堂”既是模式化的、相对固定的、指导教师实践的,也是方法论的、提供思维视角的、需要教师领悟与创生的。后面这一点，对初次接触“养学课堂”的全国各地的教师而言，可能是比较重要的。在运用“养学课堂”进行实践的层面，教师要将课堂转型之路与学生学习素养的养成联系起来考虑。否则，教师要“养学”，学生还是习惯于被“填鸭”，最终的课堂生态就被打折扣了。“养”的智慧提醒我们不仅要相信“慢”的力量，更要做出“联”的努力，才有“生”的灿烂。

在我看来，好的教学模式是把握教学这一复杂系统的工具，所有的文字、图表、案例，都是这一工具的说明书。得益于彭娟老师的理论视野和实践积累，“养学课堂”教学主张对现实的教学弊端有较为准确的分析，对教学实践的探索有比较全面的借鉴，对教学相关理论的前沿有较深入的阐释。

更重要的是，受限于教育教学概念内涵的丰富性、词语组合的弹性，以及用“隐喻”来表达的特点，教学模式的建构需要有整体的、联系的思维，需要体系内部的自洽与和谐，而在这一点上，“养学课堂”的体系从理论基础、现实基点、教学策略到评价方式，都是比较完善、自洽的。可以说，彭娟老师带领整个团队“躬身入局”，不仅成为问题的解决者，也成为新领域的开拓者、建构者。一份书稿，立下一块通向远方的路标。

如书中所言，“养学课堂”是指向学生内涵发展和师生同生共长的。读完书稿，您会确证这是可信的、可行的。由此，期待“养学课堂”不仅“养”出善于学习的学生，也“养”出具有一定理性精神和批判性思维的小小公民，同时还“养”出会思考、有智慧且体会到职业幸福的更多小学数学教师。期待“养学课堂”走得更深、更远、更广！

是为序。

《小学数学教师》编辑部　陈洪杰

“养学课堂”的教育学思考

2019 年 8 月的一天，我刚刚在出行的火车上安坐下来，便接到了湖北省数学特级教师彭娟老师的电话，她邀请我为《寻找“内生”的力量——小学数学“养学课堂”的教学探索》一书写一篇序言。听她说此书即将由华中科技大学出版社出版，我为彭老师和她的团队感到由衷的高兴，并在电话里欣然答应写序一事。之所以没有迟疑，应允得这样爽快，主要原因有以下三点。

一、这是一本有真心、用真心的书

彭娟老师和她所引领的湖北省彭娟名师工作室成员真真切切、扎扎实实地在探讨真问题、开展真研究、形成真主张体系，是在用真心写这本书。自 2017 年 9 月以来两年的时间里，彭娟老师和她的工作室成员先后多次不辞辛劳地赶到华中科技大学教育科学研究院，和我一起就书稿内容进行反复探讨、质疑、切磋。在我的办公室里，我们常常从下午上班伊始讨论至天黑，热烈非常，享受非常。在探讨中，我能感受到团队每位老师都是在真探索、真思考、真交流，极为认真、谦虚，又敢于提问，所提出的问题都很专业、深刻。既是被他们的认真、专业所感动，也是被他们提出的问题所吸引，我和研究生们都是事先查阅资料、讨论切磋、认真准备，以不辜负他们的信任和辛劳。对于这样的交流，彭娟老师和她的工作室成员很是兴奋，觉得非常有针对性、有收获，而我和研究生们也觉得是一种丰盈的专业享受和成长。

二、这是一本内容丰富的书

何以这么说？第一，这本书有深层思想。思想是一种深度的力量，一种突破性的力量，一种超越性的力量。“养学课堂”的教学主张，其背后是综合了主体性思想、生命哲学思想、生物学思想、建构主义与认知心理学思想、传统中医思想、数学学科教育思想乃至经济学思想等诸方面思想的精髓，关注于“养学”二字，耐人琢磨和品味。第二，这本书有系统体系。“体系”者，纲举目张。这本书围绕"养学课堂",系统梳理与剖析了小学数学教学的误区、归纳与建构了小学数学学习的内生力的六个向度、明确和构建了"开、探、联、融、生"的"养学课堂"立体教学模式体系,这都是了不起的思考和体系建构。第三,这本书有实操策略。作为一种特殊的学术形态,"教育学术"既要有一定的思想性、学术性,同时还要有高度的实践性、操作性。此书在陈述宏观的教学主张思想、教学主张体系之后,想一线教师之所想,又在中观层面详细地阐述了"养学课堂"的六种基本操作策略和有关的评价原则、要点,同时还在具体微观层面用更加充分的案例和教学说明来充实"养学课堂"教学主张的"血肉肌理",其用意可赞、可敬。

三、这是一本有余味、引深思的书

"养学"者,思接古今、意蕴中西,直指教育教学的本质内涵和悠远空间。对"养学"和"养学课堂"的交流和思考,勾起了我长期以来对相关问题与困惑进行整合性教育思考的极大兴趣。我不避浅陋,借此"养学课堂"讨论之机,稍做铺展,与本书编者和读者等交流探讨,并求指正。

1."养学课堂"是一种"营养"课堂

"营养"是生命个体丰盈成长和健康发展过程中必须吸取和摄入的"养分"。"养学课堂"之所以是"养学课堂",它首先必须是一个有"营养"的课堂。如果一个课堂对学生的成长和发展没有"营养"提供或"营养"非常稀薄甚至"营养"不符合需求,这个课堂就是在浪费学生生命发展的机会,是一种"教育营养学"上的低效、无能和失职。其一,真正的"营养"课堂应有其个体的针对性。有的学生"思维方式"上缺少"钾"、有的学生"精神自信"上缺少"钙"、有的学生知识根基上缺少"维生素"……作为"营养"课堂的"养学课堂",应针对性地施以"营养",长善救失。其二,真正的"营养"课还应有其群体的时代性。在极为贫困的时代,蛋白质、脂肪、糖类是人体最缺少的,它们就是当时最好的营养;在物质充裕的现代,蛋白质、脂肪、糖类在人体中严重超标,人体现在最缺乏的营养往往是维生素、矿物质、纤维素等。面对全球环境、人类社会、中国发展境况、文化与政治观念、价值与伦理追求、科技与交往方式、家庭与生活方式等诸方面的急剧变化,作为新生代的学生,他们会有什么样的共同性、共通性的"营养危机""营养需求"?作为"营养"课堂的"养学课堂",需要敢于直面、深入研究并积极回应这些共同性、共通性的"营养危机"与"营养需求"。

2. “养学课堂”是一种“调养”课堂

在与彭娟老师和她的工作室成员的讨论中，我曾问及她为何采用“养学”一词作为核心概念与教学主张，彭娟老师说这是受到传统中医“养生”思维的影响。本书中有一处谈道：“‘养’这个词很容易让人联想到生命。中医素有‘三分治，七分养’的说法，强调人体自身免疫力的存在与作用。中医有很多十分讲究的“养生”之道，‘养’就是唤醒人身体内部的免疫力，病人借助这种力量通过精心护理、心理调适、得当饮食、适度运动等自我疗养，让药物治疗的作用最大化，配合药物使身体得到痊愈。中医的‘养生’理论给了我们‘养学’研究重要的启示，一个生命体，面对外界的任何刺激，无论是物质的还是精神的、有利的还是不利的因素，都会由内部系统做出相应的机体反应。而有效的‘养’，能使免疫系统产生抵抗疾病的内力，‘内生’的力量能使人在一呼一吸间蓄新生命活力！”这一段阐述非常精彩，它其实暗含着“养学课堂”是一种“调养”个体生命的课堂。“调养”者，“调理保养”也。中医思维并不把“疾病”和“个体”视为一种“你死我活”的绝对性对抗关系，它更注重通过系统的方式调理保养、增强个体的免疫力或内生力，使得个体身心强健。作为“调养”课堂的“养学课堂”，也秉承着这种传统文化的思想精髓，把每一个学生视为拥有内生力或内部生命免疫力能量的独特主体，重在通过系统不躁的“调养”操作，逐渐激活每一个学生自身的内生力或内部生命免疫力能量，从而成全自身，也成全环境与他人。

3. “养学课堂”是一种“滋养”和“润养”课堂

作为一个生活在各种“关系”中的生命个体，人与人、人与环境、人与自我等之间，什么样的关系才最能持久？答案是一种相互滋养的关系。在任何一段友谊关系、婚姻关系、工作关系、师生关系等中，单方面、单主体的耗损、支出，都不能使得关系恒久。对于“养学课堂”，也是如此。只有师生双方都能从课堂中真实而持续地获得全身心的滋养，“养学课堂”才有持久的生命力。滋养的指向是双方的，滋养的方式往往是以无声无息、细腻的滋润姿态显现，而非以聒噪、粗陋的刻意状态表现。因此，作为“滋养”课堂的“养学课堂”，它也是“润养”课堂。

4. “养学课堂”是一种“学养”课堂

此处的“学养”，除了指一般的学术性的“学养”，在中小学主要还指“学科性”的“学养”。真实的“养学课堂”往往都是通过语文、数学、英语、体育、美术、音乐等具体的学科资源、学科积淀、学科素养等来“营养”学生、“调养”学生、“滋养”学生。真实的“养学课堂”要求教师不断积淀学科素养、学术素养，在横向上不断增强对学科联系、学科网络、学科结构、学科概念、学科方法、学科思维、学科气质的掌握和领悟，在纵向上不断加深对学科历史、学科发展逻辑、学科前沿的学习与理解。唯有如此，方能更好地通过“学养”来实现“养学”。

5. “养学课堂”是一种“修养”课堂

从静态意义上讲，“修养”是一种自带深度、安静属性的综合素质。当想到“修养”这个词时，我们最直接的意象和想象往往是那些凝结在宁静时刻中的力量显现、功能绽放和智慧自如的美好状态。有时，我们的内心和课堂往往被外界的“扰动”“兴奋”“刺激”“引诱”等所吸引，而缺乏“静”的聚集与沉淀，由此内心和课堂都缺乏真正意义上的“修养”意蕴。从动态意义上讲，“修养”重在一种动词思维与实践过程指向。“修”是一种葆有敬意和工匠精神的生命实践操作，如修炼、修行、修为、修正等。在这里，“养”可以是“修”的“原则”，也可以是“修”所达到的“境界结果”。“养学课堂”“修”的是什么？在本书中，“养学课堂”“修”的是数学观察的敏锐性、数学好问的主动性、数学联系的自觉性、数学应用的灵活性、数学情感的融入性以及数学世界的向往性。那么，“养学课堂”“养”的是什么？在本书中，“养学课堂”“养”的是学生学习与发展的“内力”，主要表现为内生力、内动力、内驱力等。综合静态与动态的双重意义，“修养”动静相宜，以静为根，以动为用，它应是一种流动性的生命凝结生成态。

6. “养学课堂”是一种“涵养”课堂

其一，“涵养”者有积蓄、保持生命发展的水分之意。水性至柔，广大包容，利万物而不争。作为“涵养”课堂的“养学课堂”，就应具备这种积蓄水分、广大包容、利万物而不争的课堂内在品性。其二，“涵养”者有驾驭当下狭隘冲动情绪、超越个人心性与习惯上的小我之意。作为“涵养”课堂的“养学课堂”，教师与学生在教与学的互动过程中，都能不断突破身心、场域的当下框定，超越小我、涵养美好、丰富心性。其三，“涵养”者，还意味着具备“长程”生命视野，不疾不徐、不贪功冒进，宽以大视野、大格局。李清照在《词论》中曾言：“又涵养百余年，始有柳屯田永者，变旧声作新声，出《乐章集》，大得声称于世；虽协音律，而词语尘下。”作为“涵养”课堂的“养学课堂”，要求师者对待学生要具有“长程”的生命视野、教育智慧与教育信心，以大格局和长时段的视野涵养之。

7. “养学课堂”是一种“素养”课堂

在思考和追寻“素质教育”及“核心素养”的教育时代，“养学课堂”也要建构和沟通与“素养”课堂的内在关系。“素养”课堂也应是“养学课堂”的应有之义。我用“素养＝(知识＋能力)^{态度}×情境”这一公式来简要表达对“素养”内涵的理解。“素养”不是知识或能力等单一、机械式的割裂呈现，而是一个浸润主体态度与情境性条件规定和生命体验的高度综合有机体。在某种意义上，“素养”关涉大量的缄默知识和情境性理解，它具有某种类似生命性的气韵，因此，“素养”是没有办法直接从一个人简单地“传递”或“塞”给另一个人的，“素养”的神韵最适合通过生命与生命之间的彼此浸润、互相濡染的方式得以培育和生成。“素养”是体现个人的生命性情与真实情境之间互动关系的生命化反映，要培育学生的核心“素养”，则必然要求教师自身认同与自身完善，并在此基础上展示真实的自我，与学生建立起真诚的生命化师生关系。对于现代教育情境中的师生关系而言，核心“素养”的培育过程需要再多一些类似古典师徒制、书院制中的师生关系，再多一些耐心示范与生命感恩。“素养”其自身的规定性还含有强调一贯性甚至重复性的况味，因此作为“素养”课堂的“养学课堂”，还需要在大量的日常实践中进行积累、沉淀。

行文至此，概而言之，“养学课堂”者，以课堂为生境，以养促学之内生力，以学成养之生机境，养以葆生全生达生，学以成人成事成道。

是为序。

华中科技大学教育科学研究院　李牧川

前　言

这是一本关于我们工作室教学主张的书，其中包含了我们探究、解决小学数学课堂教学困惑的实践历程。我们将这段历程以及历程中的所获，怀着欣喜的心情迫不及待地与各位读者分享，希望能对广大一线数学教师有所启发。

一、主张的形成源于困惑

我认为：一个教学主张的形成，一定是源于教育教学过程中久久积累于教师心中的那份困惑。在平时的数学课堂上，我们最容易出现的问题是什么呢？通过多年观察、剖析教师们的课堂，以及与教师们的多次座谈，我发现：我们的课堂上，问题有情境了，认知有冲突了，探索有过程了……但是在情境创设、经历过程等外在形式的背后，总是感觉有一条无形的绳索紧紧地捆绑着学生、牵引着学生。无论是在教学目标上，还是在教学过程、师生交往中，乃至学科本质的问题上，究其根源，这实际上还是一个学生观和教育观的问题。

就教学过程中常见的"替代思维"现象来说吧！有时为了"赶进度"、为了所谓课堂的"流畅"，我们会将关键性问题直接递给有把握的学生回答，让少数学生的思维状态替代了多数学生的思维状态，名义上"开放"了，看起来"流畅"了，背后却充满了我们对学生的"不放心"和"不信任"；有时在教学探究的过程中，我们生怕学生出差错、走弯路，学生在哪里容易出错，教师就在那里事先"排雷"，在哪里容易"跑偏"，教师就在那里"围追堵截"，就这样用教师的思维替代了学生的思考。看起来高效的课堂，却失去了对作为生命个体的学生的尊重、认可和遵从。

这些，其实也不是我们的本意，我们也会左右为难，归根到底还是我们"以生为本"的教育理念不够坚定，最终导致了这些现象的发生。

二、主张的提出用于明晰方向

然而，在左右为难之时，如果没有一个明确的信念和教育理念，是非常容易迷失的。因此,“养学”这一教育主张的提出,让我们的工作室成员有了更明晰的方向。

教学主张是我们工作室成员思想的灵魂,它一旦形成,必将成为工作室每一位成员内心的指南针。然而,一个鲜明而独特的教学主张的提出可真不是一件容易的事情。曾经整整一个学期,我们工作室的工作就是三件事:一是反思,把自己教学中存在的困惑和问题提出来并反思背后的原因;二是畅想,描绘自己心中理想课堂的样子;三是学习,学习前沿的教学理论和教学主张。

在反复的叩问和执着的追寻之下,我们的主张从模糊到渐渐呼之欲出,但是如何将之凝练,我们遇到了瓶颈。直到,读到了叶澜教授的《“新基础教育”内生力的深度解读》这篇文章,文章中“内生力”这个词给我们带来了极大的冲击。教师提出的教学困惑和问题,追根溯源,不就是快节奏、大容量的“高效”与尊重每一个生命个体之间的矛盾所产生的吗?

我们本着对学生生命个体的充分尊重,本着对数学教学规律的充分尊重,提出了小学数学“养学课堂”的教学主张。我们希望通过对“养学课堂”这一教学主张的研究与实践,在“开放”的数学课堂中建立起“慢养·深耕”的教学生态,进一步呵护、滋养学生的生命成长,提升学生发展的内生力。

在工作室成员共同的努力下,经过近三年的研究,我们创立了五步“养学课堂”教学模式,制定了“养学课堂”操作指南,提炼出“养学课堂”基本教学策略,具象出内生力的数学表征,还积累了大量的教学案例。

三、主张的内涵不断丰满

但是,想让主张的内涵更加丰满、观点更加清晰、策略更加有借鉴性,这个过程着实不简单!

我们根据教学实践中的问题主动反思,不断追问,逐渐明晰了“养学课堂”的教学主张。在教学主张提出之时,我们也开始不断追问自己:小学数学“养学课堂”的理论体系是什么?小学数学“养学课堂”的价值追求是什么?小学数学“养学课堂”的内涵如何界定?……这些问题让我们陷入了迷茫!

有时,我们有种试图跳过这些问题、直接研究具体每节课的想法,因为我们缺乏理论、缺乏用理论指导实践的能力。为了突破“养学课堂”理论研究的瓶颈,我们往“补理论”和“询专家”两个方面同时努力:一方面,通过阅读教育学、心理学、数学教学论以及相关的全国知名特级教师的研究成果，不断丰富自己的理论素养，养成系统化、结构化思考问题的习惯。另一方面，我们先后多次就“养学课堂”的研究问题拜访省内外专家、学者。2017 年 4 月，我们赴上海拜访了《小学数学教师》的主编陈洪杰老师。陈洪杰老师不仅充分肯定了“养学课堂”研究的意义和价值，还帮助我们丰富了“养学课堂”研究理论。自 2017 年 9 月起的两年时间里，我们又多次拜访了华中科技大学教育科学研究院的李伟（笔名李牧川）教授，与他及其研究生就“养学课堂”的内涵、教学策略、评价原则等开展了多次“头脑风暴”，每次研讨都持续整整一个下午，有时甚至至天黑。李伟教授感慨道：“‘养学课堂’不仅滋养我的学识，更滋养我的态度，欣赏你们追求卓越的精神！”

四、主张的策略在实践中提炼

实践是检验理论的唯一标准。在继续充实理论的同时，我们将“养学课堂”教学主张在课堂教学中积极实践，在具体教学情境中检验“养学课堂”的理论价值。我们内化观点，大胆践行，将所思、所获整理形成了一套实操策略。一方面，我们在不断的实践中丰富与完善主张，在实例中形成策略；另一方面，我们把阶段性的研究成果分享给更多的教师，在实战中完善策略。

我们工作室有二十多位核心成员，他们在各自的学校探索、实验，并将“养学”理念“辐射”了一百多位工作室学员；七所基地学校同步推进教学实践；同时，我们还带着较成熟的策略走进了武汉市汉阳区、蔡甸区、东西湖区等学校的课堂。工作室成员群策群力，潜心钻研，截至今日，已有六种策略初步成形。

正是因为有了各位专家的指导，以及每位工作室成员的不懈努力，才有了这个来之不易的、凝结着众人智慧的成果。现在，我们将它凝结成文字，是分享，更希望是各位一线数学教师研究的基石。希望它能给各位读者借鉴与参考，同时也希望由此出发，能够凝练出更多的“养学”策略，滋养我们和我们的孩子们。

湖北省特级教师　彭　娟

目　录

上篇　我们的思考

第一章　小学数学“养学课堂”教学主张的提出与阐述 …………………… (2)
小学数学课堂教学的误区素描 …………………………………………… (2)
几种现代学习理论对小学数学教学的影响 …………………………… (4)
我们对小学数学教学育人价值的思考 ………………………………… (9)
小学数学“养学课堂”的内涵 …………………………………………… (12)
第二章　小学数学“养学课堂”的教学模式 ………………………………… (20)
“开”——孕养生的场域 ………………………………………………… (20)
“探”——经历破土的曲折艰辛 ………………………………………… (23)
“联”——吸收充足的养分 ……………………………………………… (24)
“融”——发酵蓄积内部能量 …………………………………………… (29)
“生”——迸发出茁壮的内生力 ………………………………………… (31)
第三章　小学数学“养学课堂”的基本操作策略 …………………………… (35)
课前多测，了解学情 ……………………………………………………… (35)
创造环境，开放“养学” …………………………………………………… (37)
充实素材，放手尝试 ……………………………………………………… (40)
多元互动，评价“留白” …………………………………………………… (41)
巧用锦囊，分层指导 ……………………………………………………… (43)

珍视差异，巧用生成 ………………………………………………………… (46)
第四章　小学数学“养学课堂”的评价原则与要点 ……………………… (48)
小学数学“养学课堂”的评价原则 …………………………………… (48)
小学数学“养学课堂”的评价要点 …………………………………… (50)

下篇　我们的实践

第五章　教学设计 ………………………………………………………………… (56)
激发学生学习内生力，以需“养学”
——“100以内数的认识——数数、数的组成”教学设计及说明 ……… (56)
恰当地“养”，内生力方能应运而生
——“7的乘法口诀”教学设计及说明 ……………………………… (61)
基于“养学”主张的解决问题的教学
——三年级上册第六单元“解决问题”教学设计及说明 ………… (68)
重学法迁移，促“内生”发展
——“两位数乘两位数不进位乘法”教学设计及说明 …………… (73)
以学情作为“生长点”的“养学课堂”
——“真分数和假分数”教学设计及说明 ………………………… (79)
扣准概念内涵，追溯文化本源
——“因数和倍数”教学设计及说明 ……………………………… (86)
让数学概念顺“学”而“生”
——“认识负数”教学设计及说明 ………………………………… (94)
基于“养学”主张的“种子”课教学
——“周长的认识”教学设计及说明 ……………………………… (102)
动静相宜“观”为径，养学内化“玩”创新
——“从不同位置观察同一个几何组合体”教学设计及说明 …… (107)
以“养”固本，启迪“内生”
——“估计不规则图形的面积”教学设计及说明 ………………… (114)

顺情·慢养
——“图形的运动(三)旋转”教学设计及说明 …………………… (122)
在“养学”中感受统计的价值
——“复式统计表”教学设计 ………………………………… (128)
经历过程,集聚内生力
——“条形统计图”教学设计及说明 ………………………… (136)
于“开放”中“内生”数据分析观念
——“平均数”教学设计及说明 ……………………………… (143)
顺“学”而“养”,渗透数学思想
——“数学广角——搭配(二)”教学设计及说明 ……………… (151)
扫盲点、切痛点,把握知识生长点
——“数学广角——找次品”教学设计及说明 ………………… (158)
第六章 教学案例 ………………………………………………… (163)
“养”出生命之美
——“100 以内数的认识”之“养学”探究 ……………………… (163)
恰当地“养”,内生力方能应运而生
——以“7 的乘法口诀”为例 ………………………………… (169)
“析”计算根本,“养”内发生长
——“两位数乘两位数不进位乘法”一课中的“养学”实践 ………… (175)
慢慢来分析,慢慢去解决
——基于“养学”主张的“解决问题”教学的例谈 ……………… (185)
尊重学情,直面困惑,以“学”定“教”
——“真分数和假分数”中的“养学课堂”教学研究 ……………… (191)
扣准概念本质,追溯文化本源
——“因数和倍数”一课中的“养学”实践 ……………………… (202)
顺“生”而“养”,溯寻数之本质
——“认识负数”一课中的“养学”实践 ………………………… (208)

种子课育种子人

——基于“养学”主张的单元教学例谈 …………………………（215）

动静相宜“观”为径，“养学”内化“玩”创新

——四年级下册“观察物体（二）”教学案例 ………………………（221）

让课堂从“开放”走向“内生”

——“不规则图形的面积”一课中的“养学”实践 ……………………（226）

顺情·慢养

——“图形的运动（三）——旋转”一课中的“养学”实践 ……………（232）

用“养”的情怀，促“学”的“内生”

——三年级下册“复式统计表”教学案例 …………………………（237）

尊重已有认知，让学习自然发生

——“条形统计图”一课中的“养学”实践 …………………………（245）

如何从“开放”走向“内生”

——“平均数”“养学课堂”教学实践与思考 ………………………（251）

怀着尊重与敬畏的心，把握好教与学的度

——研磨“搭配”一课有感 ………………………………………（259）

“导”密码，“探”根源

——“找次品”一课中“养学”主张之“探”的渗透 …………………（264）

参考文献 ……………………………………………………………（272）

后记 …………………………………………………………………（280）

上篇　我们的思考

教育改革的核心是课程改革，课程改革的核心是课堂改革。2017年教师节前夕，教育部部长陈宝生在“办好人民满意的教育”一文中指出：深化基础教育人才培养模式改革，掀起“课堂革命”，努力培养学生的创新精神和实践能力。作为从事多年小学数学教育工作的我们，一直在实践，也一直在反思。我们感受到小学数学课堂教学在不断变化的同时，要不断地叩问小学数学教学的育人价值是什么？我们的出路在哪里？我们认识到“问题出在课堂，就需要回归课堂”。基于长期的思考与实践，我们提出了小学数学“养学课堂”的教学主张，形成了小学生学习数学的内生力的结构模型，构建了小学数学“养学课堂”的教学模式与基本操作策略，以及小学数学“养学课堂”的评价原则与要点。

第一章　小学数学“养学课堂”教学主张的提出与阐述

小学数学课堂教学的误区素描

多年来，随着课程改革的不断深入，作为一线教师的我们一直在努力探索“以生为本”的教育理念。我们能强烈地感受到教师的教学理念在更新、教学方式在创新。课堂上，问题有情境了，认知有冲突了，探索有过程了……然而，要想达到教与学二者关系的和谐统一，并不那么容易。反观我们的课堂，在情境创设、经历过程等外在形式的背后，总是感觉到有一条无形的绳索紧紧地捆绑着学生，牵引着学生，我们常常感觉教学中存在如图 1-1 所示的教学现象。

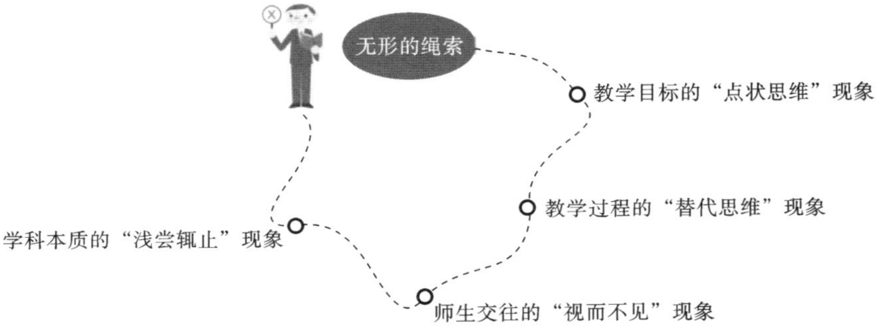

图 1-1　影响小学数学教学的“无形的绳索”

1. 教学目标的“点状思维”现象

数学教学通常是以一节节“课”为时间单位来组织展开的，于是数学教材也大多把数学知识划分为一个个知识点，以“点”为单位按知识点的难易程度来编排教学内容，要求教师根据知识点的安排在“课”的单位时间内进行教学。这种编排方式虽然方便教师在单位时间内开展教学，但却使原来具有内在关联的知识，在经过人为处理后，由整体分割成点状。这种以“点”为单位的教材编排方式容易使教师只是围绕和关注这个“点”来思考。这常常导致学生只知其然不知其所以然，缺乏对数学知识形成、发展过程的来龙去脉的了解和把握，缺乏对数学知识整体结构背景的了解、把握，缺乏举一反三的能力。

2. 教学过程的“替代思维”现象

数学学习过程应充分让学生经历数学知识的发生、形成和发展的全过程，从而发展学生数学思维。目前来看，我们的教学过程中，也出现了“替代思维”现象，主要表现在两个方面。其一，少数学生的思维状态“替代”了多数学生的思维状态。这种现象表现为教师对大部分学生表现出“不放心”的状态，对他们独立解决问题的能力持怀疑的态度，直接提问个别优秀学生，造成个别学生“替代”全体学生的现象；或者采用小组讨论的方式来解决问题，造成组长“替代”组员的现象。其二，教师的预设思维“替代”了学生的生成思维。这种现象表现为教师在教学过程中扮演“主宰者”的角色。在经历探究的过程中，教师害怕学生出差错、走弯路，学生在哪里容易出错，教师就在那里事先“排雷”；学生在哪里容易“跑偏”，教师就在那里“围追堵截”。本应让学生自己去经历的“柳暗花明”，却由于教师的“越俎代庖”，在教师铺设好的“光明大道”上，学生经历着“安全”的学习过程，看起来十分高效的数学课堂，却失去了对作为生命个体的学生的尊重、认可和遵从。

3. 师生交往的“视而不见”现象

所谓“视而不见”，是指教师对大部分学生表现出“不关心”的状态，有的教师在教学中虽然有开放问题的设计，也有教学重心的下移，但是教师对学生解决问题过程的“漠不关心”状态，尤其是对学生解决问题过程中暴露出来的困难、障碍和错误常常“视而不见”。教师关注的是正确结果，唯恐在错误问题上纠缠的时间太多，更无暇顾及和分析学生思维的困难和障碍。

4. 学科本质的“浅尝辄止”现象

《义务教育数学课程标准(2011 年版)》特别重视在数学教学中培养学生的“四基”(基础知识、基本技能、基本思想和基本活动经验)与“四能”(发现问题的能力、提出问题的能力、分析问题的能力、解决问题的能力)。这些教学理念得到了广大一线教师的重视，现在的数学课堂教学变得更多样化，可是，这些变化也带来了一些与初始目的不一致的教学行为，一些教师过分追求教学形式的“创新”，对课程理念出现了错误的理解，虽然课堂活动丰富了，但是真正独立、深刻、富有创造的思考正一步一步离我们远去。甚至在有些课堂中，学生缺乏“从头到尾”思考问题的过程，导致学生在数学学习过程中缺乏对数学的基础知识和基本技能的理解，缺乏对数学活动经验的积淀，缺乏对数学思想和方法的感悟，进而导致学生对数学学习仍然停留在机械记忆与简单模仿的低级层次。数学是思维的体操，使人的思维更广阔、更深刻、更敏捷、更富有创造性和批判性，数学有独特的价值与作用。课堂上我们有责任让学生感受数学思考的魅力！

几种现代学习理论对小学数学教学的影响

针对目前小学数学教学的种种误区，我们再次回归理论，从已有理论成果与实践经验出发，为我们的小学数学教学“寻根”。学习理论是现代教育心理学广泛关注的重要内容之一，是开展教学活动的理论依据。现代学习理论的发展对小学数学教学产生了深远的影响：一是数学学科的教学是现代学习理论的试金石；二是国内外数学教育家都主张用教育心理学（学习理论）指导中小学数学教学。下面阐述几种现代学习理论对小学数学教学的影响。

1. 皮亚杰认知发展理论对小学数学教学的影响

让·皮亚杰（Jean Piaget，1896—1980 年）是瑞士心理学家，他著有《儿童的语言和思想》《智慧心理学》和《发生认识论原理》等 60 多种著作。皮亚杰的儿童认知发展观可谓独树一帜，对世界各国的儿童认知发展领域产生了深远的影响。皮亚杰的认知发展理论主要有三个方面的内容：一是认知发展过程理论；二是影响认知发展的因素；三是认知发展阶段理论。

在认知发展过程理论中，他提出了认知结构、认知机能等概念，认为个体发展的核心是认知结构，认知结构的变化依赖于认知发展。认知机能主要包括组织和适应，而适应则通过同化和顺应去完成。它们之间的关系如图 1-2 所示。

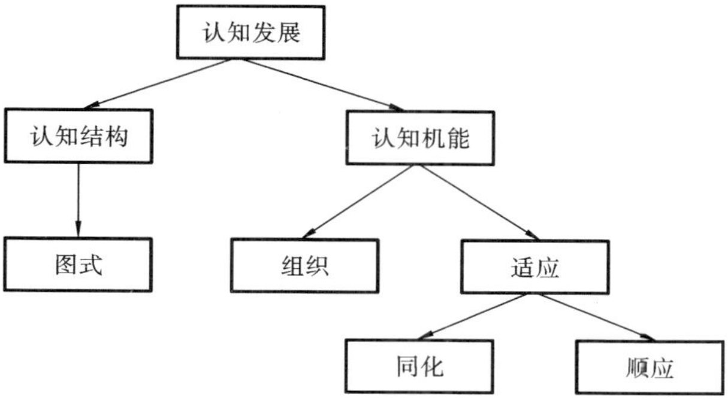

图 1-2　皮亚杰关于认知发展的重要概念之间的关系图

皮亚杰认为，影响儿童认知发展的主要因素是：成熟、物理环境、社会环境，以及具有自我调节作用的平衡过程。其中自我调节平衡过程既看作认知发展的过程，也看作影响认知发展的重要过程，同时还把它看作智力发展的内在动力。自我调节平衡过程调节个体与环境之间的交互作用，从而引起认知结构新的建构。如儿童学习数学的过程就是一个"发现问题—提出问题—分析问题—解决问题—再次提出新的问题"的过程。在这个过程中，"发现问题"引发他们认知的冲突和需求，引发他们认知的不平衡；"解决问题"使他们的认知达到短暂的平衡，并再次引发新的不平衡，从而形成"平衡—不平衡—平衡"的具有自我调节作用的过程。

在认知发展阶段理论中，皮亚杰认为，认知发展不是一种数量上的简单积累的过程，而是认知结构不断重构的过程。根据认知结构的性质，他将认知发展分为四个阶段，并借助逻辑和数学概念来说明每个阶段的特点。第一个阶段为感觉运动阶段，从出生到 2 岁左右。处于这一阶段的儿童主要靠感知和动作认识事物，并建构动作，他们只能通过看、听、触、摸、咬等方式来认识事物。第二个阶段为前运算阶段，从 2 岁到 6 岁左右。处于这一阶段的儿童由于语言的出现和发展，逐渐用表象符号或结构代替周围事物，开始使用运演，但这种运演不完全具备运演的所有特征，所以称为前运算阶段。第三个阶段为具体运算阶段，从 6 岁到 12 岁左右。处于这一阶段的儿童的运演特征发生了很大变化，可以借助实物认识周围事物特点。第四个阶段为形式运算阶段，从 12 岁到 18 岁左右。处于这一阶段的青少年最明显的特征是不再依赖于具体实物运演，能够对抽象的和表征性的材料进行逻辑运演，逐步达到运演的最高形式。

根据皮亚杰的认知发展阶段理论不难看出，儿童学习数学的过程就是他们的认知结构不断变化的过程。认知结构在数学学习中至关重要，认知发展对小学数学学习也具有重要的影响。皮亚杰的认知发展阶段理论表明小学生处于具体运算阶段，这一阶段的特点有：一是良好的数学认知结构是数学学习的关键；二是数学学习过程是数学知识结构向数学认知结构转化的过程；三是认知不平衡引发学生的数学学习；四是学生的数学认知发展具有阶段性和个体差异性。因此，教师在教学中应努力做到：一是根据具体认知阶段儿童的认知特征进行数学学习准备；二是注重数学认知结构的建构和利用；三是利用数学认知冲突强化数学学习；四是引导学生主动参与数学学习过程。

2. 布鲁纳的认知发现学习理论对小学数学教学的影响

杰罗姆·布鲁纳(Jerome Seymour Bruner，1915—2016 年)是美国当代著名教育心理学家，著有《思维之研究》《教育过程》《教育理论之建构》等著作。布鲁纳在认知发现学习理论中特别强调学生主动探索。他认为，从事物的变化中发现其原理规则才是构成学习的主要条件，所以该理论被称为认知发现学习理论。布鲁纳的认知发现学习理论包括四个方面的内容：学习行为、认知表征、学科结构和发现学习理论，这四者之间相互联系。

在学习行为研究中，布鲁纳认为，学习一门学科几乎同时发生以下三个过程：一是新知识的获取；二是知识的转换，即处理知识使之适应新任务的过程，将知识整理成另一种形式，以超越已有的知识；三是评价，即检查处理知识的方式是否适合这个任务。另外，布鲁纳强调学习情节的作用。他认为，在学习任何一门学科时，常常有一连串的情节，每个情节涉及获得、转化和评价这三个过程。

认知表征是指将外在知觉内容转化为内在心理事件的过程，也称为知识表征。布鲁纳认为，在人类智慧生长期，有三种表征方式起作用，即动作表征、肖像表征和符号表征，也就是通过动作或行为、肖像或映像和各种符号动作来认识事物。这三种表征系统的相互作用，是认知生长或智慧生长的核心。

布鲁纳认为，任何学科中的知识都可引出结构。关于教学，他认为，与其说是单纯地掌握事实与技能，不如说是教授和学习结构，所以“无论我们选教什么

学科，务必使学生理解该学科的基本结构”。所谓学科的基本结构就是该学科的基本概念、基本原理和基本规律及其互相联系。对学生来说，掌握学科结构就是掌握某一个学科的基本概念、基本原理及其互相联系，不仅包括知识与技能的掌握，还包括学习态度的掌握。

布鲁纳强调，学生在掌握学科结构的同时，还要掌握学习该学科结构的基本方法，即发现学习理论。其中发现的方法和发现的态度是最为重要的。布鲁纳又提出“发现法”，它并不像一些人理解的那样高深莫测，它不是指科学家的发明创造，而是学生按自己的方式而不是照书本的样子，把获知的事物组织起来的一种活动。

布鲁纳认知发现学习理论对小学数学教学的启示：一是多元化的认知表征有助于新的数学概念、原理和规则的学习；二是数学学习过程是学生掌握数学学科结构的过程；三是数学学习过程是一个探究与发现的过程；四是数学思想方法、数学基本活动经验和学习态度是促进数学学习的重要影响因素。布鲁纳认知发现学习理论对小学数学教学的影响：一是利用多元认知表征促进学生对新概念、原理和规则的认识；二是注重数学知识学科结构的重构；三是设计适合小学生探究与发现的数学学习活动；四是重视数学思想方法、基本活动经验和态度的迁移。

3. 建构主义学习理论对小学数学教学的影响

教育心理学家对认知结构的进一步研究发现，在知识的建构过程中，学习者自身的作用越来越重要，人们的认知并不是对外在世界的被动、简单的反映，而是一个以已有的知识和经验为基础的主动建构的过程。由此，关于个体在知识建构过程中的作用的研究逐渐兴起，并产生了建构主义的思想。早期的建构主义思想可以追溯到皮亚杰、布鲁纳和维果斯基的研究，在随后的发展中，建构主义涉及的领域更为宽广，正如冯·格拉泽费尔德曾说：“建构主义是当代心理学、认识论和教育学中一个广阔但不清晰的领域”。

建构是指学习者通过新旧知识经验之间反复双向的相互作用，形成调整自己经验结构的过程。建构主义学习理论认为，学习是一个主动的过程，学习者根据其当前和以往的知识建构新的想法或概念。知识不是在那儿等着被人学到，而是学习者应该主动去建构。其理论关注的是学生的学习，而不是教师的教学。同化和顺应是学习者认知结构发生变化的两种途径或方式。同化是认知结构的量变，而顺应则是认知结构的质变。学习不是简单的信息积累，而是包含新旧知识经验冲突，以及由此引发的认知结构的重组。学习过程不是简单的信息输入、存储和提取，而是新旧知识经验之间相互作用的过程，也是学习者与学习环境之间互动的过程。

建构主义学习理论主张的知识观、学习观和学生观对传统的知识观、学习观和学生观是一个巨大的挑战，对小学数学学习具有极其重要的启示：一是数学知识仅仅是对现实世界中数量关系和空间形式的假设或解释；二是学生已有的知识和经验对数学学习具有重要影响；三是数学学习是学生对数学知识意义的建构。在我国第八次的基础教育课程改革中，建构主义学习理论是重要的基础理论之一。在小学数学教学中，建构主义学习理论广泛地应用在学习活动中，主要基本思想有：一是把学生已有的知识和经验作为数学学习的生长点；二是转变学生的学习方式；三是教师在数学学习中发挥引导者、合作者和促进者的作用。

4. 我国数学教学研究成果对小学数学教学的影响

我国数学教学研究成果主要来自教育心理学家和小学数学教育工作者的研究，目前尚未形成系统的研究成果，但在学生的数学学习观、问题解决、计算水平、影响学生数学学习的因素等方面已经初步形成了一些研究成果，其中“对数学‘双基’学习的特征的研究”影响较为广泛。

数学“双基”学习是指数学基础知识和基本技能的学习。“双基”扎实一直是我国中小学生数学学习的优势。这种优势的形成及其学习依据引起了国内外研究者的高度关注，同时也形成了“中国学习者悖论”。研究者认为中国数学“双基”学习的特征是：记忆通向理解，形成直觉；以运算速度保证高效思维；以逻辑系统支持演绎推理；依靠变式提升演练水准。为了使学生获得“双基”的优势，教学理念和教学方法应与“双基”学习的特征相对应，促成学生数学“双基”的形成：① 课堂上教师的“主导作用”；② 注重数学教学的效率；③ 实行“精讲多练”的原则；④ 变式教学的作用；⑤ 数学教师具有“数学是思维的体操”的理念；⑥ 数学思维的核心是逻辑思维能力，即着重数学内容的逻辑分析、检查解题过程中的逻辑关系，以不出逻辑错误为教学的基本诉求。

我们对小学数学教学育人价值的思考

《义务教育数学课程标准(2011年版)》指出:“数学是研究数量关系和空间形式的科学……数学是人类文化的重要组成部分,数学素养是现代社会每一个公民应该具备的基本素养。作为促进学生全面发展教育的重要组成部分,数学教育既要使学生掌握现代生活和学习中所需要的数学知识和技能,更要发挥数学在培养人的思维和创新能力方面的不可替代的作用。”可见,《义务教育数学课程标准(2011年版)》深刻揭示了数学学科的性质以及数学教育的育人价值。

卢梭曾说:“我们在路上不是像驿夫那样追赶路程,而是像旅行家似的沿途观赏。我们心中不只是想到一个起点和终点,而且还想到起点和终点之间相隔的距离。对我们来说,旅行的本身就是一种乐趣。”朴实、简洁的文字蕴含着深刻的哲理,不断叩问着我们当下的社会、学校、家庭共同关注的问题——教育。特别是作为数学教育工作者的我们,小学数学不应该只是抽象的数学结论与具体的数学技能,而应该是一种丰富的数学学习过程。让学生充分地经历其中的过程,感受其中的数学思想和方法,感悟数学文化的深邃。因此,作为教育者,我们充分相信:慢的教育,是一种好的艺术。

教学活动是师生积极参与、交往互动、共同发展的过程。有效的数学教学活动是教师教与学生学的统一,应体现“以人为本”的理念,促进学生的全面发展。学生是数学学习的主体,在积极参与学习活动的过程中不断得到发展。

为学之道在于悟。无论是知识还是技能的获得,或是受教育者的价值观、人生观、世界观的形成,都需要日积月累的漫长轮回。只有经历较长时间的积淀、拓展,人才能明智、晓理。课堂教学在于悟,教师提出一个问题后耐心等待学生的回答,这不是碌碌无为,而是一种难能可贵的坚守,也是一道亮丽的风景;课堂生成在于悟,教师留下足够的时间和空间“静待花开”,让学生于足够的时空中感悟知识的精髓,体悟基本的思想,获取基本的方法;良好习惯在于悟,好的习惯要成为自然,需要慢的教育不断地打磨,并于方圆之间不经意地“拔节”。

综上所述，小学数学教学的目的就是要“育”主动发展的人。小学数学教学的育人价值体现在以下四个方面。

1. 丰富学生的数学知识

数学知识在课堂教学中是育人的资源与手段，它是学生生命成长的资源。作为教学内容的数学知识，尽管教科书用符号化方式来表现它的知识形态，但是这些显性的知识形态背后，隐含着的是人类的生命实践形态，是未来会明确表现出来的过程形态和关系形态的知识，它们将伴随着显性化的知识，不仅对学生的生命实践产生重要的影响，而且在学生的生命成长中发挥重要的作用。具体而言，主要获得四个方面的知识：① 获得丰富的数学知识经验；② 形成熟练的数学技能；③ 获得基本的数学思想方法；④ 受到数学文化的熏陶。

2. 发展学生的思维

“数学是思维的体操”，数学学习的一项重要任务是培养学生的思维能力，这是人们早已形成的共识。由此我们认为，小学数学教学的一个特别重要的价值是促进学生的思维发展，并通过思维发展促进学生素质的全面提高。在数学学习中，发展学生思维的育人价值有以下三个方面。

(1) 初步学会用数学的思维方法思考问题。从思维发展的角度来讲，数学学习的过程是一个数学思维的过程。小学数学学习带给学生最直接的影响是对其思维方法的影响。在学习中，学生要广泛运用并初步学会一些数学思维方法，并学习用这些思维方法去思考问题和解决问题。例如，在运用所学数学知识解决问题的过程中，教师一般都会引导学生一方面从问题出发去寻找解决问题的已知条件，即通常所说的“执果索因”；另一方面从已知条件出发逐步推导出所要解决的问题，即“执因索果”。这实际上就是一个用“分析法”和“综合法”分析并解决数学问题的过程，它带给学生的不仅仅是数学问题的解决，还是学生对“分析与综合”这一重要数学思维方法的学习和掌握。

(2) 改变学生的思维方式。研究表明，小学数学学习具有促进学生改变思维方式的作用，不仅能够促进学生的思维由单向到多向、由静态到动态、由封闭到开放发展，还可以促进学生尝试综合运用集中思维、发散思维、再现性思维和创造性思维分析问题与解决问题。小学数学学习的这一育人功能是由数学学习内容的特点、数学学习的本质和小学生的认知特点等因素共同决定的，它具有相对的客观性，学生只要经历了相应数学知识的学习过程，他们的思维方式就不可避免地受到某种程度的影响。

(3) 提高学生的思维品质。在数学学习中，发展学生思维，有促进学生良好思维品质形成与发展的育人价值，它可以提高学生思维的灵活性、敏捷性、广阔性、深刻性、批判性和独创性。

3. 发展学生的能力

发展学生的能力是数学教育的核心价值，小学数学课程内容具有促进多方面能力形成与发展的巨大潜在功能。根据已有的研究成果，发展学生的能力有以下三个方面的影响。

(1) 促进学生数学意识的形成与发展。根据我国义务教育数学课程标准和小学生的年龄特征，数学学习发展学生数学意识的方法有：其一，通过数学学习活动让学生尝试用数学的眼光看待身边的事物，分析现实生活中的一些现象；其二，通过数学学习活动发展学生的数学应用意识。

(2) 发展学生的数学能力。数学学习是小学生数学能力赖以形成和发展的基本前提，它为学生获得完成数学活动的个性心理特征提供了最直接也是最有效的活动载体。

(3) 促进学生创新能力的萌芽。这一育人价值是由数学学习的本质决定的，更是由数学学习内容的挑战性和数学学习活动的探索性决定的。

4. 树立必备品格

为落实"立德树人"的根本教育任务和发展素质教育，由北京师范大学林崇德教授牵头的"中国学生发展核心素养"研究团队于 2016 年提出我国学生发展的核心素养，将其内涵界定为"学生在接受相应学段教育的过程中，逐步形成的适应个人终身发展和社会发展的必备品格与关键能力"。

作为影响学生未来发展的重要学科，小学数学的学习在促进学生树立必备品格方面有不可替代的作用。结合"三角形的内角和"这一教学内容来说明，"三角形的内角和是 180°"这一数学结论，学生理解句意并予以应用是很容易的，如果基于知识掌握的学习，这个内容的教学就很简单了。但细细品读，简单语句之下实则又有着丰富的内涵。三角形这一看似简单的图形，因其大小、形状千变万化，难以罗列穷尽。在无限的三角形世界中，各种各样的三角形，它们的内角和都是180°。怎样让学生经历并认识这“各种各样”下的确定性呢？

对于四年级学生而言，用量一量、拼一拼等操作方式验证三角形内角和的度数，是具有普遍性的基本方法。如此，就带来这样的问题——量一量、算一算后就一定能获得和为180°的结论吗？如果全班几十个学生操作后的结论完全一致，这意味着什么？是虚假操作，还是面对误差时的理性“纠正”？学生的认知从“确定”三角形的内角和是180°到经过操作验证后的“不确定”三角形的内角和是180°，再到“确定”这一事实。这个过程中还有学生的主动探究的精神、批判质疑的态度以及理性思考的文化。这些不就是学生未来发展的必备品格吗？

“文化”的主要特征是一种潜移默化的影响，主要体现在人们的行为方式、思维方式与价值观念，“数学文化”的核心所在是“理性思维”和“理性精神”。小学数学教学除了丰富学生知识、发展学生思维与发展学生能力外，还可以通过开放包容、崇尚理性、自我反思的课堂文化，促进学生树立坚持真理、严谨求实的态度与品格。

小学数学“养学课堂”的内涵

我们认为：小学数学教育作为基础教育的重要组成部分，不仅应该使学生掌握现代生活和学习中所需要的数学知识与技能，还应该直面人的生命，体现关照“生命成长”的价值追求。针对小学数学课堂教学一些不良现象的反思以及数学教学价值的思考，本着对儿童生命成长的充分尊重，本着对儿童已有知识经验的充分尊重，本着对数学教学规律的充分尊重，我们提出了小学数学“养学课堂”的教学主张。我们希望通过“养学课堂”这一教学主张的研究与实践，在我们坚持的数学学习内容的再理解与数学教学过程的再重构中，学生能在数学学习过程中主动探索、自主建构；我们能进一步呵护与滋养学生的生命成长、提升学生发展的内生力；每一位学生具有开展学习活动的动机、掌握正确的学习方式和思维方式、感悟数学文化的魅力。

“养”这个词很容易让人联想到生命。中医素有“三分治七分养”的说法，强调人体自身免疫系统的存在与作用。中医有很多十分讲究的“养生”之道，“养”就是唤醒人身体内部的免疫力，病人借助这种力量通过精心护理、心理调适、适当饮食、适度运动等自我疗养，让药物治疗的作用最大化，配合药物使身体得到痊愈。中医的“养生”理论给了我们“养学”研究的重要启示：一个生命体，面对外界的任何刺激，无论是物质的还是精神的、有益的还是不利的因素，都会由相应的内部系统做出相应的机体反应。而有效的“养”，能使免疫系统产生抵抗疾病的力量，“内生”的力量能使人在一呼一吸间蓄积新的生命活力！其实，教育的过程也是一个“滋养”的过程，“养学”就是要唤醒学生学习的主观能动性和成长的内在发展动力。

二十世纪五六十年代，在美国兴起的人本主义心理学派，其代表人物罗杰斯认为，人类具有天生的学习愿望和潜能，这是一种值得信赖的心理倾向，它们可以在合适的条件下释放出来；当学生了解到学习内容与自身需要相关时，学习的积极性最容易激发；在一种具有心理安全感的环境下可以更好地学习。罗杰斯认为，教师的任务不是教学生知识，也不是教学生如何学习知识，而是要为学生提供学习的环境，至于应当如何学习，则应当由学生自己决定。教师的角色应当是学生学习的“促进者”。

经济学也有内生力的概念。所谓内生力是与外向度或经济外向度或外驱力相对的概念。它是指一个国家或地区的经济发展内部实力和主观能动性，不依靠外资、进口、外来技术而自我具备的发展能量，自力更生、自主创新、自行投资、自我发展的能力。可以想象人也是一个需要不断发展的“经济体”，人的发展也是内驱力与外驱力共同作用的结果。人类天生的“自我实现”的动机和潜能，就如经济领域的内生力，可以称为学习的内生力。

小学数学“养学课堂”教学主张的内涵又是什么呢？

一、小学数学“养学课堂”是以数学学习内生力提升为育人目标的教学主张

在前面的论述中，我们发现生命的成长、经济的发展都需要一种“由内而生”的力量。其实在学习过程中，也需要这种“由内而生”的力量。早在300多年前，被誉为“近代教育学之父”的夸美纽斯就给我们进行了深刻的阐述，他在

《大教学论》中指出:"在自然的运作下,发展都是由内开始的。"他认为,在这一点上,有些教师就犯了错误,他们没有将所教学科彻底解释给自己的学生听,而是让学生默写,让学生死记硬背。在教学中,应该从两个方面去纠正这样错误的做法:① 学生应该学会先理解事物,再记住它们;② 教师应该知道使理解力敏锐的方法。

回顾我们自己的数学教学经历就会发现,当我们过分追求学生知识与技能的习得时,学生对数学的感觉是枯燥、无趣、厌烦等负面的感觉。这种状态下的学生,对数学的状态仅仅停留在简单记忆与机械模仿的低级层面,而体现数学价值的数学应用能力没有得到充分发展。产生这种状态的原因是忽视了"发展都是由内而生的"。

在研究过程中,我们也发现:在小学数学学习中,学生也需要这种顺应自然"由内而生"的力量,我们称之为小学数学学习的内生力。促进学生数学学习内生力的提升是小学数学"养学课堂"教学主张的育人目标。我们认为,小学数学学习的内生力主要体现在六个方面:数学观察的敏锐性、数学好问的主动性、数学联系的自觉性、数学应用的灵活性、数学情感的融入性和数学世界的向往性。

1. 数学观察的敏锐性

观察是人类认识事物、获取信息、完善认知、改造世界的重要手段。人类在认知过程中,离不开观察这一认知活动,数学学习更是如此。史宁中教授指出,数学教学的最终目标是要让学习者会用数学的眼光观察现实世界,会用数学的思维思考现实世界,会用数学的语言表达现实世界。可见观察在数学学习中的重要性。何为数学观察呢?数学是研究数量关系和空间形式的学科,数学观察就是从数学学科自身属性出发用"数学的眼光"去观察世界,其核心就是"抽象"。这样的数学观察过程有助于形成从数与形的角度去主动思考问题的习惯,有助于形成"整体到局部""善于比较异同"的方法。

2. 数学好问的主动性

"学贵有疑",问题是数学学习的核心。数学学习就是在发现问题与解决问题的过程中,发展学生的思维能力与思维品质。长期以来,在教育过程中,学生处于被动学习状态。善于运用所学的知识解决实际问题,增加了应用意识,但也带来了学生学习被动、缺乏创新意识的问题。在教学中,我们认为"数学素养好"的学生在日常学习中能主动发现问题和提出问题,提出自己个性化的理解。可见,这样发现问题和提出问题的素养是影响数学学习的重要因素。我们将学生主动从数学的角度发现问题和提出问题称为数学好问的主动性。因此,我们需要引导学生从数学的角度发现问题和提出问题,在与他人的合作交流中,增加感知问题的敏锐性,形成分析问题和解决问题的一些基本方法,体验解决问题方法的多样性。

3. 数学联系的自觉性

辩证唯物主义哲学告诉我们学会全面地看问题:"因为一切客观事物是相互联系和具有内部规律的,人们不去如实地反映这些情况,而只是片面地或表面地去看它们,不认识事物的相互联系,不认识事物的内容规律,这种方法就是主观主义。"学习任何一门学科,都要充分注意其内容的有机联系。数学反映的是现实世界空间形式和数量关系内在的联系性,这种联系性对数学学习者十分重要。在数学学习过程中,养成数学联系的自觉性不仅可以帮助学生整体建构数学知识间的关系,还有益于发展学生的数学能力,善于主动运用所学知识解决问题。

4. 数学应用的灵活性

灵活性是学生的思维品质之一。数学应用的灵活性是指数学思维过程的灵活程度,当学生面临具体的问题情境时,能够用数学的方法,从不同的角度抓住问题情境的特征或条件,灵活自如地运用已有的数学知识,并能根据解决问题的过程不断调整自己的思维方向。数学应用的灵活性的培养需要注意两个因素。其一,创设灵活的问题情境。问题情境本身具有引发学生数学思维灵活性的优势是实现学生数学思维灵活性的重要因素。其二,鼓励解决问题的方法多样性。解决问题的方法或算法多样化是数学思维灵活性最直观的体现,解决问题的方法多样性表明学生对问题从不同的角度进行了领会和独立思考。

5. 数学情感的融入性

我们常说:让不同的学生在数学方面有不同的发展。确实,学生的数学能力是有差异的。我们不能期望所有学生通过数学学习达到同一水平或统一状态,这是不现实的,也是不可能的。但是,我们可以让不同层次的学生通过数学学习获得积极的情感体验,这种积极的情感体验称为数学情感的融入性。数学情感的融入性主要表现在数学学习的兴趣、数学学习的态度和数学学习的习惯等方面。

6. 数学世界的向往性

"养学课堂"所创设的数学课堂应是数学与儿童真实相遇的场域。"养"的最终目的是"生",培育儿童产生"数学世界的向往性"是"养学"的最高境界。学生因为学习数学,感受到数学的神奇,对未来的数学学习充满信心和渴望。我们期待实现数学在儿童世界里再生,儿童经由数学创生一个属于自己的"新天地"。

前面我们已经介绍了小学数学学习的内生力六个方面的基本含义,下面我们用一个立体图形(八面体)来说明它们之间的关系(见图 1-3)。这个八面体有 6 个顶点,分别代表内生力的六个方面,这六个方面是互相依存的,其中"数学世界的向往性"与"数学情感的融入性"分别在立体图形的上、下位置,表示"数学情感的融入性"是内生力发展的基础,而"数学世界的向往性"是内生力发展的高点,它们都会影响其余 4 个方面的发展,而"数学观察的敏锐性""数学好问的主动性""数学联系的自觉性""数学应用的灵活性"等方面又互相制约着。

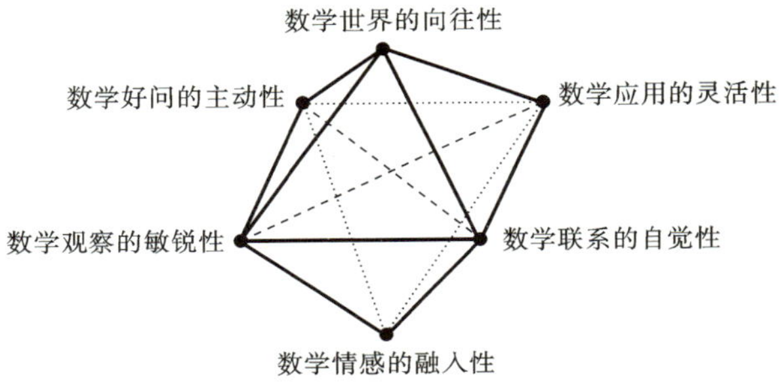

图 1-3　小学生数学学习内生力图解

二、小学数学"养学课堂"是实现"慢养·深耕"教学生态的教学主张

习近平总书记提出"绿水青山就是金山银山"的科学论断,系统剖析了经济与生态在演进过程中的相互关系,深刻揭示了经济社会发展的基本规律。朴实、简洁的文字蕴含着深刻的哲理,不断叩问着我们当下的社会、学校、家庭共同关注的问题——教育。作为教育者,我们认为:慢的教育,是一种好的艺术。

我们需要正确处理学生的短期分数与长远发展之间的关系、面向全体与因材施教之间的关系。因此，小学数学“养学课堂”希望实现“慢养·深耕”教学生态，促进学生数学学习内生力的发展。

“慢养·深耕”教学生态需要有“保护学”“支持学”的教育初心。

《义务教育数学课程标准(2011年版)》指出：“适应学生个性发展需要，使得人人都能获得良好的数学教育，不同的人在数学上有不同的发展。”是啊，每个学生都有各自的特点，有的接受能力强，有的则慢些；有的学习习惯好，有的则不然……面对千差万别、个性迥异的学生，若是片面追求教育快速进程，一心只想往前闯，也许就在不经意间忽略早已掉队的学生，那将有悖于课程标准所倡导的面向全体因材施教的教育教学原则。作为教师的我们该何为呢？我们需要尊重学生在数学学习过程中表现出来的差异性，教师提出一个问题后先耐心等待学生的回答，让学生之间充分地表达与交流，善于运用这种“势能差”，这不是碌碌无为，而是一种难能可贵的坚守。这种留下足够的时间和空间“静待花开”的做法，让学生于足够的时间中感悟知识的精髓、体悟基本的思想、获取基本的方法。用我们的执着与坚守，去践行“保护学”“支持学”的教育初心。

“慢养·深耕”教学生态需要有“从‘开放’走向‘内生’”的教学模式。

在教学实践中，我们发现要促进学生数学学习内生力的发展，“开放”的教学过程是一种重要的途径。“开放”的教学过程需要实现两个层次。一是广度上的“开放”。教学需要面向全体学生，不同学生解决问题的不同状态，包括正确的、错误的信息都是生成的可能，它们可以成为学生交流、讨论的共享资源。二是深度上的“开放”。教学需要形成学生思维的互动，使学生生成的基础性资源为生生、师生互动的共享资源。也就是说，教学更重要的是展示学生的认知从错误到正确、思维从混沌到清晰的真实过程，而不仅仅是呈现学生解决问题的正确结果。为此，我们还探索了“从‘开放’走向‘内生’”的小学数学“养学课堂”教学模式，即“开”“探”“联”“融”“生”这样的五要素，它们之间的关系如图1-4所示。

“开”的意蕴有两个方面：一是创设开放、民主的教学环境或教学氛围；二是创设开放的问题情境，激发学生的数学学习兴趣，让学生在情感方面愿意投入数学学习的精力。

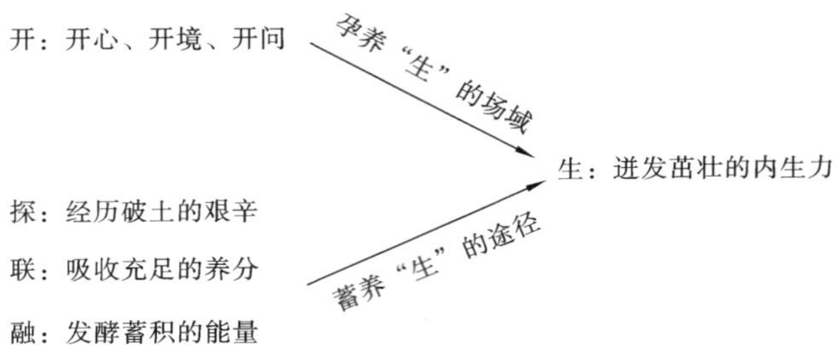

图 1-4 “从‘开放’走向‘内生’”的小学数学“养生课堂”教学模式的图解

“探”的意蕴为“探索”，可以理解为“主动探索”，即主动地分析问题、解决问题。

“联”是指当学生完成独立思考、自主探究后分享、交流的环节。这个过程其实就是生生互动、师生互动的过程。此时，“联”字的意蕴有两个方面：一是师生之间、生生之间的语言联系以及与媒体之间的联系，即有效互动；二是通过前面的有效互动，最终实现数学理解方面的深层“关联”，也就是《义务教育数学课程标准(2011 年版)》指出的“数学内部之间”“数学与其他学科之间”“数学与生活之间”的联系。

“融”可以理解为学生对数学的习得与理解的过程，不可能基于一次问题的解决而习得，需要在不同层次的数学练习或问题情境变化的综合运用中融合与内化。因此，“融”的环节也是“生”的基础或前提。

“生”的环节就是对数学知识的再发现、再认识以及再创造的过程。这个过程的核心就是学生基于前面的四步学习过程阐述自己的理解。

三、小学数学“养学课堂”是实现师生“同生共长”教育愿景的教学主张

课堂教学构成中最重要的要素是“人”，包括教师和学生。课堂教学应被看作是师生人生中一段重要的生命经历，是他们生命中有意义的构成部分，所以课堂教学对参与其中的“人”应具有个体生命价值。教育回归生命价值的重要前提，就是要提升“人”的生命价值。就教学中的教师而言，教师需要把学生看作是认知体向生命体的本源回归，需要在教学中提升学生的生命质量。因为对于学生而言，课堂教学是其学校生活的最基本构成，它的质量直接影响学生当

前及今后多方面的发展和成长，然而这一重要价值不仅是经典教育学理论中的盲点，还容易被实践忽视。从具体实践的角度看，一个很重要的原因就是，教师在进行教学设计时把学生只是作为一个处于一定年级段的“抽象的人”来认识，在教学实施过程中“见物不见人”的状态自然也就在情理之中，在这样的教学实践中缺失的是“具体人”的意识。

“养学课堂”正是对这一课堂现象的哲学思考，试图通过教学模式的重构实现教师对课堂中“具体人”的重视和研究。就“养学课堂”教学过程而言，试图通过“开放”的教学过程，利用学生之间的“势能差”，在学生现实起点、不同的理解和表征水平基础上，完成交流和对话。在这种“势能差”的沟通联系中，学习在不同水平的个体之间真实、自然发生，“养分”的给予者不仅仅是教师，还有同伴，不管是给予者和接受者，这一切都在和谐的互助氛围中得到传递和提升，这正是“养学课堂”“内生”的重要精神面貌。

这样的课堂对于教师而言，提出了更大的挑战，就是要充分“读”学生的需求——了解学生和研究学生，“具体人”的意识就能逐渐建立起来，“每一个学生在原有基础上都得到发展”的理想目标的实现也将成为可能。这对教师来说何尝不是一种最大的进步和最幸福的事情呢？这也就实现了“教学活动是师生积极参与、交往互动、共同发展的过程”。

第二章　小学数学“养学课堂”的教学模式

“养”字，道出了我们工作室的成员将学生视为生命力旺盛的种子一般去呵护与培养，以及对这旺盛生命力的尊重与敬畏。我们探索了“开”“探”“联”“融”“生”的“养学课堂”模式，我们期待“养学”的过程如园丁培育种子一般，充满生机。

“生”是我们主张的课堂的目标，即触发学生学习的内生力。而内生力如同种子，种子萌芽、生长需要适宜的环境、必要的经历、充足的养分、蓄势待发的能量。这些分别通过“开”“探”“联”“融”来完成。

如果说，“开”是孕养“生”的场域，那么“探”“联”“融”是蓄养“生”的途径。在“开”时埋下的种子需要在“探”时经历破土的曲折艰辛、在“联”时吸收充足的养分、在“融”时发酵与蓄积能量，最终才能在“生”时迸发出茁壮的生命力。

“开”——孕养生的场域

“开”并不是第一个环节，而是贯穿学习始终的场域与氛围基础。好奇、好问、好学是孩子的天性，但也需要教师有效地激发和滋养。“开”意在合理地创设环境，让学生扩大眼界、打开心扉，激发学生发现问题并提出问题，埋下“生”的种子，开启探究之路。

1. 开心

(1) 尊重学情，关注“最近发展区”，呵护“好学”之心。

“开放”源于尊重，尊重首先体现在主动了解，即尊重学情。学习者并不是空着脑袋进入学习情境中的。在日常生活和以往各种形式的学习中，他们已经形成了有关的知识经验，他们对任何事情都有自己的看法。因此，课前教师要通过调查了解学生的学习基础和生活经验。调查了解的方式有很多，教师可以通过教学经验推测，可以通过抽样谈话了解，还可以通过学习前测分析等。

在充分了解学生学情的情况下，我们就可以从学生的知识水平和能力水平出发，探知学生的“最近发展区”，找准教学的切入口。但需要注意的是，不能超越学生的“最近发展区”，如果超越了，则会使学生感到高不可攀而丧失信心。因此，我们要把教学设置在学生的“最近发展区”，让学生“跳一跳就能摘到果子”，让学生在“跳一跳”的过程中体会观察的乐趣，学会主动观察，保持一颗“好学”的心。

(2) 尊重多样性，“融”趣于学，保护“好奇”之心。

如果说尊重学情是“养”的前提，那么尊重多样便是贯穿“养”的基调。想要别“开”生面，除了从“最近发展区”入手，还要在设计的同时顾及整体的差异性和思维的多样性——可能有的孩子能够迅速地吸收并迁移知识，有的孩子则需要循循善诱才能吸收并迁移知识。教师要做的便是在有限的条件中，能够调动并保护学生对数学的“好奇”之心、向往之意，使学生在数学上都能够有所发展。

(3) 放下权威，尊重质疑，爱护“好问”之心。

一堂有深度的课需要思维火花的碰撞，它来源于学生对数学问题的敏感性，更来源于学生提问的勇气。只有平等、民主、互助的学习氛围才能够滋养出“好问”的品质。因此，教师需要放下“权威”，尊重学生，从容面对学生的质疑与追问，为“好问”提供必要的情感条件。

2. 开境

(1) 创造适合学习内容的学习环境。

在进入校园以后，我们无时无刻不被一些潜在的学习氛围所包围着——走廊的标语、文化墙的小故事以及教室里的名言警句，这些都是教育中不可缺少的环节——为学生创造良好的学习环境，营造良好的学习氛围。由此，我们也可以将这样一种氛围延伸到具体的一堂课。像数学这样逻辑性很强的学科，学生需要大量的直观事物与经验支撑，因此，创造适合学习内容的学习环境、为学生观察探索的主动性提供必备的条件，尤为重要。从课上走向课下，我们能做的还有很多。

(2) 创造适合学习内容的学习情境。

小学数学的学习具有一定的抽象性，学生需要大量具体的表象支撑。只有教师创造适合学习内容的学习情境，学生才能够对数学知识有着更加深入的理解。学习情境包括问题情境、故事情境、生活情境、操作情境等。

3. 开问

学源于思，思源于疑。

苏格拉底曾说过：“问题是接生婆，它能帮助新思想的诞生。”

爱因斯坦曾说过：“提出问题比解决问题更重要。”

认知冲突可以引发学习过程。但“问”总由教师提出，会让学生缺失问题意识。因此，教师应该鼓励学生自己发现问题、提出问题，从而为分析和解决问题奠定思维基础。

学生为何不问？不问可能是没有勇气、没有兴趣问，也可能是无从下手、没有思路问。有了“开心”的基础与“开境”的积淀，才能唤醒“问”的意识，让学生敢问、爱问以及能问。在不断培养“问”的过程中，走向有价值的“问”。

(1) 提供更多开放的信息，让学生有内容“问”。

敏锐地发现数学问题并提出问题，是需要进行训练的。这种训练应该渗透到平时的教学中。教师需要多创造这样的机会对学生进行提问技能的训练。这种训练主要表现在充分利用数学信息资源或提供更多的开放信息，让学生有问题可问。

(2) 提供活动性的自主学习，让学生需要“问”。

提问技能的训练还应当紧扣学生的需求，找准知识的生长点。“问”往往发生在由旧知走向新知的迁移过程中，发生在动手操作的过程中，为学生提供有内在联系的活动性的自主学习，让学生在动手操作的过程中，自然而然地产生疑问，需要“问”。

(3) 放慢节奏，让学生有时间“问”。

在课堂中，很多教师都会提供学生自主探究、合作学习的机会。但受时间限制，教师又往往急于得出结论，在教学的过程中飞快地用自己的“问”牵着学生的“思”。久而久之，学生就会产生强烈的依赖性，丧失独立思考的能力。因此，提问技能的训练还应当给予足够的时间。放慢节奏，让学生有时间思考，有时间“问”。

“探”——经历破土的曲折艰辛

在问题的引领下，学生踏上了探索数学世界的路途，此时的他们对数学世界充满了向往与好奇，萌生了满满的探究之意。“探”是学生在问题的引领下，独立猜想、尝试、验证的经历，是“联”的基础。

教师大多都知道学生自主探究、亲身经历的重要性，但是容易忽视“探究之路本就不是一帆风顺的”。因此课堂上出现了当学生在尝试阶段刚刚探而不得时，教师立刻伸出援手，给予帮助，或立即搭起桥梁，让学生尽快得到结论的做法。而这些做法，是不能够让学生真正经历知识形成过程、真正经历探究过程的，并且有可能遏制了学生猜想、探究、验证之欲，大大降低了学生数学情感的融入性。

我们不能奢望学生的探究一步到位，就像不能奢望播下的种子能立刻破土、发芽一样。探究之路的曲折如种子的外壳，生命的嫩芽必须自己积蓄力量、克服困难、冲破束缚才能破壳而出，才能继续生长。而每一次的探究，就是在积蓄爆发的力量。

(1) 初探之时，尊重学生的猜想，尊重学生的多元想法。

学生认知形成的过程是先出现一些凭直觉产生的原始概念(并非最简单的概念)，这些原始概念构成思维的基础，在此基础上经过综合加工形成新概念，建构新结构，这种过程不断进行，这就是学生认知结构形成的主要方法。教师要尊重这些可贵的“直觉”，尊重学生多元的想法，鼓励学生合理的猜想。

(2) 探而有得之时，通过问题引导再探，指向思考的本质。

学生在探的过程中有所得，哪怕是只向本质迈进了一步，也值得肯定，但要注意，教师要能够分辨出学生的所得是否已经找到问题的本质，如果“有得而未达”，则需要教师通过关键性的问题引导再探，直至达到问题的本质为止。

(3) 探而不得之时，尊重生成，引导反思，给予改进的权利。

当学生探而不得之时，教师应当首先尊重学生的每种生成，用开放的态度面对学生，保护学生的乐于探究的数学情感，然后通过精心设计的问题，引导学生探寻问题的本质，找到自己错误的根源，最后还应该给予学生反思的机会与纠错的权力。

"联"——吸收充足的养分

种子的生长离不开充足的养分，师生联动、生生联动的多方联动，就是形成根结，相互滋养。当"心求通而未得、口欲言而未能"时，教师和同学的启发与共享，滋养了每一个学生的好问、好学之心，也培养了学生会倾听、会交流、会合作的社会性素养。

"联"是个体内部逐步完善和集体达成共识的过程，是"探"后的必要环节，并可能与"探"形成多次循环，直至达到成功解决问题的目标。"联"将"探"的经历"联"为经验，"探""联"是不可分割的组合整体。

"养学课堂"的教师与每一位教育工作者一样，希望学生能在课堂上多一些尝试探索的经历，然而"探"而不"联"，经历永远成不了经验。经验比经历多了份目标，多了份思考，多了份"探而不得"时的改进与调整。

不论是"探而有得"还是"探而不得"，这些都是学生数学学习的过程，都是学生的学习经历。但是仅有浅层次的经历还不够，还需要通过"联"这个环节，使浅层次的经历转化成较高层次的经验，才能真正为"生"蓄积养分。

从"联"的对象来分，联合分为生生联动与师生联动；从"联"的内容来看，"联"分为资源的联合、思维的联合、个性的联合和关系的联合，如表 2-1 所示。

表 2-1 "联"的对象与内容之间的关系

方式	生生联动	师生联动
资源的联合	物质资源：主要体现在学习工具与素材的共享上。 信息资源：主要体现在学生将自己在探索中获得的信息或初步结论进行共享上。在此要注意的是，初步结论包括成功的，也包括失败的。	物质资源：主要体现在针对性、目标性、导向性明确的学习素材的提供与补充上。 信息资源：主要体现在学生关注视角范围之外的，但与数学问题相关的信息补充上。 知识与文化的资源：主要体现在与数学

续表

方式	生生联动	师生联动
资源的联合	知识与文化的资源：这是隐性资源，不同的学生个体来自不同的生活环境，造就了不同的知识与文化底蕴。它直接影响着学生观察视角的不同，使得学生能够有更多视角的资源联合	问题相关的数学文化与人文方面的信息拓展上
思维的联合	主要体现在学生个体的不同思维方式、角度、深度与品质上，通过对思考过程的相互交流，一方面寻找共性探求本质，另一方面对比不同，互补与相互启发	主要体现在解决问题的过程中，从思维的广度和深度上，对学生思考过程的交流与启发，同时有意识地训练学生的数学思维，锻炼学生数学思维的能力
个性的联合	主要体现在“联”的过程上，不同的学生得到展现的同时也相互滋养与启发	主要体现在学生的个性展示过程中，给予倾听、回应等方面的指导
关系的联合	主要体现在学生作为学习共同体中的一个成员，在交流过程中，情感关系的互动融合与角色关系的交互体验	主要体现在教师作为学习共同体的一个成员，在与学生互动过程中，作为组织者、合作者、引导者等角色的切换

由表2-1可以看出，不论是在资源的联合、思维的联合、个性的联合还是在关系的联合中，这么多联合的内容，都是依托生生联动和师生联动完成交融，从而让个体间相互滋养的。但要注意的是，学生在“联”的环节中依然应该是学习的主体，师生联动，更多的是对生生联动的补充、组织、引导与调整。最终的目的是希望通过“联”的共享、交流，将不同个体的各类经历通过生生联动或师生联动，相互交融、滋养，形成生长的经验，成为生长的内部实力。

教师要时刻把握好自己在联动中的角色与作用：不喧宾夺主，但要择势而为；给予导向，但不包办、代替。

1. 生生联动时，师不喧宾夺主，择势而为

生生联动并不是空洞的过场与遥不可及的梦想，而是内部实力生长必经的重要过程。

一方面，教师应当认识到生生联动的重要与优势：事物的意义并非完全独立于我们而存在，每个人都会以自己的方式理解事物的某些方面，教学要增进学生之间的合作，使学生看到那些与自己不同的观点，学生通过讨论、辩论、商议、启发，突破学习的难点，经历联合，总结出经验。这个过程中，生生之间的直接联动，不论是在语言上、思维方式上还是在角色关系上更对等、更容易相互理解。

另一方面，想要让这些充满个性活力的不同个体的经历产生和谐的反应，少不了教师在生生联动过程中，有意识地组织、引导。

可见，教师在生生联动的过程中也要发挥该有的导向作用。我们认为教师具体要做好以下几项工作。

(1) 适度训练技能。

教师要引导学生学会发言、倾听、质疑、纠正、总结与概括等，通过这些合作技能的训练，提升学生的数学思维能力。

(2) 科学指导方法。

教师教学时要根据教学内容的不同和学生年龄特点的不同，选择不同的指导方法，从而提高学生学习的效率。例如，较复杂的问题可以把它分解成若干个小问题或列出讨论的提纲，让学生讨论；空间表象问题可以给学生提供实物或模型，让学生在观察、比较、操作中讨论学习等。

2. 师生联动时，要给予导向，但不包办、代替

教师是意义建构的帮助者、促进者，而不是知识的提供者和灌输者。学生是学习信息加工的主体，是意义建构的主动者，而不是知识的被动接收者和被灌输的对象。因此，教师作为学生学习的高级伙伴，应“该放手时就放手”。

对那些凭教学经验总结出的学生学习的难点，我们不应当牵着学生绕开它，而应该陪着学生直面挑战它，让学生在试错、纠错中感悟真理。这要求教师做到以下两点。

(1) 给予学生充分的时间与空间。

难点本就是学生在学习中容易出错的地方，教师不应该为了避免学生出错，而在初期就将知识结论式、法则式地“端”给学生。顿悟虽是刹那间，但只有顿悟之前大量积淀，才可能促成最终的悟。量变到一定程度才可能质变，而量变的过程是需要充分的时间与空间的。

（2）成为学生学习的高级伙伴或合作者。

强调学习者的主体作用，也不能忽视教师的主导作用。教师应该重视学生对各种现象的理解，倾听他们的看法，思考他们这些想法的由来，并以此为据，引导学生丰富或调整他们的解释。教学应在教师指导下以学习者为中心，师生共同完成学习任务。

3. “探”“联”组合是不可分割的整体

特别要强调的是，“探”“联”是不可分割的组合整体。大多数时候，“联”与“探”形成多次循环，直至达到成功解决问题的目标，进入下一个“融”的环节。“联”将不同个体“探”的经历与结论、资源与信息等相互共享和相互滋养，形成充足的养分，等待“融”时发酵，如图 2-1 所示。

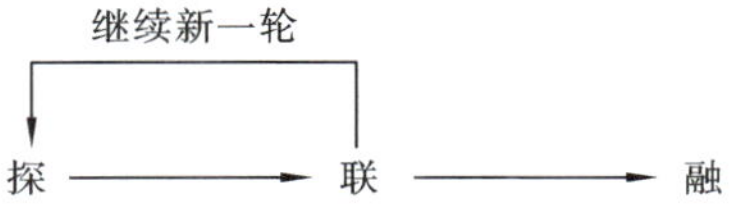

图 2-1　“探”“联”“融”之间的关系

下面以烙饼问题的教学片段为例，通过“探”“联”结构表（见表 2-2）买直观呈现“探”“联”的循环。

表 2-2　“探”“联”结构表

教学过程	探	联
师：3 张饼怎样烙最省时呢？请你用圆片摆一摆，并算一算你这种方法用了多长时间	—	师生联动，思维联合
学生独立用圆片操作实践	独立初探：3 张饼最省时烙法	—
思考完成后，学生相互交流，有两种答案：9 分钟、12 分钟	—	生生联动，资源联合、个性联合

续表

<table>
<tr><th>教学过程</th><th>探</th><th>联</th></tr>
<tr><td>每种方法请一位学生代表在黑板上操作，教师用表格记录，其他学生说时间，记录如下：
方法 1：<table><tr><th>次数(次)</th><th>过程</th></tr><tr><td>1</td><td>①正②正</td></tr><tr><td>2</td><td>①反②反</td></tr><tr><td>3</td><td>③正</td></tr><tr><td>4</td><td>③反</td></tr><tr><td>时间(分钟)</td><td>12</td></tr></table>方法 2：<table><tr><th>次数(次)</th><th>过程</th></tr><tr><td>1</td><td>①正②正</td></tr><tr><td>2</td><td>①反③正</td></tr><tr><td>3</td><td>②反③反</td></tr><tr><td></td><td></td></tr><tr><td>时间(分钟)</td><td>9</td></tr></table></td><td>—</td><td>师生联动，资源联合、思维联合</td></tr>
<tr><td>师：同样是 3 张饼，为什么一个是 12 分钟，一个是 9 分钟</td><td>—</td><td>师生联动，思维联合</td></tr>
<tr><td>学生观察</td><td>再探：两者不同</td><td>—</td></tr>
<tr><td>生 1：使用方法 1 的学生烙了 4 次，使用方法 2 的学生烙了 3 次。
生 2：使用方法 1 的学生有 2 次锅里只有 1 张饼，有空着的位置；使用方法 2 的学生锅里每次都放满了 2 张饼，每次放满 2 张饼最省时</td><td>—</td><td>生生联动，资源联合、思维联合、个性联合</td></tr>
<tr><td>师：其实我特别能理解使用方法 1 的学生，他知道每次放 2 张饼最省时，可当他把第 1 张、第 2 张饼同时烙完后，只剩下 1 张饼了，只好把第 3 张饼单独烙了，就出现了锅没放满的情况。那使用方法 2 的学生到底是怎样做到让每次锅里都有 2 张饼的，在哪一步进行了改变</td><td>—</td><td>师生联动，思维联合、关系联合</td></tr>
</table>

续表

教学过程	探	联
与此同时，课件出示动态流程对比图，学生观察比较： 方法1：　　　　方法2： 	三探：寻求本质	—
生3：他在第2次进行了改变，从锅里拿出了半熟的②号饼，把③号饼的正面和①号饼的反面同时烙，这样就能保证锅里每次都放满2张饼了！ 师：是呀，就是这么一点小小的改变就使锅里每次都有2张饼，烙的次数减少了，时间自然也减少了。这方法实在太巧妙了，给它取个名字吧！ 生4（赞叹纷纷）：轮换烙！ 板书：3张轮换烙，9分钟	—	师生联动，思维联合、关系联合

“融”——发酵蓄积内部能量

“探”“联”的循环，让资源之间相互补充、共享，让个体之间不断交融、滋养，形成了丰富的营养。可面对这大体量的营养物质，需要通过发酵等一系列的反应，才能真正内化为生长能量，为“生”的迸发而蓄势。

通过“探”“联”，学生习得新知、提升新能，“融”则将这些新知、新能融入内化，让客体的知识融为主体的智慧。

学生对数学的习得与理解很难只基于一次问题的解决，他们的认知体系不可能基于一次探索就能完善，灵活应用的能力、主动从数学角度观察的能力等更不可能基于一次学习而提升到位。这些能力必须经过一定的综合与运用，逐步内化。“融”表现在以下两方面。

1. 融会贯通，完善认知体系，蓄积内部动力，让根扎得更稳

当新知、新能蓄积到一定程度时，我们会引导学生将其进行归纳、整理，力图使其形成体系或者融入已有的认知体系中。因为只有当这种点状的知识融成根状的体系时，才能融会贯通，让根扎得更稳，为拔节蓄势。

正因如此，教师经常会组织学生在一个单元的学习结束后进行整理。这种宏观角度的整理一方面完善了学生的数学认知体系，为数学应用的灵活性打下基础，另一方面也让学生体会数学世界知识体系的庞大、知识前后的联系，感受数学的魅力。这种整理在情感上为“生”扎下了稳稳的“根”。

但要注意的是，量变达到一定程度才能引发质变。教师需要找到这个质变的临界点，给予学生充分的时间，引导学生回顾与反思，这样才能更好地促进学生将新、旧知识经验融合，让自身的认知体系更加完善。

2. 融合内化，灵活拓展运用，发酵为内部动力，让个性自信绽放

有了扎实、稳健的根基，学生开始运用所学解决拓展问题。在每一次成功拓展、灵活运用的过程中，学生的创造力、个性化得到充分发挥，从而增加了学生的成就感与自信心。这些都融为数学情感，发酵成为内部动力。

教师应当提供给学生充分拓展、应用的机会，让学生充分表达个性、充分发挥创造力。为了让每一位学生都能产生这种内部动力，教师在创造这些拓展机会时，需要注意层次性、侧重性和综合性。具有层次性才能逐步推进，具有侧重性才能有针对性地引导学生关注重点，具有综合性才能真正激发学生综合运用更新后的认知体系，更具“实战感”。

“生”——迸发出茁壮的内生力

“生”是我们主张的终极目标，即通过“开”“探”“联”“融”最终让学生迸发出茁壮的内生力。它主要表现为数学观察的敏锐性、数学好问的主动性、数学联系的自觉性、数学应用的灵活性、数学情感的融入性、数学世界的向往性。

“养学课堂”每一节课都没有终点：在“开”时埋下种子；在“探”时经历破土的曲折艰辛；在“联”时吸收充足的养分；在“融”时发酵蓄积的能量；最终在“生”时迸发出茁壮的内生力；而这内生力，又成了下一个轮回、下一个生命力迸发的基础与起点……

如此春华秋实，秋收春耕，生生不息。在这样一个过程中，“生”既是“养”的最高目标，也是“养”的不懈动力。

我们期望，在课中，在课下，在下节课，甚至在多年以后，都能找寻到“养学课堂”中学生“生”的表现。

1. 数学观察的敏锐性——成为“探”的触觉，“融”的基础

数学观察敏锐性的形成源于教师在“开”时营造平等、民主的氛围，在“联”时尊重学生的个性表达，让学生积累从多个数学角度观察的经验。在这种被肯定和被鼓励的氛围下，学生渐渐养成主动观察的习惯、积累主动观察的能力。因此，当面对一串有规律可循的素材时，学生马上就能主动运用这种能力进行“探”索，最终“融”为新的智慧。这正是“养学课堂”带给学生的敏锐性。

2. 数学好问的主动性——成为“探”的灵感，“联”的铺垫

“养学课堂”希望能保护好学生的好问之心，我们希望学生具有发现数学问题并提出数学问题的主动性。这种主动性源于在“开”时我们用平等、民主的氛围鼓励学生质疑追问，在“联”时让学生的不同观点相互滋养，形成多角度视野。因此，在“探”的过程中，学生会敏锐地发现数学问题的复杂性，会主动地与教师、同学进行交流。

3. 数学联系的自觉性——成为“融”的意识基础，“探”的内部实力

数学知识体系体现在知识的联系上，如果学生能够将新、旧知识自觉联系起来，就能够形成良好的正迁移，从而能够举一反三、触类旁通。这种数学联系的自觉性更多源于教师有意识地引导与培养：在"开"时尊重学情，寻找学生学习的最近发展区；在复习时，有意识地引导学生建立新、旧知识的联系；在"融"时，给予学生充分的内化时间、给予学生梳理的指导，让学生养成数学联系的习惯，并将习惯变为自觉。最终，这种自觉性又成为学生新一轮"探"的内部实力支撑，成为"融"的意识基础。

4. 数学应用的灵活性——启发了"联"，触动了"融"

数学基础知识的学习、基本技能的训练、基本思想的渗透、基本活动经验的经历最终都是为了让学生能够将所学融会贯通、灵活应用。这种数学应用的灵活性来源于"探"时学生通过亲身经历对数学问题本质的透彻理解，"联"时学生对多种角度见解的吸纳。在学生具备了这种数学应用的灵活性后，又能在新的"联"中相互启发，触发学生在"融"时将多种策略方法进行对比、分类与梳理。

5. 数学情感的融入性——巩固"开"的场域，"生"成美好的情感与温暖的记忆

数学情感的融入直接决定了学生能够以一种自主、自愿的状态进入学习。情感的融入来源于"开"时教师建立的平等、民主的氛围，对敢于质疑、提问的鼓励，对好奇、好问之心的呵护，让学生获得"探"到结论的成就感、"联"时表述想法的自信感、"融"时表达个性的满足感。而这种数学情感的融入性又注入"开"时场域的情感能量，"生"成美好的情感与温暖的记忆。

6. 数学世界的向往性——"开"心之所向，"生"生不息中追求数学的美

学生对数学世界的向往性将是他们对数学探索的持续动力源之一，是非常重要的动力源。它让学生用宏观的眼光看待数学文化，用数学的视角看待身边的世界。这种向往源于"开"时教师对学生个性的尊重、氛围的营造，"探""联"时学生收获的成就感，"融"时学生感受的数学力量。当学生充满对数学世界的向往时，这种向往又化作"开"心之所向，让学生在"生"生不息中追求数学与美。

"养学课堂"行动指南如表 2-3 所示。

表 2-3　“养学课堂”行动指南

五要素			
开	用正确的方式“开”启探究之路，孕养“生”的场域 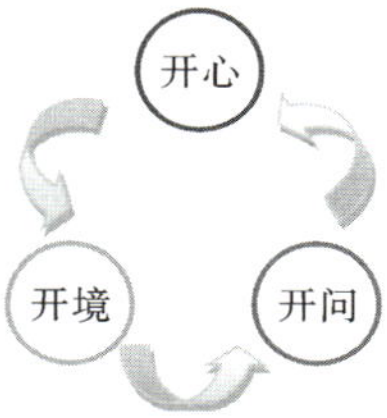	（1）开心：尊重学情，关注最近发展区，呵护好学之心；尊重多样性，融趣于学，保护好奇之心；放下权威，尊重质疑，爱护好问之心。 （2）开境：创造适合学习内容的学习环境；创造适合学习内容的学习情境。 （3）开问：提供更多开放的信息，让学生有内容问；提供活动，让学生自主学习，让学生需要问；放慢节奏，让学生有时间问	（1）保有对数学世界的好奇、好学、好问之心。 （2）勤思敢问
探	直面挑战，经历破土的曲折艰辛 	（1）初探时，尊重学生的猜想、尊重学生的多元想法。 （2）探而有得时，通过问题引导再探，指向思考的本质。 （3）探而不得时，尊重生成、对比反思、给予改进的权利	（1）初探时，合理猜想，理性验证。 （2）探而有得时，一鼓作气，直指本质。 （3）探而不得时，对比反思，积极改进
联	多方联动，相互滋养，让学习走向深入 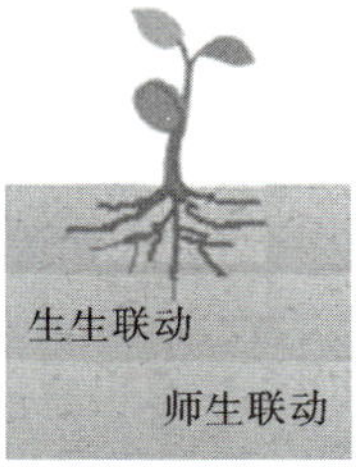	（1）生生联动时，教师不喧宾夺主，择势而为。 （2）师生联动时，要给予导向，但不包办、代替	（1）生生联动时，勇于分享，虚心倾听。 （2）师生联动时，联中有思，思中敢疑

续表

五要素		 教师	 学生
融	综合运用，融合内化，发酵蓄积能量 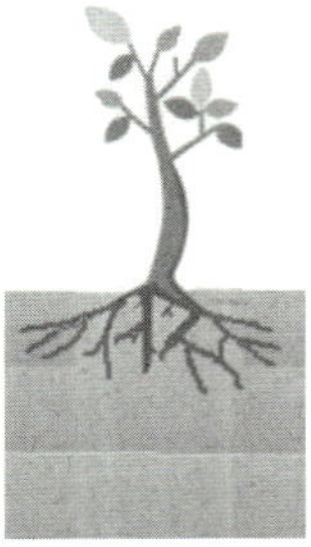	（1）引导学生有效归纳、及时整理，赋予学生扎根的能力。 （2）鼓励学生灵活运用、个性创造，为学生创造拓展机会	（1）融会贯通，完善认知体系，蓄积内生力，让根扎得更稳。 （2）融合内化，灵活拓展运用，发酵为内生力，让个性自信绽放
生	在“养”的滋润中迸发出茁壮的生命力 	开：开心、开境、开问 → 孕养“生”的场域 探：经历破土的艰辛 联：吸收充足的养分 融：发酵蓄积的能量 → 蓄养“生”的途径	迸发茁壮的内生力。 （1）数学观察的敏锐性。 （2）数学好问的主动性。 （3）数学联系的自觉性。 （4）数学应用的灵活性。 （5）数学情感的融入性。 （6）数学世界的向往性

第三章 小学数学“养学课堂”的基本操作策略

基于以上理念，我们工作室成员在我们的“养学课堂”研究实践中积累了一些实践经验，我们将其归纳、梳理出了以下“养学课堂”基本策略，在此与大家分享，希望借此能启发更多的“养学课堂”策略。

课前多测，了解学情

奥苏贝尔曾说：“影响学习的唯一重要因素，就是学习者已经知道了什么，并据此进行相应的教学。”

“开放”是孕养“生”的场域，是“养学课堂”之魂。因为我们主张的“养学误堂”一直是基于对生命的敬畏、对学生个体的尊重，而尊重学生的前提是了解学生。我们在上课前通过多种方法来了解学情：前测、问卷、访谈、观察、文本分析……以下是我们工作室成员执教“认识负数”时的前测问卷。

“认识负数”前测问卷

(1) 零上 3 摄氏度，写作(　　　　)。

零下 3 摄氏度，写作(　　　　)。

(2) 平时，你在生活中见过像 −2、−45、−98 这样的数吗？你知道这样的数叫什么吗？

(3) 平时，你还在哪些地方见过像 −2、−45、−98 这样的数？请你举一个例子，然后用合适的方式(画图、写话等方式)表示这个数的意思。

(4) 你会把下面的数分成几类？请你把分类的结果写在下面。

−7　0　1　−98　−100　21　−45

前测问卷主要涉及温度中正数和负数的写法、负数在生活中的表示及其意义、正负数的分类等方面的内容。通过问卷发现，学生对负数有所了解，知道“负数”这个数学概念的名称，但多停留在带“－”的数叫负数这样的浅层认知，对正数、负数以及0的数学意义认知模糊，不容易理解三者之间的关系。

通过这份前测问卷，我们确定了教学范围，掌握了学生个性差异。

1. 测范围，找准“最近发展区”

教学进度的推进、教学内容的选择，这一切都是基于学生已有的学习基础。一节课的起点、终点、范围是什么，这些都要结合学生的实际情况来定。

通过“认识负数”的前测问卷，教师在教学设计中确定了学习基础与学习难点的范围，并进行了相应的设计。教师一方面尊重学生，选取了学生生活中的大量素材，以此作为学习起点；另一方面，教师就学生对正数、负数以及0的数学意义认知模糊等学习难点，在学生最近发展区内采取“用合适方式表示正、负数”理解负数的意义、“通过变化标准引起正、负数变化”感受0作为标准的重要作用等设计。

学生在学习前并非零基础，教师透过教学前测能了解学生对已学知识的掌握程度，更重要的是，通过教学前测探明学生相关知识能力上的最近发展区。教师根据学情设置让学生“踮踮脚”的标准，体会“跳一跳”求知的乐趣，培育学习的兴趣，养护学生乐学、好学之心。

2. 测差异，掌握学生个体差异

如果把“最近发展区”理解为学生群体共性的评估结果，那么知识或能力储备的参差、思维的多样性则会影响问题情境的设置，推进探究的力度。每个学生的情况是有差异的，教学前测时要注意抽样的代表性，既要关注整体共性，也要关注个体差异，了解不同学生的不同学习需求。

这种差异既有纵向上的，也有横向上的。纵向上的差异体现在学生已有知识基础的程度、能力的差异，也有多样化的差异。通过“认识负数”前测问卷中的让学生用合适的方式表示这个数的意思，既可以看出学生对负数意义的理解程度，又可以了解学生的表达方式。

只有从不同的认知水平和认知方式来尊重学生，才能尽可能通过教学设计让每个学生都能主动参与学习活动，丰富学习经验。

3. 测情感，有效提升内驱力

“养学课堂”课前了解学情，不仅能关注学生已有的知识经验、技能掌握情况，还能关注学生情感，如集体兴趣以及个别学生的特殊情感等。情感是“养学课堂”“养”的氛围和“生”的土壤，基于学生情感的“开”才有生机，才有内驱力。例如，面对不是自己班级的“养学课堂”公开课，教师会精心准备课前几分钟的谈话，看似聊天，实际是在了解班级整体的风格，捕捉学生的思维特点、表达方式等。这样的交流，有效沟通了师生情感，为“养学课堂”的“开”提供了合适的场域，也有利于教师短时间内根据学情调整自己的教学方式，自然地和学生一起“探”、一起“联”、一起“生”。

创造环境，开放“养学”

创造适合学习内容的学习环境和学习情境是“养学课堂”“开”的体现之一。

一间教室的高度和宽度由什么来决定呢？这并不取决于校长，也不取决于教师，而是取决于它的建造者。同理，一节课的深度取决于教师和学生的智慧、视野、气度。与其说我们为学生创造适合学习内容的学习环境，不如说我们和孩子一起创造一个顺应天性、幸福生长的“养学”之地。

1. 课前、课后创造适合学习内容的学习环境

学习环境的创造不仅仅只是物质上的，还可以是精神上的、情感体验上的，目的是让学生全身心地浸润在当下学习的环境中。

1）数学人文的精神熏陶

仅仅把数学当作知识技能看待，而不了解数学的历史、人文，永远无法真正体会数学的魅力。因此，我们可以在教室里准备一些与数学相关的书籍，供学生在课间阅读。这些书籍不是数学辅导资料，更不是习题集，而是一些与数学学习内容相关的有趣的数学故事、数学游戏，它们可以启发思维，可以追根溯源。

例如，在三年级下学期的“年、月、日”一课中，关于大月和小月的历史由来，关于闰年的科学依据，都可以让学生从《十万个为什么》中了解。

2）数学器材的操作体验

在实践操作的重要性上我们是达成共识的，因此课堂上都尽可能地给予学生操作体验的时间，但有时时间并不充足，学生体验有差异性。因此，我们可以在教室搭建操作体验的区域，提供器材，提供可以随时巩固学习的物品，供学生课前、课后学习。

例如，黑板右侧的身高表；1kg、1g、10g……质量的物品；一个可以展开并拼成近似长方体的圆柱等。除此之外，还可以鼓励学生自己创作，如自制可以拉动的长方形、带有刻度的扫帚杆、简易天平等。

师生共同精心准备的学具，都会在"养生课堂"中奠定一个良好的"开"的格局。

3）获得成就的情感体验

"兴趣"与"成就感"是相辅相成的。学生因为努力而获得数学学习的成就感后，会进一步激发数学学习兴趣。因此，为学生搭建能够展示数学学习成果的平台，一定会让学生因为成就感而激发其学习兴趣。

课下，我们的"养学课堂"远远没有结束，我们选取恰当的时机，为学生举办展示学习成果的展览。这些学习成果可以是一副副精美的画报，装饰在教室的墙上；也可以是学生在课后搜集、整理的资料，贴在醒目的地方与同学分享；还可以为学生提供"小讲堂"，让"小老师"分享其新的探索与经验……

从教室里的《奇妙的斐波那契螺旋线》《思维游戏》等有趣的书籍，到学生的小作品与学习成果的展览，再到讲台下五花八门的教具，一间散发着数学魅力的教室，正一步步地打开学生求知求真的欲望，为学生一次又一次的学习与反思营造了"开心"与"开问"的良好氛围！

2. 课中创造适合学习内容的学习情境

适合学习内容的情境，即"合理"的情境。合理的情境，会让一堂课有效地激发学生的兴趣与潜能。值得注意的是，在设置情境的过程中，一定要尊重学生的习性，创设贴近生活的、具有现实意义的、富有情趣的探索性和挑战性的教学情境，遵循开放的原则。

创设学习情境的类型、时机与方法的说明如表 3-1 所示。

表 3-1　创设学习情境的类型、时机与方法的说明

类型	时　机	方　法
问题情境	任何情境的设计既要符合学生的认知水平，又要具有一定的启发意义和探究的必要。也就是说，创设的时机就藏在学生的生长点中，处于学生的"最近发展区"。 在教学中，教师可以把握如下几个时机。 （1）在教学之初，在某个章节之始，创设问题情境，激发学生的探索兴趣。 （2）在教学之中，在学生的热情逐渐退减之际，创设问题情境，缓解思维疲劳。 （3）在教学最后，在一堂课是否能够得到生长的关键时刻，创设问题情境，延续学生的思维	（1）复习铺垫，沟通迁移，引导探索。 （2）巧寻矛盾，冲突思维，积极探索。 （3）趣味设疑，唤醒求知，主动探索。 （4）化错为疑，巧用生成，反复探索。 （5）对比分析，理解内涵，本质探索
生活情境	（1）"开"时，结合教学内容与重难点，巧妙地加以还原和再创造，启发学生的学习思维。 （2）"探"时，模拟生活经验，将枯燥的数学探索趣味化，提高学生的探究能力。 （3）"联"时，捕捉生活现象，巧妙应用于较抽象的数学知识，激发学生的学习动机。 （4）"融"时，设计生活练习，用数学的思维解决生活问题，提升学生的综合能力	（1）创设现实性的生活情境，用数学的眼光看世界。 （2）创设操作性的生活情境，亲历知识的形成过程。 （3）创设实践性的生活情境，培养学生数学的直觉性与敏感性
故事情境	（1）不论是在新课导入的环节，还是在新课探究的环节，故事情境都不失为一个提高课堂有效性的选择。 （2）在学生反馈的环节，故事情境还可以交由学生来创造，实现数学的再创造	（1）绘图故事教学，让学生在想象与观察中思考，乐趣与严谨中学习。 （2）趣味文本故事，让学生在倾听与表达中成长，判断与归纳中提升

续表

类型	时机	方法
游戏情境	(1) 游戏情境的设置可以贯穿整个课堂:游戏情境让"开"的环节别"开"生面;让"探"的环节高速有效;让"融"的环节趣味横"生"。 (2) 即使是到了课下,游戏情境仍然可以发光、发热	(1) 师生互动游戏,激发学习兴趣。 (2) 生生互动游戏,呈现教学过程。 (3) 游戏、问题相融合,突破教学难点。 (4) 游戏对比竞争,理解教学重点。 (5) 游戏模拟生活,提高综合素质
操作情境	操作情境主要创设于"探""联""融"的环节,可以与其他的情境(故事情境、生活情境、游戏情境等)紧密结合,但不是所有的内容都适合操作情境,创设操作情境有以下几个条件。 (1) 有操作的必要性。 (2) 操作目标必须明确。 (3) 操作的方法可以开放,但要清晰大方向	(1) 有层次的操作:从教师示范操作,到协助操作,最后自主操作。 (2) 多样化操作:在教师明确操作目的与方向后,学生自主探究合适的方法,注意提供充足的素材与学习用具

充实素材,放手尝试

"探"的过程中,我们既要重视思维过程的发展,又不能忽视"素材"的合理性对学生"探"的影响。素材的合理性体现教师在课中提供给学生充足并且开放的学习素材。

我们认为,充足且开放的学习素材应该注意以下两点。

1. 能够满足多次尝试的探究素材

培养学生锲而不舍的研究精神一直是我们所追求的。很多情况下,"一探"并不一定能直达目标,会出现"探而不得""一探再探"。此时我们不仅要在精神上鼓励学生不放弃尝试、不停止思考,还要在物质上提供给学生能满足多次尝试的探究素材。这样,在教师给予充分时间的"探""联"下,从形式上的探究转化为实质上的探究。教学渐渐由学生亦步亦趋变为学生大胆尝试、自我进化的过程。

例如，在“不规则图形的面积”一课的试教过程中，当教师提供给学生叶子纸素材时，出现了一部分学生只想不动、迟迟不敢动手的情况。带着疑问，我们对学生进行了课后访谈，学生说：“只有一张探究单，万一弄错了，怎么办？”这个意外的回答让我们重新审视了我们提供的素材。提供足够数量的探究素材，才能满足学生多次尝试的需求，以留给学生犯错的空间与鼓励学生探究的勇气。让学生敢于试错、尝试纠正，将多次“探”的经验进行自我“联”结，通过相互“融”合，完成自我内化。

2. 能够满足不同思路的学习素材

当然，素材的“充足”不仅仅是从数量的角度来看，我们认为素材的“充足”还应该体现在：能够满足不同的思路。

培养多角度思考问题的能力一直是我们在教学过程中非常重视的，因为解决问题的方法有时不止一种，其中必然会有最优化的策略。养成多角度思考问题的方式，一方面可以找到最优化的策略，另一方面还能采用不同的思路进行相互验证。

因此，教师对要解决的问题，在精神上和物质上都要做好充足的准备：要尽量做好全方位的预设，以便有针对性地引导；同时在物质上要提供给学生充足的学习素材，以满足学生不同思路的思考和尝试。

例如，在“不规则图形的面积”一课中的“估测叶子的面积”探究环节时，大多数教师会提供给学生方格纸的素材。这种单一而且带有指向性的素材，会让学生的思维固化到数方格的方法中，但其实每个学生的已有学习经验并不相同，探究的起点、思路也会出现多样性，因此教师提供给学生的探究素材也应该具有多样性，如提供给学生的探究素材可以是带有方格的叶子纸、不带有方格的叶子纸，还可以是具有启发性、知识迁移引导的“锦囊”。这样可以满足不同基础、不同策略的学生需求，充分尊重学生的个性特征，让每类学生的思维得以激发。

多元互动，评价“留白”

“养学课堂”中，学生经历着或艰难、或顺畅、或欢欣的“探”的过程，经历内部努力、发酵的过程，这时出现的情况可能是“探而有得”，也可能是“探而不得”，但一定是“探之有获”的，因此通过“联”中的师生互动、生生互动，让学生将“探之所获”进行交流和分享，不断推动学生探究、交流、思考的过程。而在此过程中，要尽量关注每个学生的状态。

在课堂上对关键性问题的回答，总有学生能够先行一步、一语中的，但并不是每一位学生在听了其他同学的发言后就能立刻明白、领悟的，因此我们不能只顾推进教学进程，而忽视这一类学生。每当此时，“养学课堂”中，教师采用的方式是多主体互动，留白式评价，即在点评前增加“留白”，以给予这些学生更多的揣摩时间。目的是让学生摆脱被过多“牵引铺垫”的干预，多留给这些学生一些逐步领悟的时间，让学习的内生力保持温度。那在“课堂留白”之时，我们做些什么呢？

1. 引导已悟其理的学生，个性表达、复述理解

倾听已经思考得出结果的学生的发言，会让一批学生受到启发，从而也找到解决问题的方法。此时教师可以充分发挥这些学生的作用，让他们用自己的语言表达、复述自己的理解。此举的作用有二：一方面让这些学生在表达的过程中梳理、巩固思路；另一方面，表达的过程对还未找到解决问题方法的学生有所启发。后一方面是非常重要的，因为通过这些学生对第一位学生发言的理解、诠释，能够增加观点表达的丰富性，从而从不同角度对还未悟出其理的同学进行思维的刺激和思路的启发。

因此，建议此时教师通过“他的回答你懂了吗”、“你能以自己的方式向大家说说吗”这类复述导向的问题引导已悟其理的学生“复述”理解。这种复述是具有加工性和启发性的。因为他们融入了自己的理解，增加了表达的角度或方式，从而对其他学生有新的启发。

2. 鼓励未悟其理的学生，敢于质疑、以问促悟

还未悟出其理的学生在某些环节一定还存在或多或少的疑问，只有将这些疑问一一解除，才有可能将思路梳理清楚。当看到其他学生已经找到解决问题的方法时，这些还存在疑惑的学生往往表现出焦虑、沮丧，如果此时教师对这类学生不能及时提供帮助，甚至为保证课程进度而置之不理，那么这些学生很可能因气馁而放弃，渐渐失去参与探究的信心和意愿，学习的内生力降温。

因此，建议此时教师留出时间，鼓励这些尚存疑惑的学生大胆质疑，以问促悟。一句"你有什么问题想问"让学生养成不懂即问、以问促悟的学习习惯，促进问问题意识的发展。从而，在质疑、答疑的启发下，渐渐跟上其他学生的脚步。

课堂增加了这样的"留白"之后，教师再给予适时的点评，才会让更多的学生引起共鸣，因为这些都是基于每一位学生思考、领悟之后的"理"。

巧用锦囊，分层指导

学生学习有差异，针对不同层次的学生，教师需要进行分层指导。学习有困难的学生，一直是我们非常关注的学生群体。我们针对这类学生进行了相应的策略研究。在多次尝试中，我们认为锦囊的设计，对此类学生的帮助非常有效。

1. 什么是"锦囊"

"锦囊"是教师针对在课堂自主探索环节有很大困难的学生提前设计的导学单，以对该类学生在课堂自主探索环节进行学习方法的指导和思路的启发。

2. 使用锦囊的原因

(1) 学生差异。

在"探""联"过程中，我们鼓励学生自主探索，但是因为学生差异，总有一部分学生在自我探索中始终"探而不得"。这类学生的主要问题是"探而无法"。如果让这类学生大脑空空地直接参与"联"的环节，很有可能不知道其他学生在说什么。

(2) 时间有限。

虽然在自主探究过程中，教师会通过课堂巡视对学生进行指导，但是面对学生人数多的客观现实，教师往往有来不及巡视全体的紧迫感。即使是小组活动，教师要深入每个小组的学习活动，时间也总显不足。

(3) 保护热情。

学生通过研读锦囊中的图文得到启发，与教师口头指导相比，更能保护学生主动探究的热情。同时，通过自己努力探究出来的成果更能让学生产生成就感，而且也避免了学生产生依赖思想。

因此我们认为，针对学习有困难的学生，在对学生学情了解的基础上，提前设计出有针对性的“锦囊”，以替代教师对学生进行引导、启发，这是一种不错的策略。

3. “锦囊”的设计

那么，“锦囊”的设计从哪些方面入手呢？我们认为有以下两个方面。

(1) 将思考方向纵向引导。

学习有困难的学生往往表现在思考的深度不够。因此“锦囊”中的导学单设计，可以通过一串带启发性的问题，将学生的思考引向深入。

例如，在“不规则图形的面积”一课中，彭娟老师及她的工作室成员设计了如图 3-1 和图 3-2 所示的两份“锦囊”。

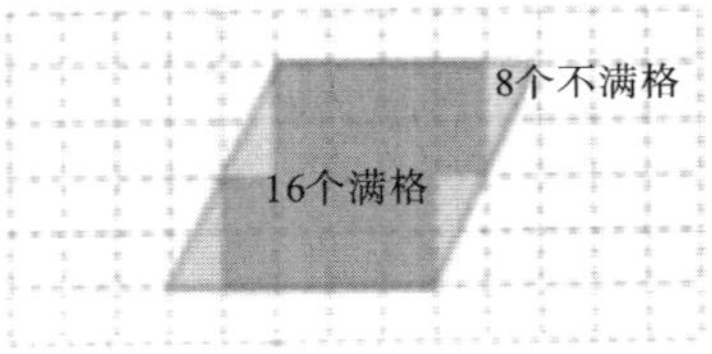

回忆我们是怎么通过数格子求出平行四边形的面积的：一个方格1 cm^2，不满一格的都按照半格计算。这个平行四边形的面积是$16+8\div2=20$ cm^2。

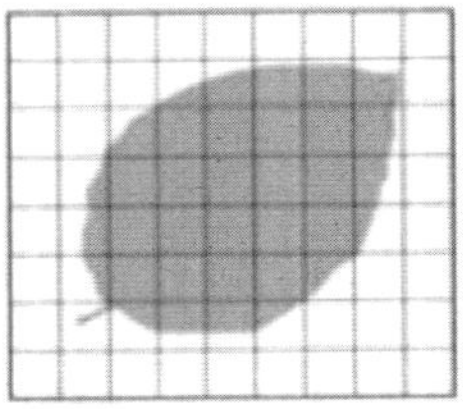

看看这片叶子。
可以把叶子上的格子分成（　　）类。
一类是（　　　　），共（　　）格；一类是（　　　　），共（　　）格。
赶紧数一数！

图 3-1 “不规则图形的面积”一课中的学习“锦囊”一

可以看出，教师针对不同思路的学生进行了不同的问题设计。“锦囊”一通过回忆数格子求出平行四边形的面积这一已有经验，将学生引向“通过知识迁移，理清数格子求叶子面积”的方法。

“锦囊”二通过多个平面图形，直观地让学生感受到叶子的形状接近平行四边形，并通过设计的问题将学生引向将“求叶子的面积转化为求平行四边形的面积”这一思路上来。

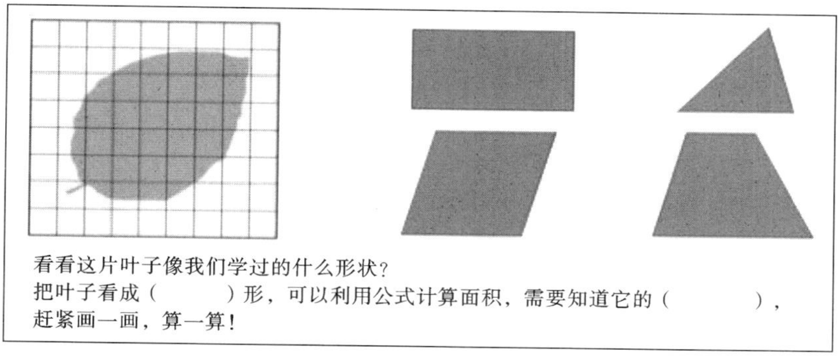

图 3-2　“不规则图形的面积”一课中的学习“锦囊”二

(2) 将关注范围横向扩展。

学习有困难的学生还表现在思考的广度不足上。因此教师可以通过“锦囊”，提供给学生更多的学习素材。

例如，在“认识负数”一课中，教师提供给学生如图 3-3 所示的“锦囊”。

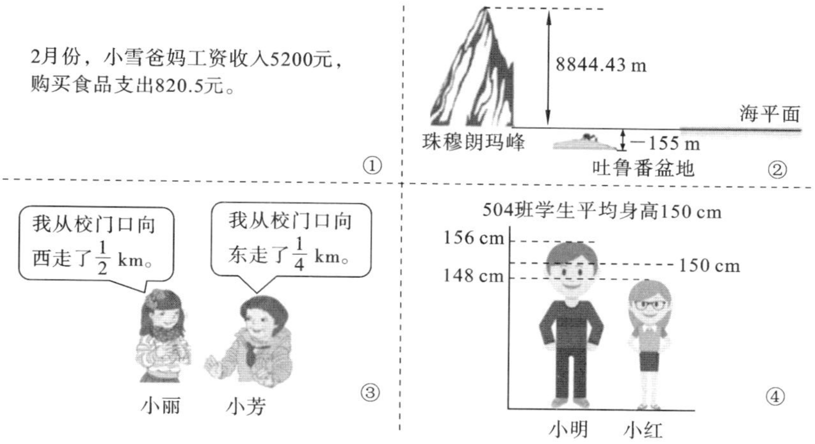

图 3-3　“认识负数”一课中的学习“锦囊”

此“锦囊”用于学生在“用合适方式表示生活中正负数的意义”这一环节时，部分学生因为对生活中相关信息的关注度不够或者关注的素材比较片面，所以无法表示正负数的意义，此时教师可以提示学生“如果你一时找不到，请参考‘锦囊’中的例子，按提示完成活动”，从而加深学生对负数意义的理解。

4. “锦囊”使用的注意事项

如何使用“锦囊”，也是“养学课堂”需要十分注意的。不能活动一开始，教师看到学生没达到想象的水平就送上“锦囊”;不能有的学生有能力去做,也同其他学生一样递上“锦囊”。“锦囊”使用需要注意以下事项。

(1) 用在学生需要之时,切忌过早送上“锦囊”。

(2) 用在有需求的学生身上,切忌统一。

例如,在“不规则图形的面积”一课中,当学生明确研究的问题——“估测叶子的面积”时,大多数学生利用方格纸数格子的方法来估测叶子的面积;也有学生将叶子转化成学过的基本图形来计算面积,有的转化成长方形、有的转化成平行四边形;也有的学生没有头绪,无从下手,教师为这部分学生准备了“锦囊”,不同颜色的“锦囊”中有着不同策略的引导。这样的时机,对这样的学生来说,犹如拨开云雾,找到解决问题的方向。

珍视差异,巧用生成

学生通过自主探究,围绕要解决的问题会生成许多不同的探究成果。有差异是好事。“养学课堂”的“联”和“融”恰恰是利用学生之间的差异,在学生现实起点、不同的理解和表征水平基础上完成交流和对话。在这种“势能差”的沟通联系中,学习在不同水平的个体之间真实、自然发生。通过生生、师生之间的质疑、释疑、融通,最终达到联合并融通内化的目标。

首先,教师要珍视学生的差异,并研究不同生成背后的原因;然后,教师在巡视过程中快速反应,选出具有代表性的“成果”作为“联”和“融”的素材。

1. 珍视差异,归因分类

“养学课堂”提倡尊重学生,而尊重学生首先要做到接纳学生客观存在的差异,并珍视这种差异。同时,面对学生的众多生成,教师要能够分析出生成的原因并对其进行分类,这样才能抓住本质,寻找教学的突破口,把握教学的层次。

例如,在“搭配(二)”一课中,学生用自己的方式表示两件上装与三件下装的搭配方法,几十名学生会有多种不同的搭配方法。面对这几十个个体的生成,其实总体上不外乎以下几类:有遗漏的、有完整的、有有序的、有无序的、有用文字表示的、有用符号表示的……这样分类后,再进行归因分析,会发现:搭配过程中有遗漏的学生多是思考无序的,用文字表示的学生多是符号化意识不足的。这样做,让后面“联”的互动交流有了更明晰的目的,同时让交流和探究更具有针对性,即需要引导学生关注思考问题的有序性和符号化意识。接下来,只需要在同一类中选择有代表性的学生方案,逐步展示分析,便可将交流逐步引向深入。

2. 巧用生成,促生建构

通过对学生生成的分析及分类,通过对具有代表性生成的充分利用,教师巧加引导,可以更加有效地促进学生形成建构。

1)由低往高,引导思考

当学生的生成有层次时,教师应该注意生成的出示顺序,一般来说是由低往高逐层展示交流的。例如,在“搭配(二)”一课中,将学生对搭配方案生成的表达进行分类后,可依照以下的顺序逐层展示:有遗漏的、无遗漏却无序的、无遗漏且有序的但是用文字表达的、无遗漏有序的且用符号表示的……这样,学生通过对比交流,发现关键本质,在逐步完善方法的过程中,完成建构。

2)补充素材,丰富生成

当学生的生成不够丰富或者不够典型时,教师可以补充生成素材,作为学生“联”“融”的有效资源。例如,在“认识负数”一课中,负数的根本属性是表示意义相反的量,意义相反的量分为两类:自然意义相反的量和人文规定意义相反的量。当学生自己列举生活中正负数的例子时,学生大多会列举第一类,温度、电梯楼层、进出人数、账单上钱的进与出等,这些大多是自然意义相反的量。而人为规定意义相反的量,很容易被忽视。例如,比海平面高的海拔高度用正数表示,比海平面低的海拔高度用负数表示;如果以504班学生的平均身高150 cm为标准,正数6表示比平均身高高6 cm,负数-2表示比平均身高低2 cm。通过这样的补充,加深学生对“负数是表示意义相反的量”的理解。

第四章　小学数学“养学课堂”的评价原则与要点

我们所提出的“养学课堂”，是为了提升学生数学学习的内生力，力求实现“慢养·深耕”的教学生态，并实现师生“同生共长”教育愿景的教学主张。根据“养学课堂”的基本理念，我们确定了小学数学“养学课堂”的评价原则和要点。

小学数学“养学课堂”的评价原则

1. 主体多元，不仅关注他人，更突出学生自我评价

新课程理念提倡评价主体的多元参与，从双边对话式到多边互动式；从教师单一评价学生，发展到学生也可以评价学生；从一对一的评价到小组内外的群体评价等。我们的“养学课堂”同样秉承着评价主体多元的理念，营造开放、宽松的评价氛围，鼓励学生、同伴、教师和家长共同参与评价，实现评价主体的多元化，帮助学生在自我评价、互相评价、师长评价中不断反思，认识自我，从而实现自主学习和发展。

在此基础上，我们认为，学生是学习的主体，在各类评价活动中，学生都是积极的参与者和合作者，因此，评价中更关注学生本人在评价中对自我学习水平、学习过程、学习状态、学习情感的感受，通过外部的评价，催生学生个体内部对数学学习的自我觉醒与清晰定位，从而找准新的学习起点。

2. 内容多样，不仅关注学业，更突出学生内生力发展水平

在过去很长的一段时间，人们习惯于将数学知识的掌握程度作为衡量数学学习水平的标尺。随着新课程的逐步推行，知识与能力成为学习的主要内容。新课程标准颁布以后，“双基”再次扩充为“四基”，学习内容不断完善。作为与之相对应的评价体系，“养学课堂”倡导评价内容要体现多样性，涵盖知识、能力、情感态度、内生力发展水平等多个维度，从数学的角度全面评测学生的学习发展态势，并在评价内容中突出学生内生力发展水平的提升，即是否拥有数学观察的敏锐性、数学好问的主动性、数学联系的自觉性、数学应用的灵活性、数学情感的融入性、数学世界的向往性。

3. 方式多变，不仅关注分数，更突出质性判断在评价中的重要作用

根据美国心理学家加德纳的多元智能理论，评价内容可分为量化评价和质性评价。量化评价即通过分数、等级做出价值判断；质性评价即采取模糊评价的方法评价学生的学习态度、学习情感、学习习惯、价值观等。纵观当前的教育，普遍采用量化评价的方式，很多情况下就是用分数这把尺子来衡量学生的学习水平。

但是，“养学课堂”关注的是主体内生力的评价，在尊重个体的多样性发展的状况下，评价必然不是一把尺子可以衡量的。例如，对于同样获得 90 分的两个学生，一个是数学能力强、轻而易举获得 90 分的学生，一个是费了九牛二虎之力获得 90 分的学生，该如何评价呢？这就需要使用分数、试卷、等级评价以外的其他方式来弥补了，如采用“我的成长记录袋”“数学成长足迹”等方式，引导学生多角度、全面、客观、公正地评价自己的学习。“我的成长记录袋’可以包括数学与我（谈自己对数学的认识、介绍自己的数学学习状况）、每周一刻（记录一周中数学学习过程中的片段并与自我对话）、自己满意的作品（如剪纸、数学小报、数学阅读心得等）等。“数学成长足迹”可以包括我的数学（自评）、同学眼中的我（互评）、老师眼中的我（师评）、父母眼中的我（家长评）、邻居眼中的我（社区评）等。这些记录让学生能在多方评价中学会判断自己的进步，不断进行自我激励，构建自己的评价体系，有效促进内生力的生长，获得内部成长的延续性和生长性。这种质性评价让数学能力强、轻而易举获得 90 分的学生认识到“别人比我更努力，我还可以避免更多的失分”；费了九牛二虎之力获得 90 分的学生则可以看到“自己努力的过程得到了充分的肯定与鼓励”。

这种将量化评价与质性评价相结合的方式，既保护了学生的信心，促进了内生力的生长，同时也体现了因材施教的教育原则，让水平不同的学生，在不同的领域获得中肯的评价，让每一个学生在学习中付出的努力都能被察觉，都能成为学生的闪光点。

4. 时间多段,不仅关注当前,更突出不同阶段内生力的延续与发展

对于小学生来说,内生力暂时处于低端水平,是隐性的。因此,在不同的时间段,需要教师有意识地加以培养和提升。"养学课堂"基于此,着力逐步让学生获得数学学习的主体体验,提升数学学识、能力、思想方法和素养,逐步增强自我把控数学学习的意识和能力。在评价中需要关注如下几点。

(1) 内生力提升的过程是漫长的,因此评价不可能是瞬时评价,我们推崇的是慢评价,重在"养"的味道,重在内在的"悟"、内在的"生"。

(2) 内生力的提升是不断发展的过程,没有终点,因此伴随的是终身评价,长期对自我的反思。

(3)不同阶段的内生力的表现会有所不同,不同的学生也会有所侧重,因此不能盲目地加以比较,应在"养"的过程中静待花开。

小学数学"养学课堂"的评价要点

基于以上对"养学课堂"评价原则的制定和研究,我们对六个方面的具体内容进行了深入的探讨,将学生在以"养"助"学"的过程中表现出来的状态进行"抓拍",形成了相应的内容指标,使师生更容易找到评价的支点,从更具体的方面帮助学生反思自己的学习行为,完成自我内部的学习效果监控;帮助教师改进其教学行为,从外部开展对学生学习过程的整体评价,以促进"养学课堂"从"养学"到"内生"的目标逐步达成。

1. 数学观察的敏锐性

观察是一种积极、主动的认知活动,是学生探索一切知识的开端。然而生活中的观察活动有很多种,学会主动地用数学的眼光观察生活是"养学课堂"所追求的价值取向之一,我们期望学生在"养"的"土壤"里培育出一双智慧的眼睛,去捕捉生活世界里与数学密切相关的现象与问题。

(1) 有兴趣地参与数学观察。

兴趣是推动观察的原动力,有了动力,学生才能积极、主动地进入数学观察活动,从而培养良好的观察习惯。但对于小学生而言,观察兴趣的源头就是学生与生俱来的好奇心，在“养学”教育理念下，我们需要将学生短暂的好奇心真正转化为对观察长久的热爱和兴趣。

(2) 有目的地参与数学观察。

“观”就是“看”，“察”除了“看”之外，还有“调查”之意，要将“观”转化为“察”，则需要学生在观察的过程中突出目的性。我们认为，目的性是区分感知与观察的标志之一，没有目的性的观察只能是一种感知。因此，我们倡导学生的数学观察不是走马观花式的“假观察”，也不是停留在表面的“浅观察”，而是有的放矢的“真观察”。

(3) 有条理地进行数学观察。

观察不能漫无边际、杂乱无章地进行，而应逐步养成观察的条理性，也就是要掌握一定的观察方法，如由上到下、由远及近、由整体到局部、由外而内、对比观察等，有层次、有步骤地进行。学生不仅要观察事物的表面现象，而且要透过现象观察事物的本质，逐渐“养”成自觉、有序观察的思维习惯。

(4) 持续地参与数学观察。

由于小学生年龄小、自我控制能力比较差，在观察时容易受到外界的干扰和情绪的影响，通常无法像成人那样坚持长时间观察。但是观察的持久性直接影响观察结果的正确性与全面性，因此，“养学课堂”滋养下的学生在自控力、专注力等方面有一定的要求。

(5) 主动概括观察的结果。

观察的概括性是指透过事物的表面发现事物内在的联系，或通过信息的收集总结出事物的共有属性特征。我们主张，学生应该具有将零碎、孤立的表面特征和现象，融成整体的、全面的、准确的核心属性的能力。

(6) 有意识地记录观察结果。

主动将观察的结果及时记录下来，这也是数学观察主动性的表现之一。教学中常常发现，有的学生只喜欢参与观察活动，从来不记录结果，在数据和观察对象增多后，往往就不能正确分析出结论，因此，要会观察，更要会记录。这样有利于促进学生观察的主动性，观察得更仔细、认真，结果更真实、可靠，还有利于巩固观察结果，便于学生在观察后通过对观察结果的反复思考不断发现新问题。

2. 数学好问的主动性

在"养学课堂"的教学理念下,我们认为学生应该初步具有主动地从数学的角度发现问题和提出问题的能力,并拥有对众多问题合理筛选的眼光,从而敏锐地寻找到有价值的数学问题,而在这一过程中,既需要个体独立的思考,也需要与他人思想的碰撞。因此将"听、说、想、问"这些活动融入学生的"发现之旅",最终"内生"出"好奇、好问"的儿童天性。我们期望学生在"养"的"土壤"里培育出一颗智慧的心灵,去提取生活世界里的数学问题。我们认为,学生数学好问的主动性表现在以下方面。

(1) 乐于倾听:能耐心听取别人的见解。

(2) 善于发现:能细心寻找有价值的问题。

(3) 勤于思考:能专心探索发现的问题。

(4) 敢于表达:能自信交流个人的观点。

(5) 勇于质疑:能诚心提出不同的想法。

3. 数学联系的自觉性

数学是最基础的学科,与万事万物都有着密不可分的联系,我们期望学生在"养"的"土壤"里培育出一种"自动连接"的思维方式,去探索生活世界里的数学问题。

(1) 能自觉连接数学与其他学科知识。

数学不是孤立的学科,从古希腊开始,数学就与哲学建立了密切的联系。近代以来,数学与语文、英语、科学、计算机、美术、音乐、体育等学科彼此关联。如古诗《一去二三里》,短短20字的小诗,数字就占了一半,勾勒出了一幅山村美景;又如角、轴对称等几何知识与美术融合,将实质美和形式美统一;"圆的认识"开课引入投球活动,将数学与体育有机结合起来。因此,学生要具有主动连接数学与其他学科知识的能力,只有这样,才能让学生思维的"触须"向外延伸,从其他学科中汲取营养,进行"学科文化儒化",促进学生数学综合素养的提高。

(2) 能自觉连接数学与生活经验。

如看到一块地,学生会主动思考如何测量、计算出它的面积;郊游时,学生会估量行程的远近;购物时,学生会预先计算出需要带的钱;看到不规则的石块时,学生会思考如何计算出它的体积等。这些联系,就是学生自觉地从数学角度看待生活事物的思维表征，也是从“养学”到“内生”的结果之一。

(3) 能自觉连接数学内部知识间的关系。

这里的内部连接，既包括横向的连接（与研究主题直接相关的前后知识），也包括纵向的连接（与各知识领域的间接相关的知识），学生的潜意识中要建立数学知识体系，能自动调用知识储备来解决新问题。

(4) 能自觉连接与外部资源的对话交流。

生生交流、师生对话、人机互动都是个体与群体的连接，学生要积极参与小组合作学习和集体交流活动，在合作中与他人达成共识，在活动中提高表达的能力，在合作中改进自己的不足，在合作中建构知识间的联系。

4. 数学应用的灵活性

“应用性”是数学学科价值的体现之一，小学生数学应用的灵活性是指小学生数学思维活动中思考方向、思考过程与思考技巧能即时转换，数学学习能力的最高水平就是能灵活应用所学知识。因此，我们期望学生在“养”的“土壤”里培育出一种应对自如的能力，去解决生活世界里的数学问题。

(1) 能主动迁移旧知、解决新知。

世间万事万物都是一种衍生的过程，而所谓的“新”便是由“旧”在不断发展和变化中得到的。思维灵活的学生，要能及时、准确地找到新问题的原有起点和与之有关的相似性问题。

(2) 能采用多种方法解决问题。

这里的多种方法，就是我们通常所说的一题多解。学生在解决问题时要能从多角度、多层次出发，深刻理解和应用所学内容，采用多种方法解决问题，摆脱定势思维的影响和束缚。一题多解是数学思维能力深入发展的表现。

(3) 能运用多元表征描述思维过程。

思考是源于大脑内在的思维活动，看不见、摸不着，那么学生是如何与他人交流、沟通的呢？这就需要学生具有挑选合适的表达方式来呈现思考的过程、结果的能力了。特别是当学生能够在代表同一问题的不同表征之间进行自由转换时，他们理解问题、分析问题、解决问题的能力就会得到进一步提高。

(4) 能创造性地解决问题，具有独特的个性和创新性。

对于小学生而言，创造性思维是指利用学过的知识和积累的经验，对所要学习的新内容提出自己独特的见解，从而创造出新的学习成果的一种思维形式，具有相对较高的要求。但我们认为，在“养学课堂”中，个性与创新性是“内生”的重要标志，我们培养的是具有创新能力、能自主发展的生命体，不是循规蹈矩、听从指令的“机器人”。

5. 数学情感的融入性

在以往的数学教学中，我们过于关注学生对学科知识的理解、记忆和掌握，忽视了学生在教学活动中的情绪和情感体验，导致了一些学生对数学学习有了恐惧以及厌学情绪。可见，积极的情感有助于促进学生的数学学习过程，并影响创造性解决问题的过程，使学生在做出决定前能深思熟虑。我们期望学生在“养”的“土壤”里培育出一种和谐美好的情感，去获取解决数学问题过程中萌生的正能量。我们期望学生在“养学课堂”中，能够在数学情感方面得到以下方面的发展。

(1) 有浓厚的学习兴趣，对数学充满好奇心和求知欲。

(2) 有坚定的学习意志，面对困难有努力克服的勇气。

(3) 能体验成功的乐趣，形成严谨求实的科学态度。

(4) 能感受数学的价值，养成良好的数学学习习惯。

6. 数学世界的向往性

“养学课堂”所创设的数学课堂应是数学与学生真实相遇的场域，“养”的最终目的是“生”，培育学生产生“通往数学世界的向往性”是“养学”的最高境界。我们期望学生在“养”的“土壤”里培育出一种渴望走近数学、仰望数学“星空”的情怀，让学生因为学习数学，感受到数学的神奇，对未来的数学学习充满信心和渴望，让数学在儿童世界里再生，学生经由数学创生一个属于自己的新天地。具体表现如下 。

(1) 具有较高的数学素养。

(2) 具有高度的数学文化自信。

(3) 对未知的数学问题充满期待。

(4) 树立远大的自主发展目标。

(5) 具有达成目标的持续行动力。

下篇　我们的实践

小学数学“养学课堂”教学主张是我们教学的价值追求，小学数学“养学课堂”教学模式、操作策略、评价原则等是我们教学的行动指南。这些研究成果从课堂中来，更应回归课堂，才能更好地发挥它们的“生命力”。基于教学主张的行动研究是检验这些研究成果的试金石，在小学数学“养学课堂”教学主张的研究过程中，我们始终坚持理论与实践相结合，不断用理论指导实践，用实践丰富理论，围绕典型教学内容开展课例研究、案例研究，形成了较为丰富的实践案例。我们希望这些实践案例是沟通小学数学“养学课堂”价值追求与教学实践的桥梁，让我们一同追寻让小学数学更“养学”的美好愿景！

第五章　教学设计

激发学生学习内生力，以需“养学”

——“100以内数的认识——数数、数的组成”教学设计及说明

武汉市青山区钢城第十一小学　朱莉萍

教学内容

《义务教育科教书·数学》(人教版)一年级下册第33～35页。

教学目标

(1) 通过操作和演示，学会数100以内的数，知道这些数的组成，体会基数和序数的含义。

(2) 通过经历数数的过程，进一步体会十进制，巩固计数单位“十”，认识新的计数单位“百”，知道10个十是一百。

(3) 通过观察、操作、交流，丰富数学活动经验，渗透以群计数的思想，培养数感。

教学重点

认识100以内的数，知道10个十是一百。

教学难点

感悟以群计数的必要性，理解并掌握十进制中接近整十数的数法。

教学准备

(1) 学具：数量接近100的物体(如小棒、纽扣、回形针、小方块等)。

(2) 教具：课件、小黑板、磁铁、投影。

教学过程

一、回顾旧知，揭示课题

（1）出示部分主题图，提问：图中一共有多少只小羊？

学生数小羊，明确一共有 20 只小羊。

（2）出示完整主题图，提问：和刚才的 20 只小羊相比，你有什么感受呢？

教师：从今天开始，我们就一起来学习第 4 单元——100 以内的数的认识，我们首先要学会数数。

板书：单元课题“100 以内的数的认识”以及课时课题“数数、数的组成”。

二、操作感悟，探究新知

1. 初次操作，感受以群计数的必要性

（1）学生数物品的数量（物品种类：小棒、纽扣、回形针，物品数量为 70～100）。

（2）师生交流数数的感受。

“养学”思考　虽然学生已经知道了 10 个一是十，但在数较多的数时，他们还没有用“十”以群计数的经验，此时“十”对他们来说只停留在小棒上、书本上。如果这里直接让学生用“十”来数数的话，学生的操作是被动的，产生不了需求，就不利于以后类推到用更大的计数单位来数数或计数，所以这个环节，我们要打“开”探究的意识和需求。我给学生提供了各种数量接近 100 的物体。物体的数量大，不加整理的数数很有可能会惨遭失败。这个环节真正的目的不在于数，而在于体验，让学生产生一种主观需求，“逼”他们去调动已有的经验、去想办法，学生自发地产生相应意识。当用“养”的心态来看待学生时，我们关注的不是学生完成的对与错，而是学生内在的“悟”，内在的“生”。

2. 再次操作，体会以群计数的方法。

（1）全班再次数数，学生展示。

（2）教师：说一说，你是怎么摆的，然后数给大家看一看。

学生介绍自己数数的方法。

3. 完成任务,经历以群计数的过程

(1) 学生数出 42 个,并摆在桌面上。

(2) 欣赏、对比同学们数出的 42 个物品。

“养学”思考 打“开”探究的意识和需求后,学生进入两次数数的探究活动。在“再数一次”的过程中,学生也并不是都用“十”来以群计数。“养学课堂”,面对学生的不同方法,我们的选择是尊重、理解和运用,使之成为进一步“探”的动力和“联”的资源。因此在展示学生数数过程时,教师没有通过“你认为哪种数数方法更好?”的问题,着急地让学生“站队”,而是要求学生不仅要几个一群地整理,还要一群一群地数给大家看。学生在对比交流中,“选择”自然发生,而在这样主动的思辨中,学生将“以十计数”的需求化被动为主动,这激发了学生进一步学习、运用“十进制”的内生力。

4. 在数数中理解数,突破数数的难点

(1) 由学生数出的 42 根小棒引导回顾知识。

一根一根的小棒,满 10 根捆成一小捆表示十。

板书:10 个一是十。

(2) 教师:100 以内有哪些数呢? 接下来,我们就用小棒帮忙,一根一根地数,大家和 100 以内的所有数做朋友吧!

课件展示 2 捆小棒,指导学生从 20 开始一根一根地边操作边数数。

追问 1:29 添 1 是多少?

追问 2:39 添 1 是多少?

借助课件动态演示,将又满 10 根的捆成新的一捆,帮助学生理解十进制。

“养学”思考 学生在“探”“联”中得到“满十进一”的经验后,从实物素材回到课本,数直观、有结构的学具——小棒,学生运用“满了 10 个一就是 1 个十”进行计数,轻松突破了数数的难点——“拐弯数”。学生在“融”中内化“满十进一”,沟通了知识之间的内在联系,这将激发他们进一步去探究新知的内生力。

5. 认识 100,体会“十”与“百”的关系

(1) 教师:99 再添 1 是多少呢?

(2) 借助课件直观演示,体会 10 个十是一百。

(3) 小猫也数了一些小棒(7 小捆),捆成一大捆能表示一百吗? 为什么?

小结:一定是满了 10 个十才能捆成一大捆,表示 100!

"养学"思考　每当学生学习一个知识后,我们都希望他们能进一步完善认知,主动运用知识"再生长",并为后续的学习注入动力,这就是五步"养学课堂"的最后一步——"生"。在之前的"融"中,学生在不断经历和运用"满了 10 个一就是 1 个十"的过程中积累了"满十进一"的经验,在此基础上,十根十根地数,数到 100,学生自然就"生"出了将 10 捆结成一大捆,得出"10 个十是 100"的认知,在这个过程中,不仅加深了学生对计数单位及其关系的认识,更体会到"满十进一"的十进制计数规律,这些经验一旦被激活,在认识更大的数时,学生将会"内生"出认识更大的计数单位的能力。

6. 感受生活中的 100,丰富表象

(1) 欣赏图片:100 张 1 元纸币,100 枚电池,100 枚回形针(对比),100 枚纽扣(对比),100 本练习本。

(2) 再次出示主题图:估一估,小羊大约有多少只,你是怎么想的?

"养学"思考　数感的培养非一日之功。再次回归生活,用形象和有对比性的生活素材,进一步丰富学生对 100 的认识,这也是我们"养学"主张的体现。

7. 运用数数经验,感受数的组成

(1) 数数:教材第 35 页"做一做"第 2 题。指导学生用做记号的方法不重复、不遗漏地数数。

(2) 思考:用小棒怎样表示 33?

(3) 介绍:33 是由 3 个十和 3 个一组成的。

(4) 小结并完善课时课题:数的组成。

"养学"思考　由于在"探""联""融"中学生经历了充分的数数过程,对计数单位有了深刻的认识和理解,数的组成已经呼之欲出,因此,我们依然运月学生数数的经验,引导学生用计数单位去表示数的组成。这就是内生力被激发的体现。

三、课堂回顾,课后小结

(1) 说一说,今天你们都学到了什么?

(2) 关于数,你还想知道什么?

板书设计

“100 以内数的认识”板书设计如图 5-1 所示。

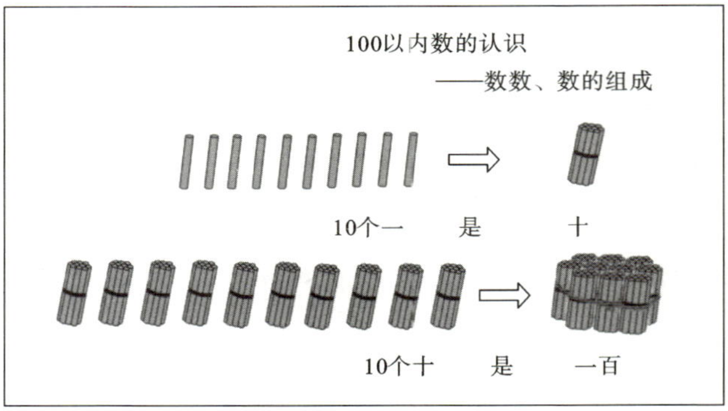

图 5-1　“100 以内数的认识”板书设计

恰当地"养",内生力方能应运而生

——"7 的乘法口诀"教学设计及说明

武汉市汉阳区车站小学　张　露

教学内容

《义务教育教科书·数学》(人教版)二年级上册第 72 页例 1。

教学目标

(1) 经历编制 7 的乘法口诀的过程,理解 7 的乘法口诀的意义,熟记 7 的乘法口诀。

(2) 了解 7 的乘法口诀的来源,能运用类比、迁移的方法编制乘法口诀;能运用乘法口诀解决实际问题,提高应用意识。

(3) 通过自主探究与合作交流,进一步培养学生自主学习和探究问题的能力。

教学重点

经历编制乘法口诀的过程,感悟乘法口诀编制方法,掌握并熟记 7 的乘法口诀。

教学难点

熟记 7 的乘法口诀,应用乘法口诀解决生活中的实际问题。

教学准备

PPT 课件。

教学过程

一、回顾旧知,激活经验

1. 背诵已学过的乘法口诀

活动:我们已经学习了 1～6 的乘法口诀,让我们一边有节奏地拍掌一边按顺序背一背吧。

引导：那么乘法口诀是怎么编制出来的呢？

2. 回顾编口诀的方法，激活经验

(1) 课件出示4～6的口诀例题图(见图5-2)。

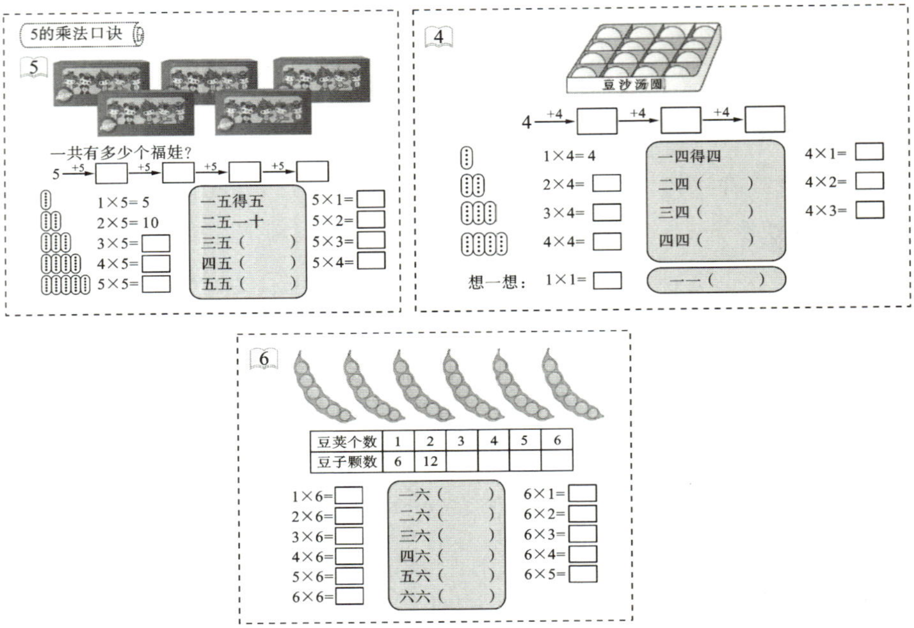

图5-2 4～6的口诀例题图

(2) 小结：先填写表格，再想意义，接着列乘法算式，最后编口诀，这是我们编制口诀的基本方法。

(3) 揭示并板书课题。

“养学”思考 在“养学课堂”的思考和实践中，我们发现学生只有在自己原有知识结构的基础上学习和探索新知识，并将新知识与已有知识经验建立联系，才能对知识有深刻的理解。因此开课伊始让学生打着拍子、有节奏地背口诀，这样可以帮学生回顾旧知，更重要的是，朗朗上口的乘法口诀随着学生的拍子，为本节课的学习营造了一个轻松、愉悦的情境，点燃了学生继续学习的兴趣。

紧接着的教学是通过提供电子课本，帮助学生回顾2～6的乘法口诀的编制过程，目的是引导学生回顾曾经经历的编制口诀的过程和方法，激活学生的学习经验，从学生的思维层面打开学习的场域。因此，这里的回顾是有针对性的，教师引导学生提炼编制口诀的方法，帮助学生找准新知的生长点，这样一来为自主探究、编制 7 的乘法口诀以及后续继续学习 8、9 的乘法口诀打通了新旧知识联动的渠道，搭建起学习的脉络，借助乘法口诀学习的延续性点燃“内生”的火种。

二、自主探究，编制口诀

1. 情境导入

(1) 数一数，填一填。

出示拼好的七巧板图片，如图 5-3 所示。

图 5-3　拼好的七巧板图片

数一数：摆一个图案用了几块拼板？

填一填：那么摆 2 个？摆 3 个？摆 7 个呢？你能把下面表格（见表 5-1）填写完整吗？

表 5-1　七巧板拼板块数统计表

图案个数	1	2	3	4	5	6	7
拼板块数	7						

(2) 交流汇报。

反馈：谁来当小老师和大家核对？再把这列数读一读。

提问：这列数都与 7 有关，那么 2 个 7 是多少？7 个 7 是多少呢？28 里有几个 7？

追问：42 是怎么算出来的呢？

2. 自主探究编制口诀

(1) 学生根据自己的实际情况选择学习方式，展开自主学习。

活动要求：

① 能独立完成、独立探究；

② 如果有困难，可以向同桌和老师请教。

“养学”思考 “五步养学模式”中的第二个环节为“探”。在前面“开”的环节中，学生已经回顾了编制口诀的方法，所以教学方法上我们注重学习方法的迁移，那么如何实现“探”？课堂虽然要开放，但是教师适当的主导作用才能使学生“探”得更加有效和深入。学生在教师的点拨、引导下，才能让探究学习活动深入，随着学习的深入，其内生力才能得到长远的发展。因此，填表后得到了一组表示乘积的数据，但这组数据比2～6的口诀乘积数据要难，会增加学生记忆口诀后半部分的难度，所以此环节让学生读一读、说一说，有助于加深印象。有了此处恰当的“养”，才会迸发出编制口诀的“生”。

3. 多方“联”动，点拨“融”合

(1) 在小组交流后，投影仪上展示学生编制的口诀，其余学生辨析：编制的口诀是否正确？并检查自己编制的口诀是否正确。

(2) 师：你们在编制口诀的过程中还有哪些困惑？谁来解答？

预设1：“2×7＝14”的前半句能不能大数编在前？

预设2：“2×7＝14”后半句编成“一十四”行吗？

……

(3) 小结：你们很善于思考，运用前面学到的方法自己编制了7的乘法口诀，以后你们还可以用这样的方法自主编制8和9的乘法口诀。

“养学”思考 “五步养学模式”中的第三、四个环节为“联”“融”。学生经历编制7的乘法口诀学习活动后，一方面，教师本着“问题从学生中来”的生成性原则，鼓励学生围绕乘法口诀编制过程中存在的困惑，采用生问生答、生生互动的方法，有效调动了更多学生的多种感官，有助于学生把信息和方法进行融合。另一方面，教师引发学生围绕乘法口诀的来历及意义进行质疑、辩论，促发学生有深度的联动。生生相联、师生相联的智慧碰撞，使学生的内生力得到深远的发展。

“教”是为了“不教”，学生获得了关于编制乘法口诀过程和方法的重要经验，这些经验是活动后的体会，因此具有反思的特征，于是教师在小结中提出：

以后你们还可以用这样的方法自主编制8和9的乘法口诀。本节课先是就2～6的乘法口诀的学习中获取的经验和思路开展学习，然后在“养学”中，逐步形成了编制7的乘法口诀的方法和策略，可以说它既是依托前面的知识而“生”，在本节课的学习过程中再次强化了知识迁移、类推的方法，所以它是学习编制8和9的乘法口诀的重要生长点。

三、沟通联系，记忆口诀

1. 读一读，找一找

(1) 齐读这七句乘法口诀，你们发现7的乘法口诀的排列有什么规律吗？同桌之间可以议一议。

(2) 交流乘法口诀的规律。

教师：说一说，乘法口诀中藏着什么秘密？（每句乘法口诀中都有7；积按从小到大排列；相邻两句乘法口诀的积相差7；7乘单数的积是单数，7乘双数的积是双数。）

(3) 师生质疑：你认为7的乘法口诀哪几句容易记？哪几句难记？

教师：哪句乘法口诀记得最熟？你是怎样记住的？

教师：哪个小组派代表说一说你们组的发现？

小结：①根据7的乘法口诀的规律记忆，从上往下观察，乘法口诀中的第一个数依次加1，第二个数都是7，第三个数依次加7；②运用联想记忆乘法口诀，如“不管三七二十一”这句话可以帮助学生记忆乘法口诀“三七二十一”。

2. 背一背，对乘法口诀

(1) 对乘法口诀。

三七(　　)　　(　　)七三十五　　二七(　　)

一(　　)得七　　(　　)七四十九　　四(　　)二十八

(2) 同桌互相对乘法口决。

“养学”思考　从7开始，随着乘法口诀的句数的增加，记忆乘法口诀成为学生学习乘法口诀的一个难点。因此，我试图通过以下步骤来帮助学生突破难点。一是引导学生联系已学的1～6的乘法口诀排列的规律进一步体验其与7的乘法口诀之间的联系，为接下来想到用相邻乘法口诀、熟悉的乘法口诀帮助记忆难记的乘法口诀做好铺垫,同时也渗透函数思想。二是引导学生联系生活俗语"不管三七二十一"和神话故事人物孙悟空常说"七七四十九"记忆相关乘法口诀,增添数学学习的趣味性,在一定程度上促进了数学学习与生活的联系,让学生体会到这些乘法口诀确实在我们的生活中经常用到、处处能学习。记忆不再是"死记硬背",而是变成了饶有趣味的活动,多种形式促成学生科学记忆乘法口诀。记忆与思维相融合,不仅能生成乘法口诀记忆的方法,更能生成锻炼思维的方法。

四、解决问题,应用乘法口诀

1. 用乘法口诀算乘法

(1) 完成教材第 72 页"做一做"。

$7\times4=\square$　　$5\times7=\square$　　$7\times6=\square$

$4\times7=\square$　　$7\times5=\square$　　$6\times7=\square$

(2) 学生独立完成,教师巡视。

(3) 小组交流:你是怎样填写的?用的是哪句乘法口诀?

思考:为什么每一组上、下的得数相等?

小结:我们根据一句乘法口诀计算出两道有联系的乘法算式。相邻乘法口诀之间密切的联系可以让我们的计算更加灵活。

(4) 讨论:从左往右观察又发现了什么?根据规律能算出 7×8 等于多少吗?

小结:相邻乘法口诀之间密切的联系可以让我们的计算更加灵活,可以提供更多的计算方法。

2. 完成教材第 73 页练习十七第 1 题

(1) 拓展:你还能提出哪些数学问题?

(2) 延伸到生活中:你还知道哪些与 7 有关的故事?谁来介绍一下?

3. 完成教材第 74 页练习十七第 7 题

(1) 提问:你知道了什么?独立完成汇报。

(2) 比较:计算 $3\times7+5$ 和 $4\times7-2$ 的方法有什么联系和区别?

五、全课总结

教师：同学们，今天你学会了什么？生活中什么地方用到了你今天的知识，请说一说。

“养学”思考　练习环节不是对数学知识的简单应用，而是在主动运用中对数学知识“再生长”的过程。因此，我设计了三个层次的练习，精心设计的练习各有侧重及针对性，让学生自然运用和丰富乘法口诀的经验，在此过程中将新旧知识融合并内化，从而让学生的认知体系更完善，这样学生在后续的学习中更具有生长力。同时作为本单元的起始课，本课中获得的知识储备、储蓄的内生力对继续学习、记忆8和9的乘法口诀具有长远的作用，所以本课起到了重要的承上启下的作用。

基于“养学”主张的解决问题的教学

——三年级上册第六单元“解决问题”教学设计及说明

武汉市青山区教研室 万 泉

教学内容

《义务教育教科书·数学》(人教版)三年级上册第 71 页例 8 及相关练习。

教学目标

(1) 经历画示意图和线段图表示数量关系的过程，初步学习通过画线段图分析实际问题(需要两步解决)。

(2) 通过画线段图，初步掌握实际问题(需要两步解决)的基本结构和数量关系，能准确找到中间问题。

(3) 在解决问题的过程中，培养学生分析、推理的能力，渗透几何知识。

教学重点

初步掌握基本结构和数量关系，能准确找到中间问题。

教学难点

学画线段图，并借助线段图分析数量关系。

教学过程

一、回顾旧知，导入新课

(1) 理解图意(见图 5-4)，再列式计算。

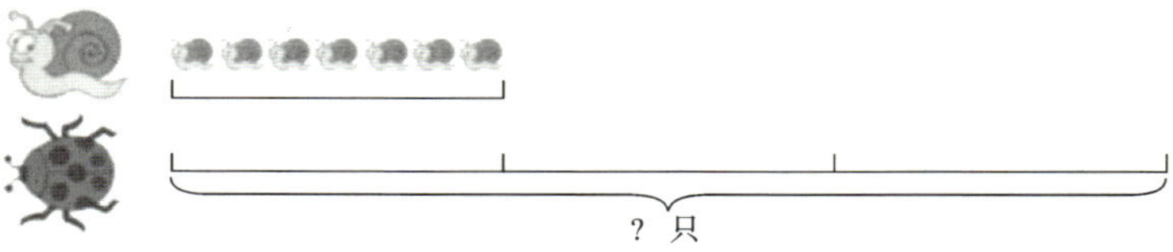

图 5-4 复习 1

提问：说说你从图 5-4 中知道了什么？

(2) 如图 5-5 所示，已知一个面包 5 元。

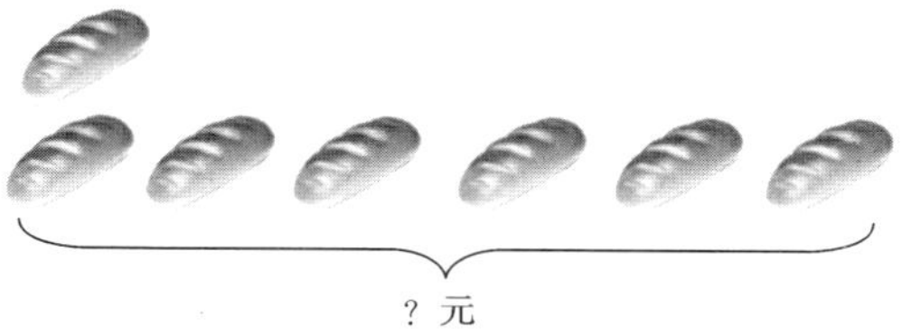

图 5-5　复习 2

(3) 如图 5-6 所示，已知一个面包 5 元。

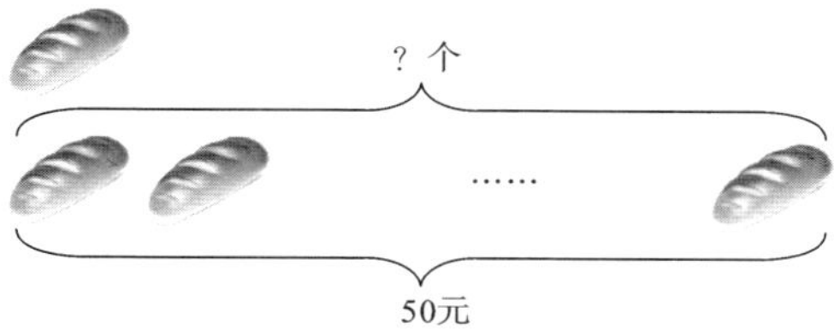

图 5-6　复习 3

提问：图 5-6 中的省略号省略了什么？

小结：借助这些图，我们可以更清楚、直观地理解数量之间的关系。今天，我们继续利用画图的方法来解决问题(板书课题：解决问题)。

“养学”思考　识图、读图能力是学生画图分析数量关系的基础。开课的三幅示意图能让学生感受到用图表示信息比较简洁、直观，可以帮助学生在本节课学习中用抽象的线段图表示数量关系的场域，尤其是第三幅图，学生自主表示 50 元钱买的面包会有困难，但是看到省略号，则很容易体会到其中的妙处，唤醒画图意识，所受启发成为探究学习中自主画类似信息图的内生力。

二、探究新知，解决问题

出示教材例 8：妈妈买 3 个碗用了 18 元。如果买 8 个同样的碗需要多少钱？

1. 阅读与理解

提问：你知道了哪些数学信息？你理解这些信息吗？

追问：“同样的碗”是什么意思？

初“探”：画图表示这些数学信息。

画图要求：①要全面反映题意，不要遗漏信息或问题；②要尽量画得简洁、明了。

学生独立完成，教师巡视，把有代表性的图投影到屏幕上。

“养学”思考 教师让学生用自己喜欢的方式表示教材例8的信息，学生通常会选择不同的图形符号表示一个碗，画出与教材中相似的示意图，这是必要的初探过程。

2. 分析与解答

展示：选取有代表性的作品，请学生自己介绍，并让学生重点体会如何体现买“同样的碗”。

比较：用了不同的符号来表示碗，那么表示信息的时候有共同之处吗？体会数量关系的相同点，先画出3份表示18元，再画8份求总价。

“养学”思考 小试牛刀后，生生联动，找到不同示意图的共同本质，即一图一碗，同图同价，此次联动是下面再探线段图的基础。

再“探”：利用多媒体将实物碗逐步过渡成正方形，再动态抽象成线段，形成线段图。

示范：回顾信息，教师示范画线段图。强调长度相等的线段表示价格相等的碗。

读图：看图读信息（见图5-7）。

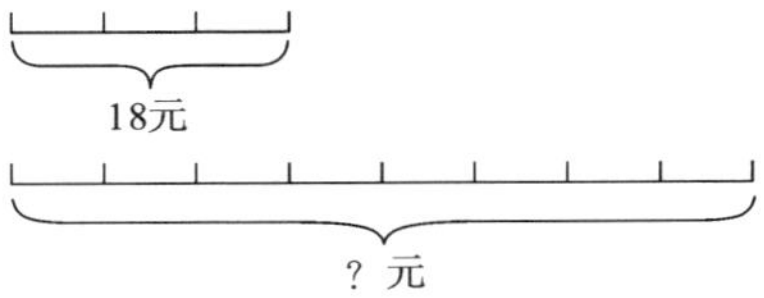

图5-7 再“探”形成线段图

分析：要求8个碗多少钱，怎样想呢？

预设1：要求8个碗多少钱，先要知道1个碗多少钱？根据3个碗18元就可以求1个碗的价钱。

预设2：根据3个碗18元就可以求1个碗的价钱，接着就可以求出8个碗的价钱了。

小结：无论是从条件入手，还是从问题入手，都要先求出一个碗的价钱，再求 8 个碗的价钱。

列式解答： $18 \div 3 = 6$(元)　　或　$18 \div 3 \times 8$

$6 \times 8 = 48$(元)　　　　$= 6 \times 8$

　　　　　　　　　　　$= 48$(元)

问：无论是分步解答还是列综合算式解答，都先计算什么？

追问：为什么要先计算 1 个碗的价钱？

3. 回顾与反思

回顾审题和分析数量关系的方法，借图检验解答过程。

三、识图画图，巩固策略

(1) 出示教材例 8 的“想一想”：18 元可以买 3 个碗，30 元可以买几个同样的碗？

(2) 怎样画线段图表示 18 元钱可以买 3 个碗？为什么 3 条线段要画一样长？

(3) 用 30 元钱买的碗怎样画？

三“探”：学生用自己的方式表示用 30 元买的碗。

启发：以表示 18 元的线段为参照，表示 30 元的线段大约画多长比较合适？

再“联”：师生联动估画 30 元的线段，教师有意画得接近 18 元，再画得超过 18 元的 2 倍，让学生估计和调整线段长度。

(4) 借图分析：先求什么？再求什么(见图 5-8)？

(5) 尝试解答，借助图 5-8 回顾反思。

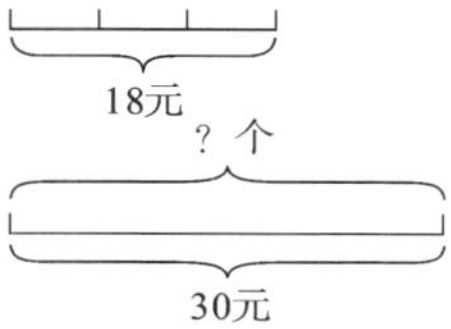

图 5-8　识图画图

“养学”思考　学生不难根据碗的个数画出相应的线段数，难的是在不知道碗的个数的情况下，如何画合适长度的线段表示 30 元。在三“探”过程中，学生能充分体会到表示 30 元的线段不能用明确的若干条表示单价的小线段连出来，从而产生了估计着画的需要。从不合适到合适的调整过程中，学生经历了参照标准目测推理、估计调整的过程，积累了画线段图的活动经验，也增强了数感。

四、比较异同，归纳方法

(1) 教材例8和教材例8的“想一想”都是需要两步解决的问题，第一步有什么共同点？

(2) 为什么都需要先求一个碗的价钱？为什么都可以求出一个碗的价钱？

(3) 画图理解和分析数量关系时，你有什么经验可以跟大家分享？

五、独立练习，生成能力

教材第71页“做一做”。

小林读一本故事书，3天读了24页。

(1) 照这种速度，7天可以读多少页？

(2) 照这种速度，全书64页，几天可以读完？

提问：“照这种速度”是什么意思？

解答：用今天所学的知识，先画图来表示题意，再解答。

小结：今天，我们利用画线段图分析数量关系解决了几个实际问题。你有什么体会？又收获了画线段图的什么经验呢？

“养学”思考 本节课遵循“养学”主张，借助问题的解决，顺应学生画图的真实状况，在需要指导的地方采用画图的方法，让学生充分经历“探”“联”的循环推进的过程。这样慢下来的“养学”，才能让学生的经历真正成为经验，在后续解决问题中运用经验融合内化，最终“内生”出解决问题的动力和能力。

重学法迁移，促“内生”发展

——“两位数乘两位数不进位乘法”教学设计及说明

武汉市青山区红钢城小学　王　漪

教学内容

《义务教育教科书·数学》(人教版)三年级下册第 46 页例 1 及相关练习。

教学目标

(1) 经历竖式计算方法形成的过程，理解两位数乘两位数(不进位)乘法的原理，掌握算法，提高学生的运算能力。

(2) 利用直观材料，动手操作，积累数学活动经验，体会解决问题表征方式的多样性，渗透数形结合、迁移类推的数学思想。

(3) 通过自主探究与合作交流，培养学生自主学习和探究问题的能力，增强学数学、用数学的应用意识。

教学重点

掌握笔算方法并正确计算。

教学难点

解决乘的顺序，理解积的书写位置的问题。

教学准备

点子图研究单、练习纸。

教学过程

一、复习计算，情境导入

1. 先口算，再归纳算式类型

(1) 两位数乘一位数：

14×2=　　23×3=　　43×2=　　13×3=　　64×2=

(2) 两位数乘整十数：

15×10=　　21×10=　　13×20=　　33×30=　　11×40=

2. 先笔算，再回顾多位数乘一位数的笔算方法

14×2=　　312×3=

3. 明确学习目标

谈话：借助这些旧知，我们继续学习两位数乘两位数。

4. 情境引入教材例 1

(1) 知道了什么？要解决什么问题？

(2) 分析题意，列出算式(14×12)。

(3) 为什么用乘法解决(求 12 个 14)？

“养学”思考 这节课是在两组口算、一组笔算的练习中导入新课的。两组口算练习，一组是两位数乘一位数，一组是两位数乘整十数，都是本节课两位数乘两位数的每一步需要用到的口算知识，巩固了笔算的根基。笔算练习设计了两道笔算，让学生回顾多位数乘一位数的笔算流程，激活笔算经验。复习导入是数学课常见的开课方式，看似简单，但根据教学内容和学生基础进行的有针对性的设计能有效唤醒学生的学习活动经验，为新知的学习迁移做好准备，使新知探究蓄势待发。

二、操作探究，学习新知

1. 呈现点子图，以形析数

回顾：出示以前学习数与计算中的小棒图、点子图等，指出以前研究数或计算问题时，都是借助图帮助理解的。

启发：这么多书用什么图表示合适？课件用点子依次表示 1 本书、14 本书、12 个 14 本书。

2. 借助点子图，以形促算

(1) 学生独立探究：这么多点子就表示 12 个 14，你能一步口算出来吗？在图上分一分，再算一算。

(2) 展示不同方法。

预设 1：14×4×3，如图 5-9 所示。

预设 2：6×7×4，如图 5-10 所示。

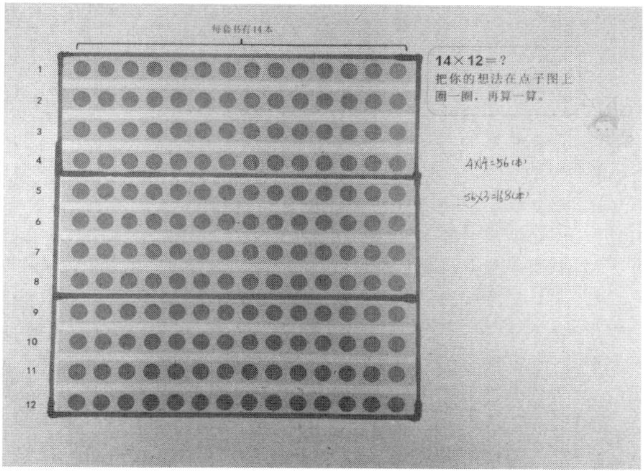

图 5-9　预设 1 学生作业单

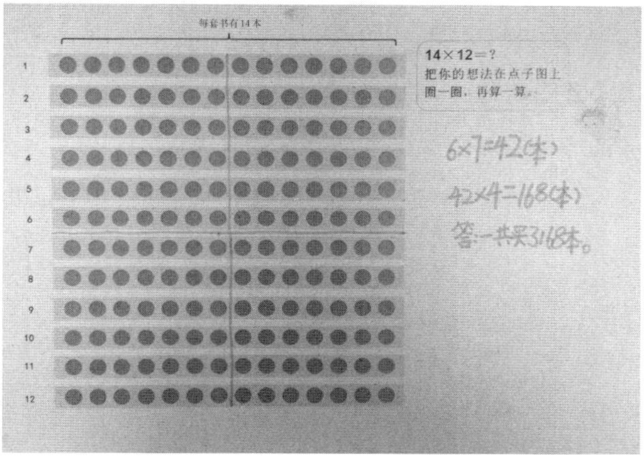

图 5-10　预设 2 学生作业单

预设 3：14×10＋14×2，如图 5-11 所示。

(3) 观察对比，体现转化。

小结：这些方法，都是用先分后合的方法，把不会计算的两位数乘两位数转化为学过的乘法算式。

“养学”思考　本节课在用图形解析两位数乘两位数的算理时，蕴含了第二次学法迁移。我们没有直接端出教材上的点子图，而是伺机进行了学法回顾，学生受到启发后，回忆起“用图形帮助分析思考”的常用方法，分析讨论，自发绘制形成点子图。当已有经验被激活唤醒时，学生就能“内生”出迁移数形结合的

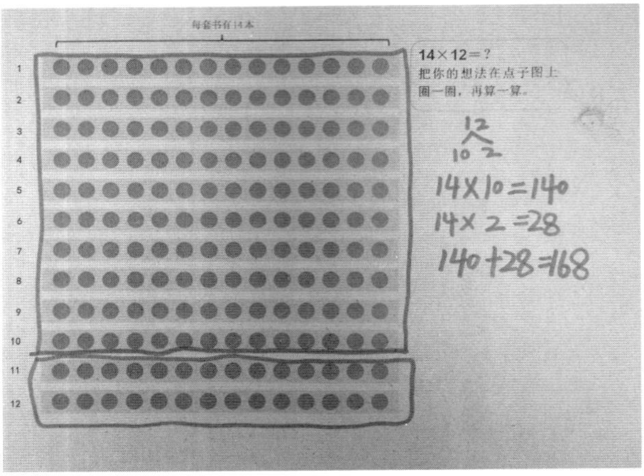

图 5-11　预设 3 学生作业单

数学思想、以形促算学法的需要。

3. 数形结合，借图明理

(1) 提出问题，聚焦笔算。

质疑：图 5-9、图 5-10 中拆成 14 乘一位数，学生都会笔算，图 5-11 的方法怎样进行笔算呢？

(2) 借图说理，尝试笔算。

① 将横式改写成竖式，明确竖式同样表示求 12 个 14。

② 遮挡 12 的十位或个位，体会竖式中求 2 个 14 和 10 个 14 的两层含义。

③ 联系点子图的不同分法，体会与图 5-11 算理的一致性，板书 14×2 和 14×10的具体含义(2 套书的本数和 10 套书的本数)。

④ 学生尝试竖式计算。

4. 迁移类推，理法融合

(1) 2 个 14 的积都会笔算，10 个 14 的积在竖式中怎样笔算呢？怎样写呢？

预设 1：第二部分乘积记录为“140”。

预设 2：第二部分乘积个位省略“0”不写。

质疑：同意吗？ 14×10 的积个位可能是别的数吗？为什么(十位乘得的积都是整十数)？

(2) 小结：十位乘得的积数位对齐写，个位不写 0，竖式更简洁。

(3) 回顾竖式计算过程,完善竖式板书。

归纳笔算方法:先用个位的 2 依次乘 14 的每一位,再用十位的 1 依次去乘 14 的每一位。最后,把这两部分加起来。

(4) 类推:所有的两位数乘两位数,都能这样拆分,这样笔算吗?

“养学”思考 学生借用点子图探出了两位数乘两位数的算理和分步计算方法,但还不会笔算,这是本课的重点。这个环节我着力将图 5-11 的形与对应的计算过程建立联系,促使数与形融合成竖式计算的法则。

三、总结收获,练习提升

1. 基础练习

(1) 教材第 46 页“做一做”。

前两题设计成半竖式,重点练习第二部分乘积的计算,强化新知部分。

质疑:11×22 的两次都是用 2 乘 11,乘积相同吗? 为什么?

(2) 教材第 47 页练习十第 1 题。

独立完成该题,交流体会:竖式中每一部分的乘积都与图中的鸡蛋对应,竖式就是在分块计算鸡蛋的个数。

2. 综合练习

教材第 47 页练习十第 4 题。

独立完成该题,体会乘法口算、笔算在日常生活和生产中的重要作用,增强学生学数学、用数学的应用意识。

3. 拓展练习

(1) 思考题:♠表示几(见图 5-12)?

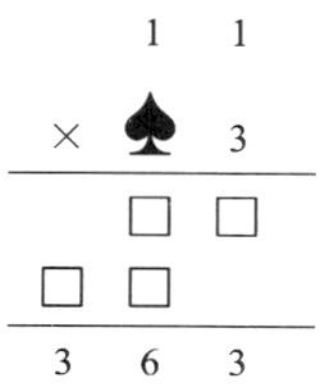

图 5-12　思考题

(2) 对比 14×2 和 14×12 的笔算过程(见图 5-13),迁移拓展:14×312,第

二个乘数是三位数，该怎样笔算呢？

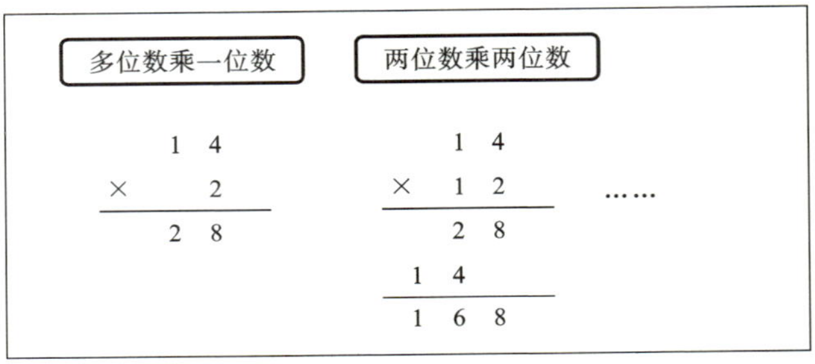

图 5-13　笔算乘法对比

“养学”思考　本课最后梳理对比多位数乘一位数、两位数乘两位数后，大部分学生都能将本节课学习的十位笔算乘法迁移到百位、甚至千位乘法。以迁移开启的“养学”，最终又“内生”出新一轮迁移经验，这就是“养学”开出的“内生”之花。

板书设计

“两位数乘两位数不进位乘法”板书设计如图 5-14 所示。

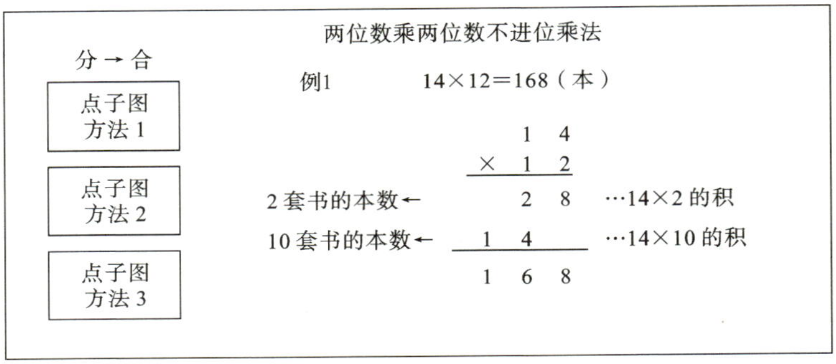

图 5-14　“两位数乘两位数不进位乘法”板书设计

以学情作为"生长点"的"养学课堂"

——"真分数和假分数"教学设计及说明

武汉市武昌区付家坡小学　汪　屹

教学内容

《义务教育教科书·数学》(人教版)五年级下册第 53～54 页例 1、例 2。

教学目标

(1) 从分数单位累加的角度，理解真分数和假分数的意义，把握真分数和假分数的本质特征，了解带分数的概念。

(2) 在学习真分数和假分数概念的过程中，培养学生观察、比较、分析和概括的能力，培养学生的几何直观。

(3) 在探究和合作交流的过程中，激发学生学习数学的兴趣。

(4) 渗透数形结合、分类等数学思想。

教学重点

(1) 从分数单位累加的角度，理解真分数、假分数的意义。

(2) 掌握真分数和假分数的本质特征，了解带分数的概念。

教学难点

通过分数单位累加，理解假分数的意义。

教学准备

PPT 课件、学习单、图形纸片。

教学过程

下发学情调查单(见图 5-15)进行课前调查。

"养学"思考　"养学课堂"强调对学情的尊重，"开心"强调的是一切教学都是基于学生已有的学习和认知基础，并找准最近发展区，以此来呵护学生的好学之心。在课前通过两个问题的调查了解了学生对分数意义的理解、对假分数的了解程度。

学情调查单

班级：　　　　　姓名：

（1）请写出一个分数，并且用画图或者文字的方式表示这个分数的意义。

（2）你觉得$\frac{5}{4}$是分数吗？如果你觉得它是分数，请试着表示它的意义。

图 5-15　学情调查单

从实际调查结果看，学生列举的分数多样性和局限性并存。多样性体现在：有用一个物体或多个物体表示单位“1”的多性样；有表示量或关系的多样性；有来源于现实或数学内部的解读多样性。局限性体现在：学生对假分数有“盲区”。一提到分数，学生更容易想到的是真分数，甚至有相当一部分学生认为像$\frac{5}{4}$这样的数不是分数。

一、开放学境，自主表达真分数意义

（1）导入：同学们，分数一点也不陌生，课前大家都写了一个分数，并且画图表示了它。哪位同学上来介绍一下？

（2）学生上台自主表达所写的分数及它表示的意义，并板书。

（3）教师追问聚焦：这个分数的分数单位是什么？有几个这样的分数单位？

“养学”思考　“养学课堂”的“开心”还体现在创造一个学生敢说、好问的学习环境上，学生有差异性必定也会有多样性，只有教师尊重了差异性，才能让多样性尽情展现。

真分数意义的理解并不是难点，学生有基础，因此放手让学生自己举例来说明，会让学生更有成就感。不过在此过程中应注意以下两点。

（1）教师在选取样本时，注意全面性和代表性，尽量兼顾“单位‘1’表示一个物体和多个物体；用分数表示量和表示关系”。

（2）在学生表达分数意义以后，追问：“这个分数的分数单位是什么？有几个这样的分数单位？”引导学生关注“分数单位的累加”，为后面的学习做好铺垫。

二、"探""联"结合，探究假分数的意义

1. 探究分子等于分母的假分数的意义

(1) 引导学生观察举例的相同点(分子都比分母小)。

提问:同学们说说这些分数有什么共同点?

(2) 操作探究，联动生成分子等于分母的假分数的意义。

① 提出质疑，引发思考。

提问:分子只能比分母小吗?

预设:分子也可以等于分母，例如，$\frac{4}{5}$，$\frac{5}{5}$……

② 动手操作，改造分数。

活动:这样的分数表示什么意义? 请你改造一下你之前的分数，并和小组同学讨论，举例说明它的意义。

学生在原有真分数的基础上将分数的分子变大，并在图中表示分数的意义。

③ 交流分子与分母相同的假分数的意义。

预设:拿$\frac{4}{4}$举例，把一个圆平均分成 4 份，已经有其中的 3 份了，也就是$\frac{3}{4}$，再加一份，就是$\frac{4}{4}$了，也就是"1"。

2. 探究分子大于分母的假分数意义

(1) 继续质疑，引发辩论。

提问:看来分子可以等于分母，那么可以超过吗?

预设 1:认为分子不能超过分母，如$\frac{4}{4}$里没有第 5 个$\frac{1}{4}$。

预设 2:从分数形式上看，认为可以，因为有分子、有分母、有分数线。

预设 3:从分数意义上看，认为可以，如$\frac{5}{4}$可以看成，把一张饼平均分给 4 个人，每个人吃这个饼的$\frac{1}{4}$，4 个人就吃 4 个$\frac{1}{4}$，5 个人就吃 5 个$\frac{1}{4}$。

(2) 聚焦困惑点，引发深入思考。

质疑：1 张饼里只有 4 个$\frac{1}{4}$，第 5 个$\frac{1}{4}$从哪里来的呢？

预设：那就需要再拿一张一样的饼，平均分成 4 份，取其中的 1 份给第 5 个人吃，这样就有 5 个$\frac{1}{4}$，合起来就是$\frac{5}{4}$。

3. 联动生成分子大于分母的分数

(1) 能不能累加更多的分数单位呢？请你继续改造自己的分数作品，看看还能产生哪些分数？

(2) 动手操作，累加多个分数单位，并写出这个分数。

(3) 结合图示交流假分数的意义。

例如，$\frac{10}{5}$、$\frac{12}{5}$……

“养学”思考 本教学环节是整节课的重点和难点部分。难，是因为学生对假分数的认识有“盲区”，认为分子不可以超过分母，不习惯用几个单位“1”合起来表示一个分数。直面学情、引发认知冲突，恰恰是突破难点、发展认知的生长点。

通过“分子只能比分母小吗”“分子可以超过分母吗”这两个问题，打破学生固有的对分数认识的局限性，将思考的关键点聚焦到分子与分母的大小关系上，即分数单位的个数上。

通过“这样的分数表示什么意义”“第 5 个$\frac{1}{4}$从哪里来的呢”直戳争议点，不是将答案全盘托出，而是将埋藏学生内心深处的疑问揭穿，并引发讨论。

通过“能不能累加更多的分数单位呢”继续顺势拓展分子大于分母、分子是分母倍数等这样的假分数。

学生通过多次个体的自主探究和群体的多方联动，逐步接近问题的本质，即任何分数都可以看作是分数单位累加的结果。整个学习过程在“追问、质疑、探究、讨论”的循环中不断推进，螺旋上升。

三、联合整理，寻找本质特征

1. 观察本质，分类整理

教师：请同学们观察黑板上这些分数，将它们分类。

预设：分三类(分子小于分母；分子等于分母；分子大于分母)。

2. 自学文本，明晰概念

(1) 学生自学教材相关文本。

(2) 交流，明确以下两点。

① 根据分数与“1”的关系，分数分为真分数和假分数两类：分子小于分母的是真分数，分子等于或大于分母的是假分数。

② 假分数中，分子是分母的倍数时，假分数可以化为整数；分子不是分母倍数时，假分数可以化为由整数和真分数合成的分数，也就是带分数，带分数是这类假分数的另一种形式。

“养学”思考　“养学课堂”中的“联”，从对象上看是生生联动和师生联动，从联的内容上来看是资源的联合。学生对文本的解读，就是资源的联合。学生对分数的分类一般会细化为三类，而数学中按照分子与分母的关系分为两大类，这是约定俗成的规则。学生通过自学文本完全可以掌握规则，这是学生认知与文本、既定规则的联合。

四、综合运用，融合内化

1. 基础练习

教材练习十三第 1 题(见图 5-16)，学生可以用假分数或带分数表示。

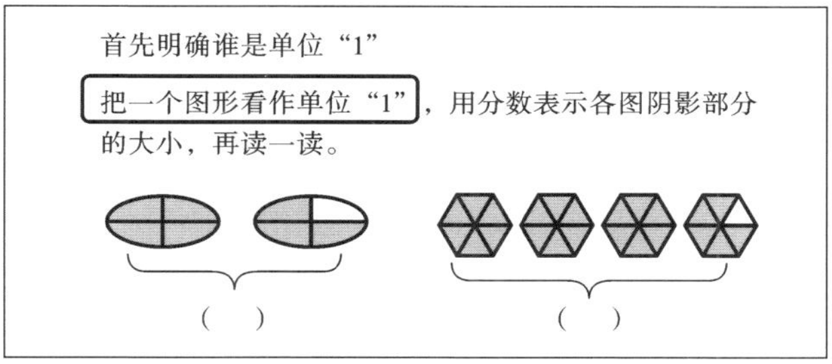

图 5-16　基础练习

2. 综合练习

(1) 教材“做一做”第 1 题(见图 5-17)，分为判断、找点、观察、思考 4 个层次。

(2) 教材练习十三第 3 题(见图 5-18)。

① 判断：下面这些分数，哪些是真分数？哪些是假分数呢？

$\frac{1}{3}$　$\frac{3}{3}$　$\frac{5}{3}$　$\frac{1}{6}$　$\frac{5}{6}$　$\frac{7}{6}$　$\frac{13}{6}$

② 找点：你能把这些分数在线上表示出来吗？

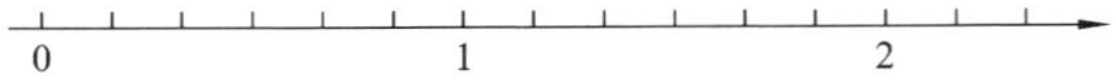

③ 观察：表示真分数的点和表示假分数的点，分别在线的哪一段上。

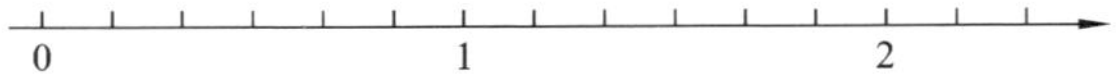

图 5-17　综合练习 1

① 3个人平均分，每人分 $\frac{(\quad)}{(\quad)}$ 杯，也就是（　　）杯。

② 2个人平均分，每人分（　　）杯。

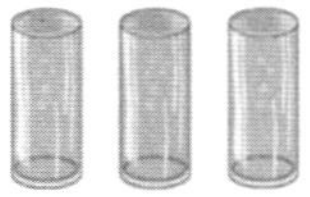

图 5-18　综合练习 2

3. 拓展练习

(1) 当 a 等于哪些非零自然数时，$\frac{a}{6}$ 是一个真分数？当 a 等于哪些非零自然数时，$\frac{a}{6}$ 又是一个假分数？

(2) 当 a 等于哪些非零自然数时，$\frac{6}{a}$ 是一个真分数？当 a 等于哪些非零自然数时，$\frac{6}{a}$ 又是一个假分数？

“养学”思考　在“养学课堂”中，我们仍然主张精心设计分层练习，以此促进学生认知广度和深度的“内生”发展。

在基础练习中，进一步借助直观图，累加分数单位写分数。

在综合练习中，仍然借助直观图，帮助学生进一步体会真分数和假分数的本质区别（与单位“1”的大小关系）；以及关注假分数的实际问题，体现实际应用。

拓展练习主要考察的是学生对真分数、假分数意义及特征的综合运用，旨在培养学生的符号意识和代数思想。

板书设计

真分数和假分数板书设计如图 5-19 所示。

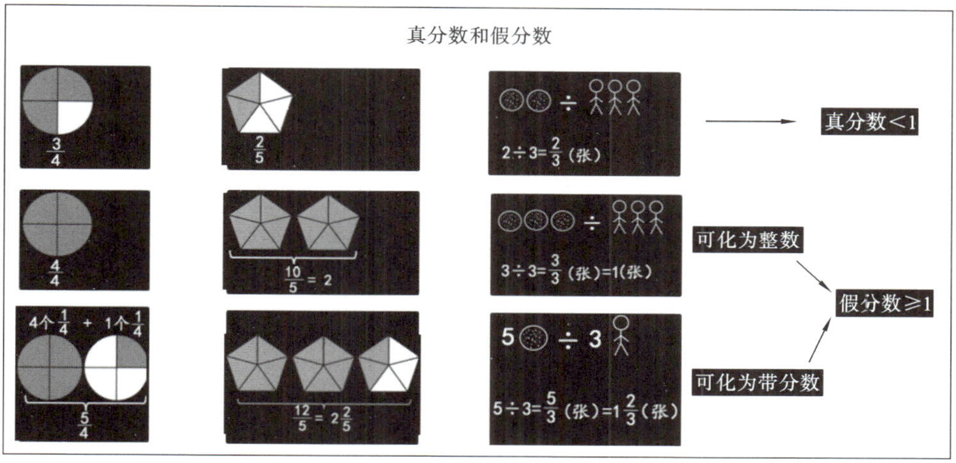

图 5-19　真分数和假分数板书设计

扣准概念内涵，追溯文化本源

——"因数和倍数"教学设计及说明

武汉市汉阳区西大街小学　熊　菲

教学内容

《义务教育教科书·数学》(人教版)五年级下册第 5～6 页，练习二第 1～5 题。

教学目标

(1) 通过分类活动，理解因数和倍数的意义，体会一个数的因数和倍数之间相互依存的关系。

(2) 经历探索求一个数的因数和倍数的方法及个数特征的过程，丰富学生解决问题的策略，培养学生思维的有序性。

(3) 进一步发展学生的数感和推理能力，让学生体会数学的奇妙和有趣，激发学生学习数学的兴趣。

教学重点

理解因数和倍数的含义。

教学难点

掌握求一个数的因数和倍数的方法。

教学准备

PPT 课件。

教学过程

一、沟通联系，导入新课

(1) 回顾旧知，谈话引入学习内容。

回顾：同学们，从一年级到五年级，我们每天都在和数打交道，一起回顾一下，我们都研究过哪些数呢？

PPT:星空中依次呈现整数、分数、小数,以及加、减、乘、除算式。

(2) 聚焦除法算式,导入新课。

导入:你们看,这里有我们学过的加、减、乘、除算式,它们都是我们数学要研究的内容(PPT 呈现算式分类),今天我们将具体研究其中的除法算式。

“养学”思考　上面的环节,对应的是“养学课堂”五步教学模式中的“开”环节。我们调整了教材中原来的呈现方式(开门见山,直接出示除法算式),采用从数到式,再到除法算式的逐步呈现方式,让学生经历“因数和倍数是怎样来的”全过程,帮助学生感悟概念的“生根”之处,赋予“开”环节“养”的味道——不仅要从知识储备上打开,更要从数学情感上激发学生发现并提出问题,埋下“生”的种子,开启探究之路。

二、探究体验,经历过程

1. 理解因数和倍数的概念

1) 教材例 1

(1) 观察除法算式,分类。

12÷2=6	9÷5=1.8	30÷6=5
21÷21=1	8÷3=2……2	26÷8=3.25
20÷10=2	7.65÷0.85=9	19÷7=2……5

思考:请小声读一读算式,独立思考,你能把这些算式分类吗?

(2) 交流学生的分类情况。

预设 1:按商是不是有余数分类,如表 5-2 所示。

表 5-2　按商是不是有余数分类

第一类		第二类		
	8÷3=2……2		12÷2=6	9÷5=1.8
	19÷7=2……5		30÷6=5	21÷21=1
			26÷8=3.25	20÷10=2
			7.65÷0.85=9	

预设 2:按除数的位数分类,如表 5-3 所示。

表 5-3　按除数的位数分类

第一类	8÷3=2……2 19÷7=2……5 12÷2=6	30÷6=5 9÷5=1.8 26÷8=3.25	第二类	21÷21=1 20÷10=2	第三类	7.65÷0.85=9

预设 3：按整数和小数分类，如表 5-4 所示。

表 5-4　按整数和小数分类

第一类	12÷2=6 21÷21=1 20÷10=2	30÷6=5 8÷3=2……2 19÷7=2……5	第二类	9÷5=1.8 26÷8=3.25 7.65÷0.85=9

"养学"思考　在"探"的环节，我们设计了开放的分类活动。不同的分类方法有着不同的价值，也承载着不同的数学文化。例如，按商是不是有余数分类，这是中国剩余定理研究的第一步；按除数的位数分类，这是我们教材中计算教学编排的分类标准，教师在评价时可以适时渗透。这里，我们设计的分类素材比教材中例 1 的更广，旨在：一是让学生经历层层抽象的研究过程，二是让学生感受数学文化的博大精深。学生在独立"探"的基础上，交流碰撞，补充分享，依托"探"的成果，走向"联"的融合，逐步获得探索概念生长的经验。

(3) 聚焦整数除法，引导一次分类：哪些是整数除法的算式？

(4) 二次分类：这些整数除法算式还可以进一步细分吗？出示表 5-5。

表 5-5　细分整数除法算式

第一类	12÷2=6 21÷21=1	30÷6=5 20÷10=2	第二类	8÷3=2……2 19÷7=2……5

交流:第一类算式有什么特点?

(5) 进一步揭示研究对象,聚焦“商是整数,没有余数”的整数除法算式。

板书:商是整数,没有余数。

2）明确因数和倍数的意义

(1) 教师介绍因数和倍数(见图 5-20)。

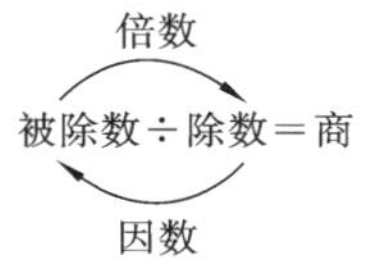

图 5-20　因数和倍数

板书课题:因数与倍数。

(2) 自主举例:谁是谁的因数? 谁是谁的倍数(见图 5-21)?

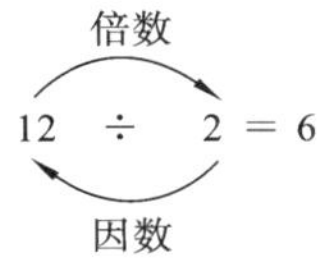

图 5-21　因数和倍数的关系

(3)辨析明理。

① 1.6÷0.8=2,1.6 是 0.8 的倍数,0.8 是 1.6 的因数,对吗?

② 100÷25=4,所以 100 是倍数,25 是因数,对吗?

理解因数和倍数的依存关系:相互依存。

③ 12÷2=6,那 12 是 6 的倍数? 6 是不是 12 的因数?

理解被除数是除数和商的倍数,除数和商都是被除数的因数。

“养学”思考　前面的“探”“联”融合为因数、倍数概念的揭示积蓄能量。因而,这里主要采用讲授法,直接借助具体实例来介绍因数和倍数。为了帮助学生更好地理解,我们搭建了整数除法算式中被除数、除数、商的关系式,构建了因数和倍数关系的模型,将“式”与“数”对应起来。

3）巩固练习

教材第 5 页“做一做”(见图 5-22)。

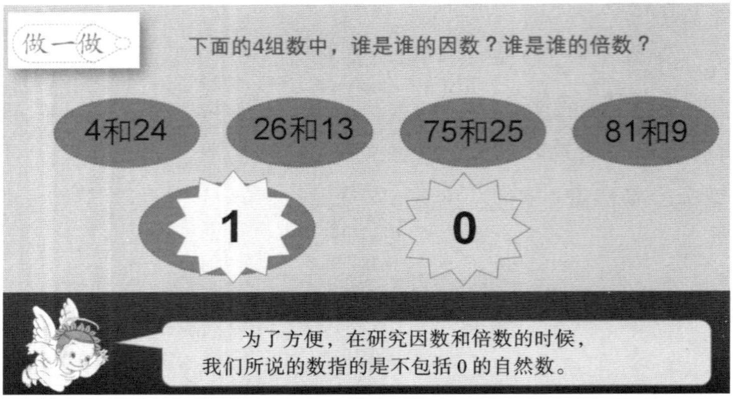

图 5-22　教材第 5 页“做一做”

(1) 口答。

(2) 拓展:补充 1 和 0 两个数,引导发现“任何数都是 1 的倍数,1 是任何数的因数”。

(3) 介绍:0 的有关规定。

2. 探索找一个数的因数和倍数的方法

出示教材例 2、例 3(见图 5-23):18 的因数有哪几个? 2 的倍数有哪些?

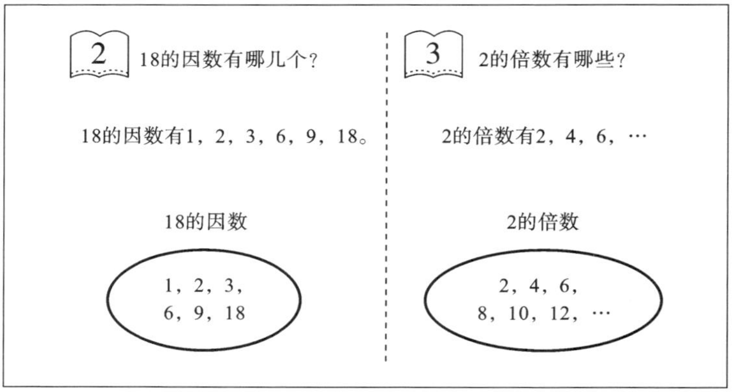

图 5-23　教材“因数和倍数”的例 2、例 3

(1) 读题,理解题意。

(2) 提出要求,独立完成自主学习单。

① 独立思考,自主解决。

② 在草稿栏写出“怎样找”的过程。

③ 自主学习完成后，与同伴交流。

(3) 交流汇报：18 的因数有哪几个？你是怎样找的？

方法一：根据因数和倍数的意义，通过除法算式找。

方法二：根据哪两个整数相乘的积是 18 找(强调有序、成对)。

(4) 交流汇报：2 的倍数有哪些？

(5) 介绍图示法。

“养学”思考　教材例 2 和例 3 的教学，我们认为是“探”“联”“融”的完整体现。对于这个教学内容，我们进行了大胆的尝试，同时抛出两个例题，围绕“你是怎样找的”这个问题，引导学生畅谈方法，沟通思想，为相同的方法找到“盟友”，让不同的方法得以甄别、修正和被接受，最终让每一个学生找到适合自己的方法，将群体的方法“融”为个体的智慧。

三、巩固练习，渗透文化

(1) 教材练习二第 1 题。

① 独立尝试，并思考：怎样找不会遗漏、不会重复？

② 回答问题：为什么 6 既填左边，又填右边？还有没有既是 36 的因数又是 60 的因数的数？

(2) 补充练习如图 5-24 所示。游戏：猜猜谁的因数多？

图 5-24　补充练习

① 出示题目，猜一猜，并说明理由。

② 自主尝试，揭晓答案。

③ 介绍时间单位进率与因数的关系。

(3) 补充练习及渗透数学文化如图 5-25 所示。

① 出示高斯名言。

② 介绍完美数。

③ 介绍亲和数。

④ 介绍科学家在数论方面的研究，小结全课。

图 5-25　补充练习及渗透数学文化

“养学”思考　巩固练习环节是“生”的重要场域，我们将教材中的练习、数学游戏、数学文化等素材巧妙融合，给予学生足够的时间和空间经历观察、猜测、计算、推理、验证等活动；学生在应用概念寻找因数、倍数的同时，了解与之相关的名家、名数、名题、名著；学生在理解和掌握基本的数学知识与技能的同时，用敬畏的情感仰望源远流长的数学文化。这种“生”之情感，源于“开”时对概念生长点的深度挖掘、“探”“联”时对概念本质的逐层内化、“融”时对不同方法的个体感悟。这种“生”，是对数学世界的向往，是学生“生”生不息中追求数学美的不竭动力。

板书设计

“因数与倍数”板书设计如图 5-26 所示。

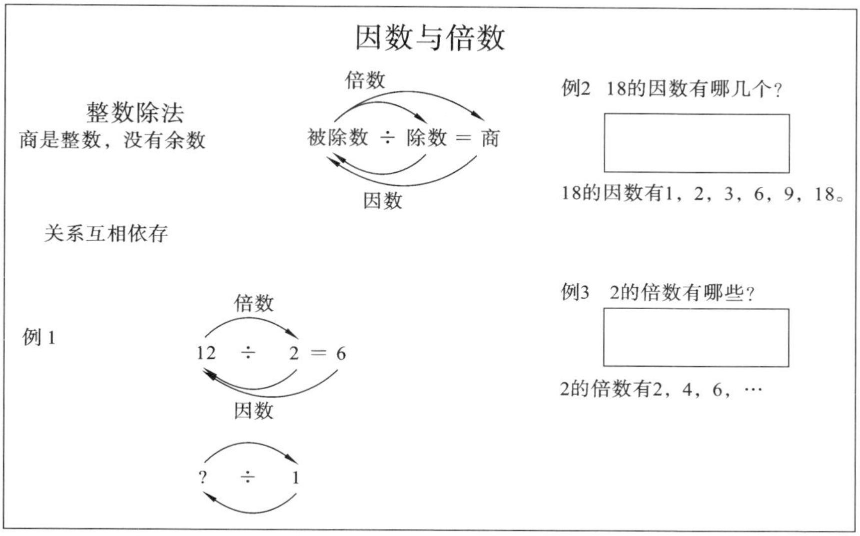

图 5-26 “因数与倍数”板书设计

让数学概念顺“学”而“生”

——“认识负数”教学设计及说明

武汉市华中科技大学附属小学　冯　胜

教学内容

《义务教育教科书·数学》(人教版)六年级下册第2～3页及相关练习。

教学目标

(1) 引导学生结合具体情境，初步认识负数，能正确读、写正数和负数；知道0既不是正数也不是负数。

(2) 会用正数和负数表示生活中意义相反的量，提高学生的数感，培养学生的应用意识。

(3) 结合负数的演变历史，渗透数学文化，拓展学生的数学视野。

教学重点

初步理解负数的意义。

教学难点

理解正数和负数表示意义相反的量。

教学准备

PPT课件、学习单。

教学过程

一、课前谈话

(1) 谈话：我们生活在数与形的世界里，你能用数来介绍自己吗？

(2) 交流。

① 谁愿意根据这三个数介绍一下冯老师(板书：34、1.78、$\frac{1}{3}$)。

② 学生用数介绍自己和同伴。

(3) 小结：看来，生活中的数表示的含义真丰富！

二、激活经验，引负数

(1) 引入：今天我们继续认识数。同学们，我们回忆一下已经学习过哪几类数？你能举例说说吗？

板书部分课题：认识(　　)数。

交流：自然数、小数、分数。

(2) 提出要求：接下来我们用学过的数来解决这个问题。

活动一

把下面两段文字中的数学信息记录在表格(见表 5-6 和表 5-7)中。

① 某天，武汉市最高温度是零上 3 ℃，最低温度是零下 3 ℃。

② 开学第一天，三年级转入 6 人，四年级转出 5 人。

表 5-6　气温记录表

项　　目	温　　度
最高气温	
最低气温	

表 5-7　转学情况记录表

年　　级	人　　数
三年级	
四年级	

(3) 学生记录数学信息。

(4) 展示记录的数学信息。

① 预设 1：如表 5-8 和表 5-9 所示。

表 5-8　气温记录表(一)

项　　目	温　　度
最高气温	3 ℃
最低气温	3 ℃

表 5-9　转学情况记录表(一)

年　　级	人　　数
三年级	6 人
四年级	5 人

思考：这样记录可以准确表示两段文字中的数学信息吗？

② 预设 2：用文字表示，如表 5-10 和表 5-11 所示。

表 5-10　气温记录表(二)

项　　目	温　　度
最高气温	零上 3 ℃
最低气温	零下 3 ℃

表 5-11　转学情况记录表(二)

年　　级	人　　数
三年级	转入 6 人
四年级	转出 5 人

③ 预设3:用正号与负号表示,如表5-12和表5-13所示。

表5-12 气温记录表(三)

项目	温度
最高气温	3 ℃
最低气温	−3 ℃

表5-13 转学情况记录表(三)

年级	人数
三年级	6人
四年级	−5人

思考:用文字和用符号这两种记录方式,大家觉得可以准确表示数学信息吗?

交流:你知道它们分别表示什么意思吗?

小结:为了区分零上温度与零下温度、转入人数与转出人数,大家想出了用文字、符号等不同方式来表示。

(5) 感知正数与负数。

① 介绍正数和负数。

交流:原来我们学过的这些数(3、6),它们是什么数?

交流:刚才同学们在记录时,用到了这样的数(−3、−5)。大家认识吗? 它们是什么数?

② 揭示课题:今天我们就重点研究负数。

完善课题:认识负数。

③ 正数和负数的读写。

交流:负数中的这个符号(负号)是什么? 这两个负数(−3、−5)怎样读?

读作:负三、负五。

读数:$-\frac{3}{8}$、−0.5。

交流:负数有专门符号——负号,正数有吗? 为了与负数对比,可以在正数前面加上正号,如+3,读作正三。正数前面的"+"也可以省略不写。

"养学"思考 在"养学课堂"的思考和实践中,我们发现学生对数学知识的认识并不是一张白纸。在本课的前测调查中,我们发现学生对"气温中的零下温度""电梯标识中的地下楼层"等这些生活中蕴含负数的现实情境比较熟悉,可见学生对负数并不是一无所知。如何顺应学生已有的生活经验,帮助学生进一步体会负数的数学本质呢? 我们结合五步"养学"模式,创设开放的问题情境，帮助学生将对负数的认识外显。活动一中，我们让学生用合适的方式记录数学信息，学生在记录中进一步通过观察、比较体会零上温度和零下温度、转入人数和转出人数表示的不同含义，进而用不同的方式表示。学生在文字和符号等多种表示方式的比较中，感受数学符号表示的简洁性。借助学生已有的知识和经验，顺势解决正数和负数的读法。这样开放的教学环节，充分尊重学情，尊重学生思维的多样性，帮助学生实现了将具体情境中的数量抽象成正数和负数的过程。

三、认识负数，探意义

引入：生活中，还有哪些地方用到正数与负数呢？我们一起去找找看。

1. 利用生活实例理解正数、负数

活动二

(1) 提出活动要求。

① 找一找：生活中的正数和负数。

② 试一试：用合适的方式（画图、写话等）表示正数和负数的含义。

③ 如果你一时找不到，请参考图 5-27 中的参考例子，按提示完成活动。

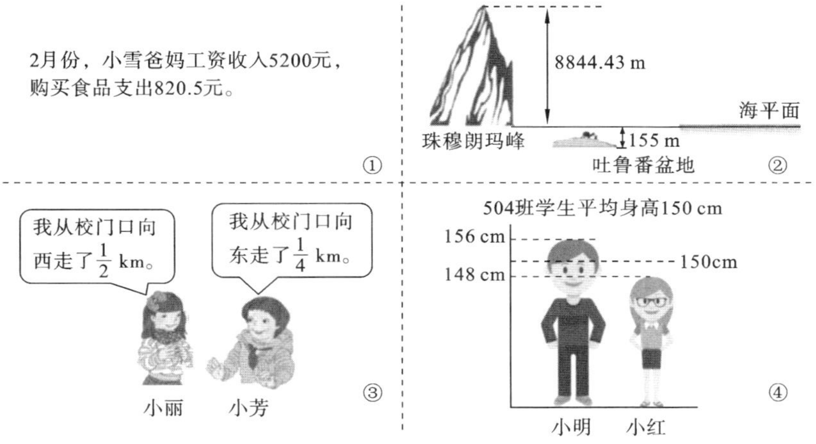

图 5-27　参考例子

说明：每个图用两个例子①②或③④，供学生参考、交流。

(2) 汇报交流。

教师：刚才同学们认真观察、仔细思考，找出了生活的不同场景中的正数和负数。它们是什么？又表示什么含义呢？我们一起看看吧！

交流线索：这个场景中的正、负数分别是什么？你是怎样发现的？它们分别表示什么含义？

情境①：正数是 5200，表示以原有钱数为标准，收入 5200 元；负数是 -820.5，表示以原有钱数为标准，支出 820.5 元。

情境②：正数是 8844.43，表示比海平面高 8844.43 m；负数是 -155，表示比海平面低 155 m。

情境③：正数是 $\frac{1}{4}$，表示以校门口为标准（或起点），向东走了 $\frac{1}{4}$ km；负数是 $-\frac{1}{2}$，表示以校门口为标准（或起点），向西走了 $\frac{1}{2}$ km。

追问：还有其他的表示方式吗？

交流：如果规定向西为正，那么向东就为负。正数是 $\frac{1}{2}$，表示以校门口为标准（或起点），向西走了 $\frac{1}{2}$ km。负数是 $-\frac{1}{4}$，表示以校门口为标准（或起点），向东走了 $\frac{1}{4}$ km。

情境④：正数是 6，表示比平均身高高 6 cm；负数是 -2，表示比平均身高低 2 cm。

(3) 拓展：生活中还有其他正数与负数的例子吗？举例说说它们分别表示什么含义？

提示：电梯的上与下、存折上的存入与支取、前进与后退……

2. 抽象意义相反的量，体会正数、负数的价值

(1) 回顾意义。

教师：我们一起回顾刚才的发现，零上温度用正数表示，零下温度用负数表示，收入用正数表示，支出用负数表示。其他几个组的两个对应量是怎样表示的？

交流：比海平面高的海拔高度用正数表示，比海平面低的海拔高度用负数表示……

(2) 抽象命名。

讨论:通过我们刚才的回顾,对比它们的含义,发现了什么?

小结:它们都是两种意义相反的量。

(3) 体会价值。

教师:既然它们都是两种意义相反的量,只用我们原来学习过的数还能表示清楚吗?

交流:两种意义相反的量,需要用两种数表示。一种是原来我们学习过的数——正数;另一种是在这些数前面添上负号的数——负数。

(4) 抽象0的意义。

教师:刚才我们交流中的0 ℃、原有钱数、海平面……都可以看成一个标准。

思考:如果用一个数表示这个标准,你会用什么数表示?

(5) 0的归属。

讨论:0是正数还是负数呢?结合刚才研究的例子解释一下。

小结:0既不是正数也不是负数。

板书:分界。

3. 拓展数学史

教师:怎样表示意义相反的量呢?历史上的数学家对这个问题也进行过长期的探索和研究。

播放"你知道吗"微课,介绍负数的演变历史。

"养学"思考 五步"养学"模式中的第二个环节为"探",在前面"开"的环节中学生知道正数和负数,会读正数和负数。教学就此终止了吗?显然不是的。我们又该"探"什么呢?数学概念不应停留在感性层面的"知道它是什么",而应关注理性层面的"理解它是什么意思",也就是数学概念的意义建构。为了帮助学生进一步理解负数的含义,我们设计了活动二这个开放性的探究活动,引导学生借助语言、图示、符号等多种方式表示数,理解不同情境中正数和负数的含义。活动二不仅体现了个体的主动探究,更体现了每个学生独立思考后主动建立不同素材代表不同思维层次的联系,即正数和负数之间是有标准的,进而体会0的作用。可以看出,这个过程是学生多种思维之间、学生已有经验与数学本质之间的互动、沟通。在充分理解了多种情境中正数和负数表示的含义的基础上，学生自然发现正数和负数表示两种意义相反的量，从而体会负数是为了满足现实需要而产生的，学生对负数的认识从感性的“知道”上升到理性的“理解”，实现数学知识的“内化”，也就是五步“养学”模式中的“融”。

四、主动运用，生智慧

(1) 教材第 4 页“做一做”第 1 题。

① 引入：这是同一天北京和哈尔滨的最低气温。你能读出这两个温度吗？

② 这两个温度哪个低呢？

小结：−18 ℃比−3 ℃低，也冷得多。

③ 请你结合温度计说一说为什么−18 ℃比−3 ℃低？

④ 指一指 3 ℃和 18 ℃在哪里？这时还会冰天雪地吗？

(2) 教材第 6 页练习一第 2 题。

① 引入：这五个钟面是同一时刻五个城市的不同时间。请你根据下面的规则，表示悉尼时间和伦敦时间(学生独立完成)。

② 说一说：悉尼时间(+2 时)、伦敦时间(−8 时)分别表示什么意义？

小结：与北京时间相比，也就是以北京时间为标准。悉尼时间比北京时间早 2 小时，伦敦时间比北京时间晚 8 小时。

(3) 议一议：伦敦时间记作−8 时，你是怎么知道的？

交流：以北京时间为标准，伦敦时间比北京时间晚 8 小时，记为−8 时。北京时间为 12 时时，伦敦当地时间是 4 时，有 4−12=−8。

小结：看来数的运算中，也需要负数。

(4) 启发思考：如果以巴黎时间为标准，悉尼时间和伦敦时间各是多少呢？

提示：以巴黎时间为标准，悉尼时间是+9 时，伦敦时间是−1 时。

(5) 想一想：为什么悉尼时间和伦敦时间发生变化了呢？

小结：看来比较的标准变化了，比较的结果也变化了。

“养学”思考 五步“养学”模式中的第五个环节为“生”，在本课中为练习环节。我们认为，练习环节不是对数学知识的简单应用，而是在主动运用中对数学知识“再生长”的过程。因此，我们对教材中的练习进行改编，目的是进一步提升学生对负数的认识。练习的第1题借助温度计比较−18 ℃和−3 ℃，引导学生发现“零下温度距离0 ℃越远表示温度越低，而零上温度距离0 ℃越远表示温度越高”的规律，为学生运用数轴比较数的大小积累了数学活动经验。练习的第2题借助于从“以北京时间为标准”到“以伦敦时间为标准”的变化，引导学生体会“标准变化引起正数和负数的变化”，感受0的动态变化过程。与此同时，在交流中感受负数的产生是为了满足数的运算的需要，进一步丰富了学生对负数的认识。可以看出，学生通过这样两道改编的练习对负数的认识逐步加深了。

五、回顾总结，理脉络

(1) 回顾：今天，我们认识了负数。说说你对负数的认识。

(2) 整理：负数相对于我们之前学习过的这些数(自然数、分数、小数)是一个新数。其实，我们认识数的过程也是数不断丰富的过程。

基于"养学"主张的"种子"课教学

——"周长的认识"教学设计及说明

武汉市青山区教研室　万　泉

教学内容

《义务教育教科书・数学》(人教版)三年级上册第79～80页。

教学目标

(1) 结合具体实物或图形,通过观察、比较等活动感知周长,能正确指出物体表面或简单图形的一周。

(2) 在量一量、围一围、算一算等活动中理解周长的概念,了解测量周长的方法,渗透"化曲为直"的数学思想方法,培养学生的空间观念。

(3) 能结合具体情境,感知周长与实际生活的联系。

(4) 体验与同学合作、克服困难后获得的成功,激发学生学习数学的兴趣。

教学重点

理解周长的意义,探索图形周长的测量方法。

教学难点

建立周长的概念,培养学生的空间观念。

教学准备

作业单、彩笔、绳子、软尺、三角板、直尺各若干。

教学过程

一、创设情境,初建周长的表象

1. 辨析封闭图形和不封闭图形

(1) 故事引入:同学们都听说过"亡羊补牢"的故事吧,仔细观察两张图片中的羊圈有什么不同?

让学生用自己的语言说说对"封闭"的理解。

(2) 判断下面的图形是不是封闭图形。

课件出示图 5-28。

( ) ( ) ( ) ( ) ( ) ( ) ( ) ( )

图 5-28 判断图形是否封闭

2. 感知封闭图形的周长

(1) 动画感知:观察小蚂蚁爬树叶形状图形的过程,说说小蚂蚁是怎么做的?

一边用手指,一边描述。

(2) 追问:你怎么知道小蚂蚁刚好爬了一周呢?

抓住"一周",让学生用自己的语言说说小蚂蚁从起点出发,沿着树叶的边缘爬了一周,又回到了起点 。

(3) 发散:师生用手指围绕树叶描绘一周,体会描绘一周与方向和起点位置无关。

(4) 指认:摸一摸数学书封面、钟面、三角板等实物的一周,想象其形状,利用多媒体抽象出几何图形。

(5) 描绘:在作业单上用彩笔描绘如图 5-29 所示图形的一周。

图 5-29 描绘图形的一周

(6) 反馈:展示交流,特别呈现图 5-29 的最后一幅图,强调图形的一周是由边线构成的。

(7) 描述:封闭图形一周的长度是它的周长。今天我们就来学习"周长的认识"(出示课题)。

"养学"思考 周长的认识是从测量的角度把握图形开始的。学生在三年级认识周长后,紧接着学习了长方形和正方形的周长计算方法,直到六年级才继续学习圆的周长。这就导致有相当一部分学生认为只有长方形和正方形才有周长，并且对长方形和正方形周长的理解公式化，淡化了测量意识。又如，有的学生在求组拼图形的周长时，直接将几个图形各自的周长简单相加，缺乏边界意识……诸如此类问题，追根溯源，就是因为学生对周长的概念模糊，没有“真明白”周长的概念。基于此，本课作为一节图形测量的“种子课”，在学生初步建立周长概念的时候，补充了大量的不规则图形，开放的学习素材为学生搭建了一个开阔的学习场域，拓宽了学生的视野，打破了学生的思维定式，为学生探究周长的测量奠定了良好的认知基础。

二、动手操作，探索周长的测量

(1) 质疑：封闭图形一周的长度是多少呢？你有什么办法知道这个三角形的周长(课件呈现)。

(2) 活动：以小组为单位，在刚才描绘的图形中任选一个，测量并记录下它的周长。

① 工具使用：教师展示为学生准备的测量工具，各小组自由选择，并允许调整、更换测量工具。

② 交流汇报：选的哪个图形？用的什么测量工具？测量的周长是多少？

重点交流测量圆形和不规则图形周长的方法，渗透“化曲为直”的思想方法。

(3) 小结：线段围成的封闭图形，直接用尺量；曲线围成的封闭图形用绕线法测量。

(4) 拓展：课件呈现学生用软尺测量头围、胸围、腰围的图片。

“养学”思考 学生在探索图形的过程中，往往不擅长研究曲边图形。如果在测量周长时，教师直接为学生提供测量工具，学生虽然能动手了，但学生选择合适的测量工具的思维活动被教师替代了，这种操作活动虽然也能“探”出图形的周长，却“探”不出研究图形的活动经验。

“养学课堂”主张延迟提供测量工具。先让学生借助常规测量工具研究待测量图形的周长，在学生发现直尺不能直接测量曲边后，教师再巧用“锦囊”提示，建议使用线绳或软尺试一试。事实上，在不知道教师可以提供化曲为直的辅助测量工具时，有学生被“逼”出了“沿直尺滚动图形”的活动经验。

我们的重点不是得出某一个曲边图形的周长值，而是让学生在“探”曲边图形长度时，体会直边、曲边图形与测量工具之间的联系，丰富空间感受，“联”成化曲为直的思想方法，埋下数学思想的种子。有了此处的“养”，才能为六年级学习“圆的周长”积蓄“内生”的力量，再续前“圆”。

三、联系生活，经历周长的应用

(1) 教材练习十八第 2 题。

① 出示未标数据的公园示意图，学生描绘王奶奶绕公园走一周的路线。

② 要求“王奶奶绕着公园走一周是多少米”就是求什么？

③ 求公园周长需要知道哪些条件？生活中会怎样测量？

④ 提供相关数据，让学生计算公园周长。

⑤ 举例说一说生活中需要测量物体周长的例子。

“养学”思考 教材的图例中直接给出了绕公园一周几条路线的长度，这个练习环节延迟出示相关数据，避免了数据带来的暗示，促使学生运用周长的概念判断王奶奶的行走路线，并经历了选择合适的测量工具测量长度的思考。将一道算一算的数学问题还原成一道生活问题，在“慢下来”的练习中，充分增加了学生测量活动的经验。

(2) 改编练习十八第 3 题第(1)小题。

① 课件出示一个长方形(见图 5-30(a))，让学生指出它的周长。

② 将这个长方形剪掉一部分，剩下部分呈 L 形(见图 5-30(b))，让学生指出剩下部分的周长。

③ 比较变化前后两个图形的周长是否一样(学生先独立思考，再小组讨论，指名说说是怎样想的，课件采用动画演示)。

④ 课件呈现将图 5-30(b)所示剩下部分再剪掉一部分后的图形(见图 5-30(c))，让学生指出这一次剩下部分的周长，再与原长方形的周长比较(学生先独立思考，再小组讨论，指名说说是怎样想的)。

“养学”思考 本练习题在教材原题基础上进行了改编，将一“探”拓展成三“探”，由于原理相同，有助于加深学生的印象。同时，三次裁剪后图形的面积逐

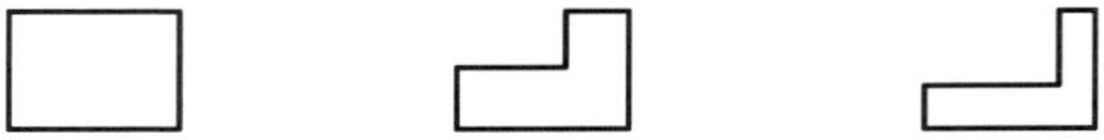

(a)　　(b)　　(c)

图 5-30　三"探"周长变化

步变小,但周长不变,这一体验也有利于学生后续建立周长与面积两个概念的区别。

(3) 改编练习十九第 8 题。

① 图 5-31 的长方形分成了甲、乙两个部分,哪个部分的周长长?

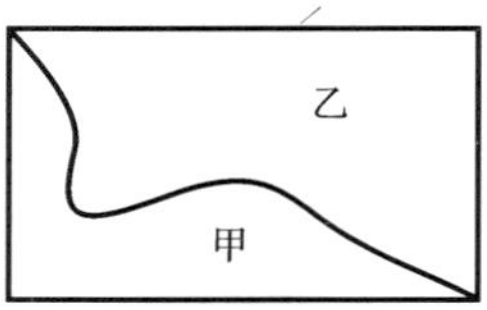

图 5-31　比较周长

② 甲的周长是 40 厘米,那么甲、乙拼成的长方形的周长(　　)。

A. 等于 80 厘米　　B. 大于 80 厘米　　C. 小于 80 厘米

四、课后实践,体验测量的乐趣

练习十八第 4 题:同学互相测量头围、胸围和腰围。

动静相宜“观”为径，养学内化“玩”创新

——“从不同位置观察同一个几何组合体”教学设计及说明

武汉市汉阳区楚才小学 杨 敏

教学内容

《义务教育教科书·数学》(人教版)四年级下册第13页例1与“做一做”，练习四第1～3题。

教学目标

(1) 能正确辨认从前面、上面、左面观察到的用几个正方体搭成的几何体的形状。

(2) 经历观察的过程，认识到从不同的位置观察物体，看到的形状可能不同。

(3) 通过操作、观察、想象、判断等活动，培养学生空间想象能力和推理能力。

教学重点

通过观察，正确辨认从不同方向观察到的物体的形状。

教学难点

在实际观察活动中，从观察到的物体抽象出平面图形。

教学准备

课件、正方体学具。

教学过程

一、激趣导入

(1) 从不同方向观察物体才能看清全貌。

利用信息技术还原古希腊的帕特农神庙，仔细观察它的前面、上面、左面。只有从不同的方向观察才能看清它的全貌。

(2) 回顾二年级观察实物的方法。

猜谜语：有一个物体从它的前面、后面、左面、右面、上面、下面看到的都是

正方形,它是什么?

(3) 板书课题:观察物体(二)。

谈话:我们把这些正方体拼搭在一起,就形成了一些新的图形,今天我们就把它作为观察对象来继续研究。

“养学”思考 在“养学课堂”的思考和实践中,我们发现学生空间观念的培养必须建立在观察、对比的基础之上,观察包括空间中物体的形状、大小及位置等,怎样在有限的教室条件中,创造无限的教学环境?我们尝试在本课开始时借助信息技术还原帕特农神庙,带领学生从它的前面、上面和左面进行观察。这种开放的场域、全新的方式,既能回顾二年级观察实物的方法,又能将学生生活中有趣的游戏引入课堂,恰到好处地以新激趣,引导学生明确“从不同的方向观察物体才能看清全貌”,拓展了观察的开放度。

二、探究新知

1. 摆一摆,看一看,连一连

(1) 出示例1(见图5-32)。

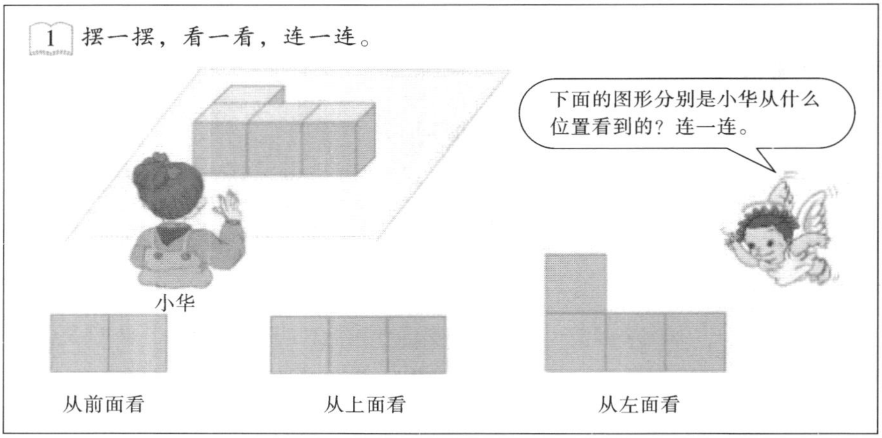

图5-32 教材第13页例1

按照下面的活动要求分组活动。

① 请你摆出小华面前的图形。

② 站在小华的角度从前面、上面、左面认真看一看,还可以用手摸一摸你看

到的面。

③ 观察后在小组内说一说你是怎样观察的?

(2) 全班交流。

① 小华从前面看到的是哪一个图形? 你是怎么想的呢?

② 小华从上面看到的是哪一个图形? 你又是怎么想的呢?

③ 小华从左面看到的是哪一个图形? 你又是怎么想的呢?

教师引导:从左面看到的是哪两个正方体的左面? 是什么样子的? 左面是看不到的部分,我们需要想象它的样子。

④ 借助信息技术帮助学生验证从左面观察的结果。

教师操作软件帮助学生观察左面,验证观察所得。

(3) 通过刚才的观察和想象,完成连线。

(4) 小结:在刚才的活动中,同学们通过自己的观察、想象和描述,学习了从不同方向观察立体图形的方法。

预设 1:小华从上面看到的是哪个图形? 你是怎么观察的?

从观察实物、观察图形、观察板书三个方面进行观察。

预设 2:小华从左面看到的是哪个图形? 你是怎么想的?

从左面看不到的图形需要借助想象来思考。

"养学"思考　五步"养学"模式中的第二个环节为"探",在前面"开"的环节中,学生已经明确了"要从不同的方向观察物体才能看清全貌",所以在"探"的环节中我们重在让学生经历做、看、想的活动过程。先通过摆一摆,让学生动手拼搭出几何组合体,生成观察资源;再通过看一看,让学生感受从不同方向观察所看到的形状的表象;然后,学生根据头脑中已有的形状表象去辨认从不同方向观察得到的平面图形,用自己的语言说一说,再连一连。在做、看、想的过程中,学生独立思考,形成初步感知后,重点组织学生进行交流,鼓励他们用自己的方式描述观察过程。引导学生在充分的表达和交流中从立体图形抽象出平面图形。探究过程不是一帆风顺的,在交流中可以发现,学生对于可以直接观察的前面和上面,能够比较好地建立形状表象,而不便于观察的左面是观察盲区。给予学生充分的自主空间,通过想象、交流,再借助信息技术手段验证,帮助学生具化想象的过程,充分体现观察的过程性:看—摸—说—想象—验证。

2. 观察与辨认

(1) 完成教材第13页“做一做”(见图5-33)。

利用信息技术演示:把例题中后面的小正方体平移到中间、右边,形成“做一做”中的图形。再看这个图形,如何观察?

图5-33　教材第13页“做一做”

(2) 全班交流。

① 从前面看你是怎样想的?

② 从上面看都是一个倒着的“L”形?你是怎么样想的呢?与例1中上面看到的图形相比,为什么不一样了呢?

③ 从左面看你又是怎么想的?

“养学”思考　五步“养学”模式中的第三个环节为“联”,我们在本课中,为了增强观察的灵活度,更好地找准立体图形到平面图形的关联点,在“探”的环节之后,设计了让学生操作“123D Design”软件,用3D模型替代传统方块实物学具,让物体随着学生的需要转动,达到观察不同面的目的。让学生在“人移动”和“物转动”的双重活动中产生强烈的视觉冲击,将学生的“动”和观察对象的“动”,进行了有效的联系。

三、巩固练习

1. 基础练习

连一连(教材练习四第1、2题,见图5-34)。

(1) 学生独立完成,小组内说一说是怎么观察的?

(2) 全班汇报,集体订正。

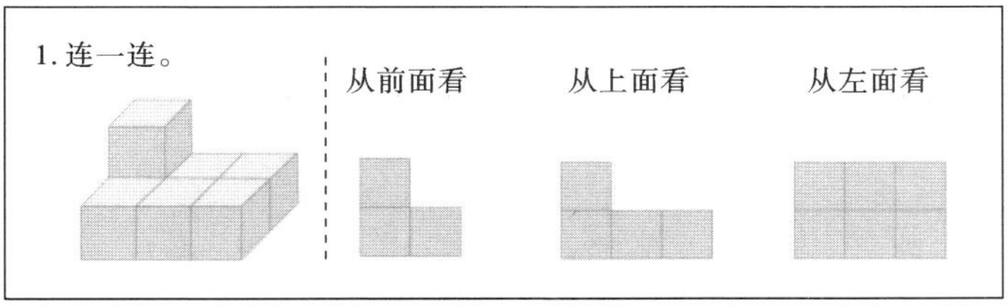

（a）练习四第1题

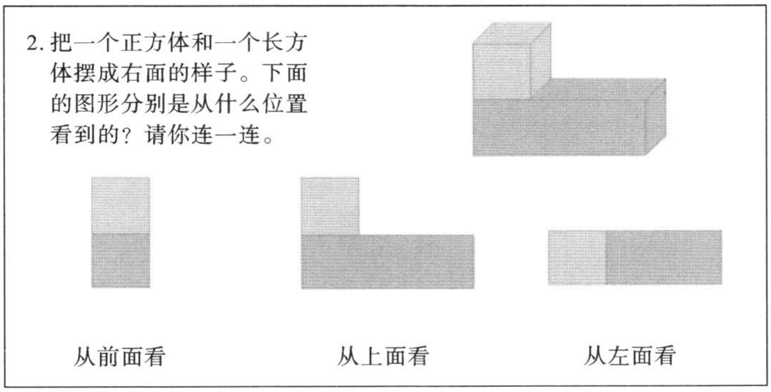

（b）练习四第2题

图 5-34　练习四第 1、2 题

2. 综合练习

画一画(教材练习四第 3 题,见图 5-35)。

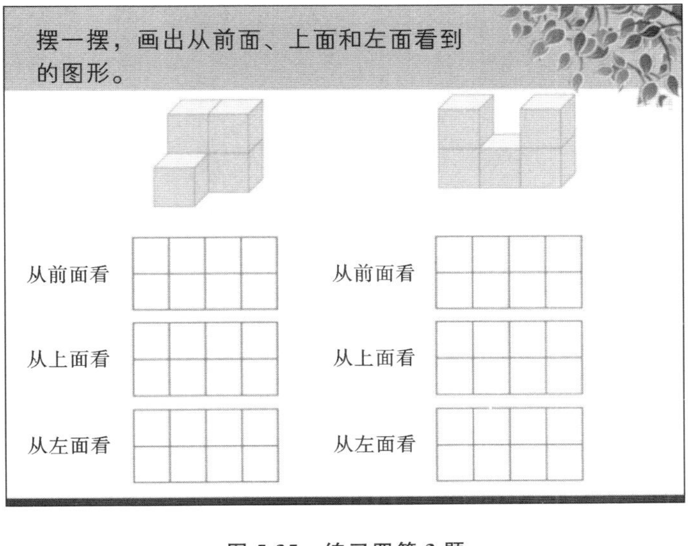

图 5-35　练习四第 3 题

(1) 可以借助现有的学具先摆一摆，再画一画。

(2) 个人汇报。

3. 拓展练习

选一选(见图 5-36)。

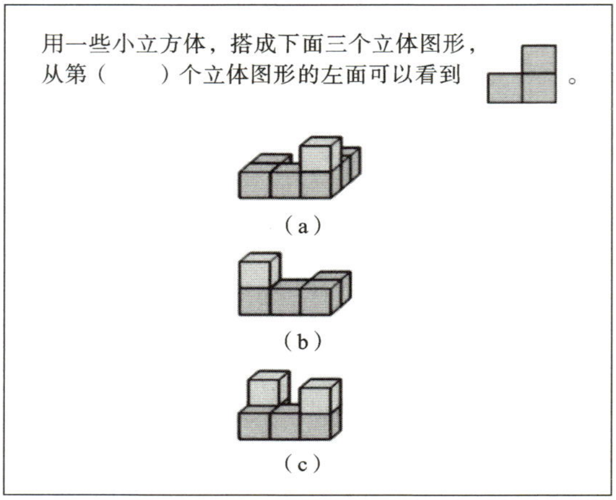

图 5-36　拓展练习

(1) 这三个立体图形，大家能想象出它左面的样子吗?

(2) 集体订正，指名讲解。

“养学”思考　五步“养学”模式中的第四个环节为“融”，我们从基础练习、综合练习、拓展练习三个层面展开，用连一连、画一画、选一选多种形式进行。知识的掌握与应用的融合，高效实现了重点和针对性的讲解，达成“生”的目标，促进学生思维的发展，学会多方式、多角度地观察物体。

四、总结

今天我们研究了从物体的前面、上面和左面来细致地观察物体，通过发挥丰富的想象，建立起空间观念。有兴趣的同学可以利用信息技术搭建自己喜欢的模型，进行多角度的观察活动。爱因斯坦曾说过:“想象力比知识更重要。”希望同学们都能插上想象的“翅膀”，从数学知识中发现更多的奥秘。

板书设计

“观察物体(二)”板书设计如图 5-37 所示。

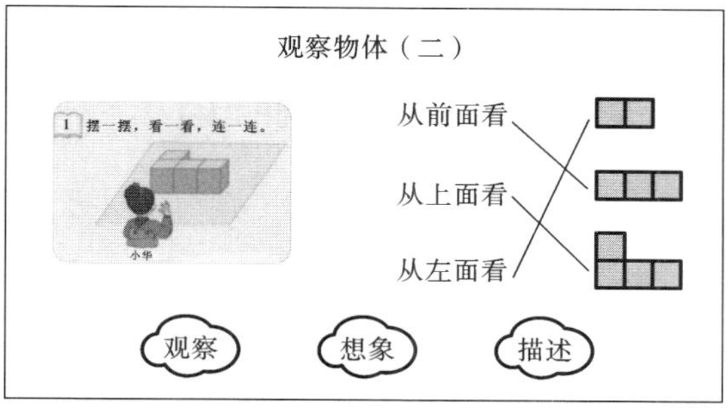

图 5-37　“观察物体(二)”板书设计

以"养"固本，启迪"内生"

——"估计不规则图形的面积"教学设计及说明

武汉市青山区红钢城小学　王　漪

教学内容

《义务教育教科书·数学》(人教版)五年级上册第100页例5。

教学目标

(1)学生通过知识迁移,沿用"用面积公式计算"和"用单位面积测量"的方法寻找求不规则图形面积的方法,并掌握求不规则图形面积的方法。

(2)结合实际问题,培养用多种策略解决问题,提高学生综合应用的意识和能力。在估计不规则物体面积的过程中,提升空间观念。

(3)通过实践操作、合作交流,帮助学生积累活动经验,感受数学思想,提升学习能力。

教学重点

掌握求不规则图形面积的方法。

教学难点

转化思想的渗透。

教学准备

课件、叶子学具、叶子研究单、练习纸。

教学过程

一、联系生活,回顾旧知

1. 联系生活

交流:同学们,一起看看咱们的校园生活吧。

课件展示校园生活图片。

引入:我们生活的空间,是一个图形的世界!

课件展示从生活中抽离出的各种图形。

提问：第 6 单元又学习了哪些图形的面积？

预设：我们学习了平行四边形、三角形、梯形和组合图形的面积。

结语：这些图形都是规则图形。

2. 回顾旧知

提问：还记得是用什么方法得出它们面积的吗？

课件展示教材的方法提示。

预设 1：可以数格子。

结论：一个格子的面积就是单位面积，即用单位面积测量图形的面积。

预设 2：可以用公式；可以转化为学过的图形计算。

结论：转化是重要的数学学习方法。在前面的学习中我们通过割补、拼合、分割等方式将不会计算的图形转化成会计算的图形，用面积公式计算。

3. 提出问题

开课：生活中，还有许多图形不规则。今天我们就来研究不规则图形的面积。

“养学”思考　从生活中抽象出规则或不规则的图形，复习环节为学生打开了图形世界之窗。回顾测量面积的方法，则为学生探究不规则图形的面积打开了方法之门。

二、探究尝试，解决问题

1. 初“探”：目测估计

出示叶子。

提问：这片叶子，形状不规则。目测一下，它的面积有多大？

学生凭经验估计叶子面积。

交流：大家估计的各不相同，如何更进一步估计叶子的面积呢？

2. 再“探”：操作估算

提问：你想借助什么工具？一格多大比较合适？

预设：学生可能联想到以前的方法。

学生 1：可以数格子。

学生 2:可以把它转化成规则图形。

(1) 学生查看探究材料,想想准备怎么做。

(2) 分组活动,尝试操作。

活动要求如下。

① 独立思考,描一描,数一数,记录估算结果。

② 完成后,小组内交流方法。

教师巡视,根据学生情况进行引导,根据不同情况可以提供“锦囊”(“锦囊”一针对用单位面积测量,见图 5-38;“锦囊”二针对用面积公式计算,见图5-39)。

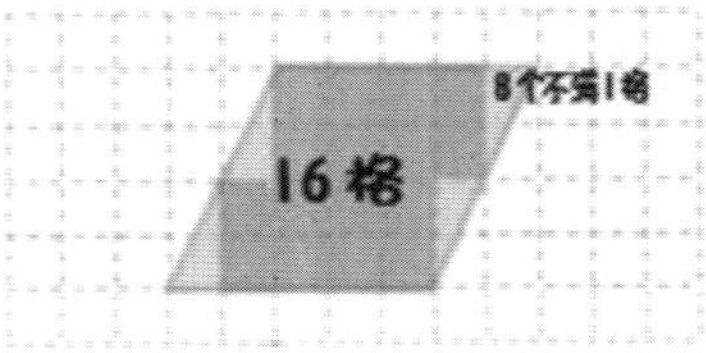

回忆一下,我们是怎么通过数格子求出平行四边形的面积的?一个方格子1 cm^2,不满一格都按半格计算。这个平行四边形的面积是16+8÷2=20 cm^2。

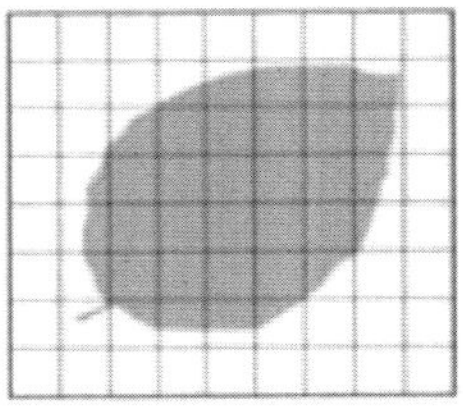

看看这片叶子。
可以把叶片上的格子分成( )类。
一类是(   ),共( )格;一类是(   ),共( )格。
赶紧描一描,数一数!

图 5-38 “锦囊”一

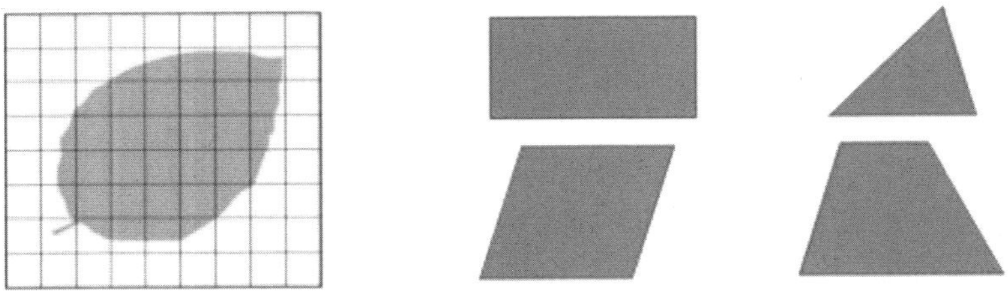

看看这片叶子像我们学过的什么形状?
把叶子看成(   )形,可以利用公式计算面积,需要知道它的(   )。
赶紧画一画,算一算!

图 5-39 “锦囊”二

“养学”思考　(1)此环节的再“探”也并不一定能直达目标,部分学生仍会探而不得、一探再探。因此要为学生提供多张探究单,满足多次尝试需要。(2)素材的“充足”不仅体现在数量上,还应该体现在能够满足不同的思路上。考虑到学生已有的学习经验不同,探究的起点、思路也会出现多样性,因此除了提供有格子的叶子纸,还要提供不带格子的叶子纸,同样是有格子的材料,叶子的摆放位置也应有所不同。这样才能使探究更有效、深入,并为“养学”的第三步“联”提供丰富的素材。(3)学生学习有差异,针对不同层次的学生,教师需要进行分层指导。为了让学习困难的学生也能探而有得,此处运用了“养学”策略五“锦囊法”。

3. 展示交流,“联”中悟法

实物投影。

方法一:用单位面积测量。

预设:学生可能想到的方法。

学生1:数出18个满格,18个不满格。

学生2:数出16个满格,20个不满格。

引导要点:① 说明叶子的面积比18格大,比36格小;② 叶子在格子纸中摆放的位置使得满格的数量不同。

提问:满格多好计算还是满格少好计算?

引导要点:确定满格是叶子的实际面积。估计得是否合理主要看不满格的处理方法是否合适。

交流:可以把不满格都按半格计算。

提问:他们都是数格子,有什么区别?

预设:可能是估计的一个范围,可能取一个近似值。

整理:用数格子的方法,估计的面积为18～36 cm^2 的同学请举手。

展示学生作品:数格子的方法,如图5-40所示。

“养学”思考　不满格的处理方法有多种,叶子在方格纸中的位置不同,不满格数就不同。在展示交流中,学生联合丰富的信息,悟出不满格决定了叶子面积的估值,进而生成了“不满格越少,估值越接近准确值”的估测本质。

方法二:用面积公式计算。

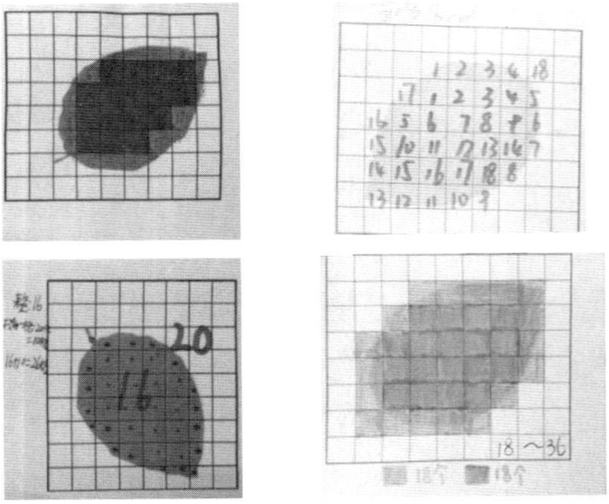

图 5-40　学生作品:数格子的方法

交流:这里有几位同学的作品我们来看一看(见图 5-41)。

提问:他们都使用的是什么方法?

预设:都是将不规则图形转化成规则图形。

提问:同样是转化,哪个更好?

引导要点:平行四边形与叶子形状更相似。

提问:这几个作品都是转化成平行四边形,它们有什么不同?

引导要点:要尽量贴近原图。

整理:回顾一下,我们用转化的方法,把叶子近似地看成平行四边形,求出了它的面积。

展示学生作品:转化的方法。

“养学”思考　有层次地展示学生的探究成果,使得学生有层次地“联”出了转化的道理和转化的方法。

4. “探”“联”延伸

提问:如果把 1 cm^2 的小格再平均分成 4 份,会怎样呢?

课件演示再细分的图例,并推算面积。

师生互动,推算更准确的范围。

思考:如果还想估计更接近叶子的实际面积,怎么办呢?

课件演示,一步步细分格子。

提问:比较我们估计的过程,你发现了什么?

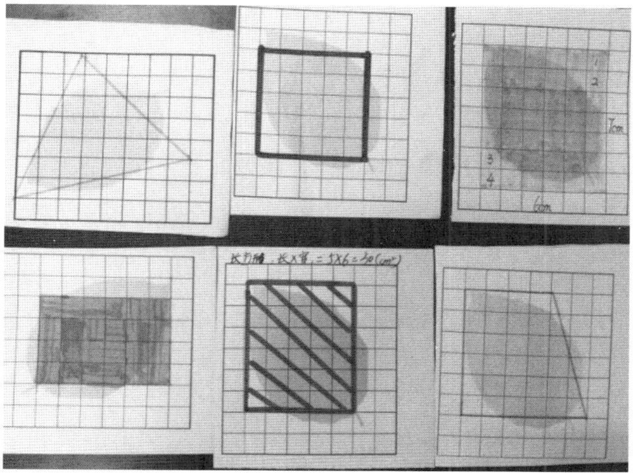

（a）转化成各种规则图形

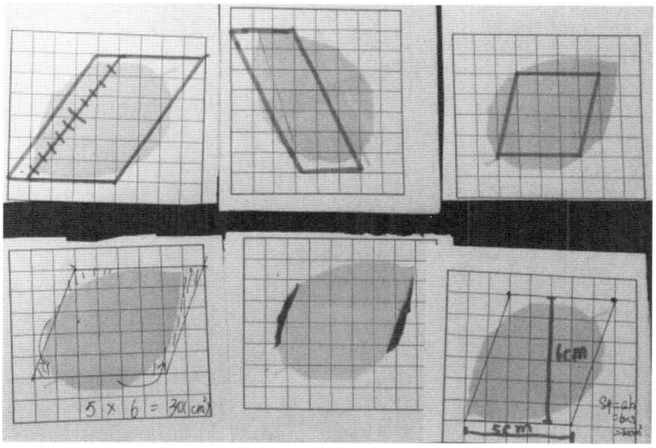

（b）转化成平行四边形

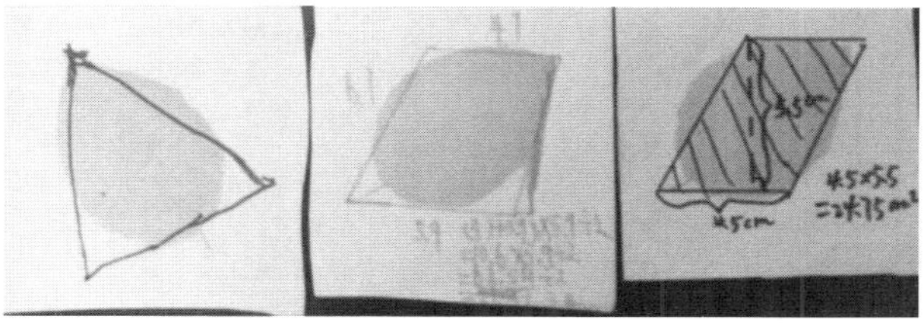

（c）在无格子的作业单上画图操作

图 5-41　学生作品：转化的方法

引导要点：细分的格子越小，不满格的面积就越小，估计的面积就越接近实际面积。

5. 梳理与小结

交流整理：今天我们继续运用用单位面积测量不规则物体的面积，明确测量时让满格部分尽可能多，选择的测量标准的面积越小，估计的面积就越接近实际面积。我们还运用转化把这片叶子近似地看成一个平行四边形，用面积公式计算它的近似值。近似也是一种重要的转化方法。

思考：比较一下，这两种方法各有什么特点？适用于什么情况？

三、综合运用，回归生活

交流：不规则图形，在我们生活中随处可见，请在我们身边找一找不规则图形。

1. 巩固练习

(1) 估算脚掌的面积，如图 5-42 所示。

估一估，婴儿脚掌的面积大概是多少？

提问：想较准确地估计，可以借助什么？

课件出示两层长方形的框。

思考：这两个长方形意味着什么？

预设：脚掌的面积应该在内框面积和外框面积之间。

(2) 推测：下面两种脚印会是谁的呢？

① 120～150 cm^2；② 240～320 cm^2。

2. 解决问题

一块池塘的面积大约是多少呢(见图 5-43)？

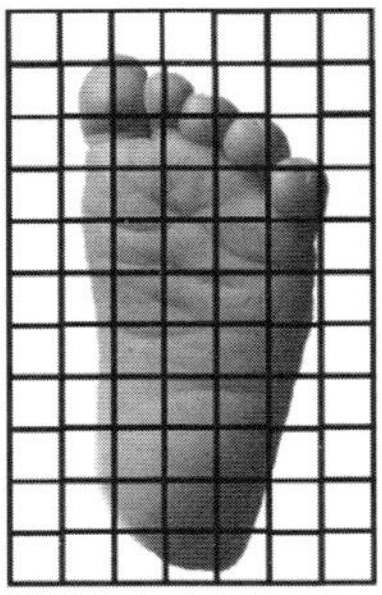

图 5-42　估算脚掌的面积

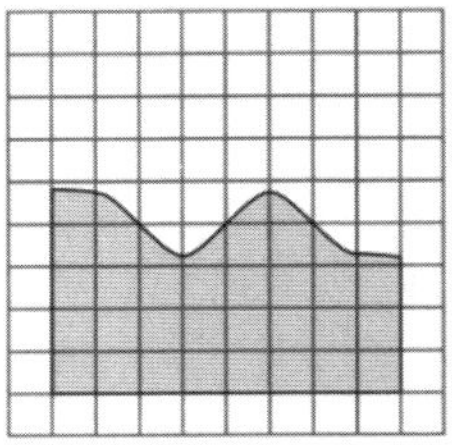

图 5-43　估算池塘的面积

提问:你是用的什么方法?结果是多少?

3. 知识拓展

"称"地图

很早以前,各国的数学家都一直在思考,如何计算不规则地图的面积。

我国有一位木匠叫于振善,他经过多次的实践,终于找到了一种计算不规则图形面积的方法——"称"法。他巧妙地"称"出了我国各行政区域的面积。

他的"称"法是这样的:先精选一块质量、密度均匀的木板,把各种不规则的地图粘贴在木板上;然后,分别把这些地图锯下来,用秤称出每块图板的质量;最后再根据比例尺计算出 1 cm^2 的质量,用这种方法,不难求出每块图板所表示的实际面积了。

也就是说,地图的总质量中含有多少个 1 cm^2 的质量,就表示地图有多少平方厘米,再扩大一定的倍数,就可以计算出实际面积是多大了。

板书设计

"不规则图形的面积"板书设计如图 5-44 所示。

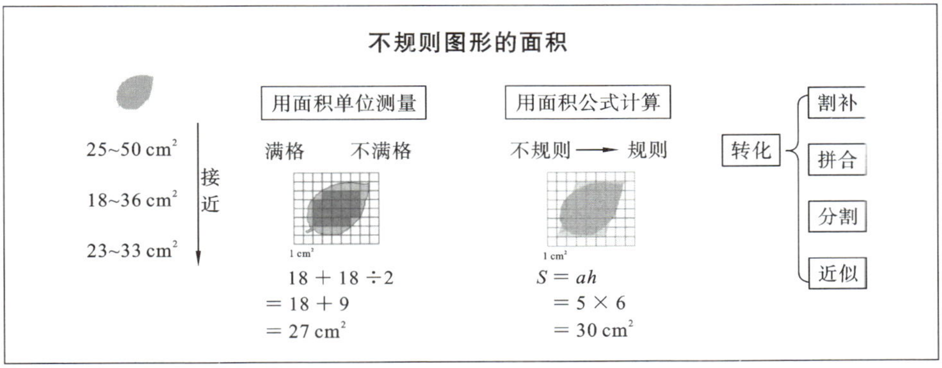

图 5-44 "不规则图形的面积"板书设计

顺情·慢养

——“图形的运动(三)旋转”教学设计及说明

武汉市光谷第八小学　罗淑颖

教学内容

《义务教育教科书·数学》(人教版)五年级下册第83～84页例1、例2、例3。

教学目标

(1) 通过生活实例,使学生理解旋转的含义,探索图形旋转的特征和性质,会用数学语言简单描述旋转的过程,能在方格纸上画出线段旋转90°以后的图形。

(2) 经历观察、操作、想象、语言描述、绘制图形等活动,培养学生的推理能力,积累活动经验,发展空间观念。在反复探索、联动的过程中,养成“探”的自觉、“联”的自信、“融”的灵活。

(3) 体验数学与生活的联系,学会用数学的眼光观察生活、思考生活,感受数学之美,体会数学的运用价值,在潜移默化中形成对数学世界的向往。

教学重点

感悟旋转的特征和性质,能较熟练地描述物体的旋转过程。

教学难点

能在方格纸上画出简单图形旋转90°以后的图形,初步体验旋转中的变与不变。

教学准备

多媒体课件、方格纸、小棒、等腰直角三角形。

教学过程

一、情境引入

(1) 引入:同学们喜欢到游乐园玩吗? 在游乐园中,你看到了哪些图形的运动(见图 5-45)?

图 5-45 游乐园中图形的运动

交流:平移,轴对称,旋转。

(2) 旧知迁移。

① 回顾平移的两要素。

师:生活中还有哪些物体的运动是平移?怎样完整地描述这个平移现象(见图 5-46)呢?

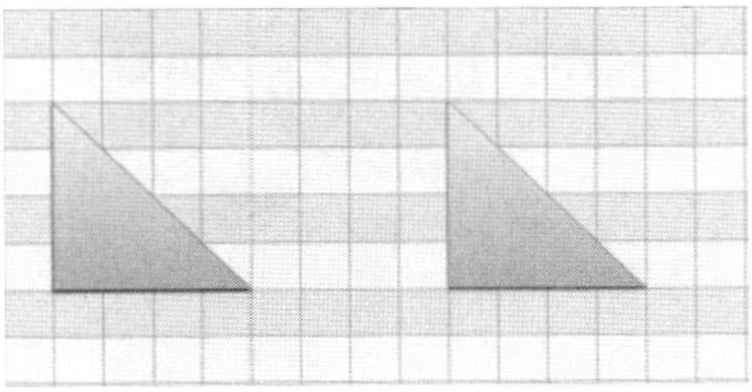

图 5-46 三角形的平移

小结:想要完整描述平移现象需要两要素——平移方向和平移距离。

② 钟摆运动揭课题。

师:生活中的旋转现象有哪些呢?

学生举例。

师:同学们的思维真开阔,生活中像这样的旋转现象很多。老师也收集了一些,我们一起来看看。

展示钟摆的运动、秋千的运动。

学生质疑:这是旋转吗?

"养学"思考 丰富的素材使学习活动顺利展开,喜爱的场景调动学生学习的热情。开课在游乐园中发现并回忆有关"图形的运动"的相关知识,为进一步研究旋转做铺垫，唤醒经验，切入知识生长点，有效激发学生探究欲望。整理“平移两要素”的基础知识，为“旋转三要素”作方法迁移，在“这是旋转吗”的疑惑中，萌发进一步探究旋转运动的欲望。

二、探究新知

教师：想知道这到底是平移还是旋转，我们还需要对旋转有进一步的研究（板书：图形的运动（三）——旋转）。

1. 初“探”旋转方向

提问：我们知道，平移是有方向的，旋转有没有方向呢？先猜想。

仔细观察这两个图形的旋转（见图 5-47）有什么不一样？如果不会说可以用手比画。

图 5-47　顺时针与逆时针图形素材

预设 1：大图形向左，小图形向右。

用手比画一下，同意这个说法吗？

预设 2：不同意，它们还在向下动。

出示钟表指针运动。

交流：介绍顺时针、逆时针方向。

小结：与时钟指针旋转方向相同的方向我们称为顺时针方向；反方向的称为逆时针方向。

活动：和老师一起比画顺时针、逆时针方向。

小结：看来旋转也是有方向的（板书：旋转方向）。

2. 再“探”旋转角度

(1) 引导学生质疑。

预设1:旋转有距离吗?

展示钟表从“12”到“1”、从“2”到“6”的旋转过程。

预设2:旋转不能说距离,应当说角度,如从“12”到“1”,时针顺时针旋转了30°(板书:旋转角度)。

预设3:旋转角度如何确定?

(2) 交流旋转角度的度量方法。

预设1:用三角板量。

预设2:从“12”到“3”,是一个直角,有90°,该角被平均分为了3格,每格所占角度就是$90°\div 3=30°$。

预设3:根据除法的意义,一个钟面是360°,平均分成12格,每格就是$360°\div 12=30°$。

小结:描述旋转应当围绕旋转方向和旋转角度来描述。

3. 三“探”旋转中心

活动一:请女生描述第一个旋转现象,男生描述第二个旋转现象。

(1) 女生描述线段OA顺时针旋转90°;男生描述线段OA顺时针旋转90°。

(2) 引导学生质疑。

预设1:都是顺时针旋转90°,可是旋转后线段的位置怎么不一样了?

预设2:一个是绕着点O旋转,一个是绕着点A旋转。

预设3:只说明旋转方向和旋转角度是不行的,还要说明是围绕哪一点旋转!

师:这个点即为旋转中心。

小结:完整地描述一个旋转运动需要围绕三个要素来说明——旋转中心、旋转方向、旋转角度(板书:旋转的三要素)。

活动二:描述旋转,巩固练习。

(1) 请大家根据旋转的三要素,一起来描述指针的旋转。

从“1”到“12”,指针绕点O顺时针方向旋转了330°。

(2) 完成教材“做一做”,巩固练习。

“养学”思考 在问题的引领下，学生历经三次探究，体验知识形成的过程。第一次，通过猜想、对比、观察，发现旋转方向与平移方向是有本质区别的，不以左右为方向，借助肢体运动感受顺时针和逆时针旋转的方向。第二次，迁移学习方法，学生质疑“旋转有距离吗”“旋转角度如何确定”，进而探究旋转的角度。“探”的过程并非一蹴而就。第三次，制造矛盾——设置了两个仅旋转中心不一致的旋转运动，为进一步的质疑提供素材和时机。一“探”一“联”，学生对“旋转三要素”就有了更加自然而深刻的认识。

三、拓展研究

1. 进一步研究旋转的性质和特征

(1) 线段的旋转。

① 模拟操作。

将小棒绕点 O 顺时针旋转 90°(将红色圆磁铁放小棒中间作为旋转中心)。

观察:旋转前后的两个图形,有什么是变化的,有什么是不变的?

小结:旋转中心的位置不变;线段的长度不变;线段的位置变化。

② 画图过程中理解。

自主利用格子纸画出线段 OA 绕点 O 顺时针旋转 90°后的图形。

③ 辨析深化。

交流:谁愿意介绍一下自己是怎么画的?

辨析:这里还有几份画得不太一样的,我们一起来看看,有什么问题?

预设:旋转中心错误,按什么方向旋转错误,线段长度错误。

小结:画图时要注意旋转的三要素。

(2) 三角形的旋转。

① 研究三角形绕点 O 顺时针旋转 90°后形成的图形。

提问:连接旋转前后的线段,形成一个等腰直角三角形,三角形绕点 O 顺时针旋转 90°后,得到的是什么图形呢? 旋转前后的三角形有什么是变化的,有什么是不变的?

预设 1:动手操作,利用提前准备的小三角形旋转。

预设 2:少部分同学可以画出来。

引导思考：三角形有三条线段，相比之前的一条线段复杂得多，你是怎样观察的？

小结：旋转时点 O 的位置、三角形的大小与形状不变，并且每旋转一次三角形的两条直角边都绕点 O 顺时针旋转了 $90°$。

拓展思考：三角形的斜边是怎样旋转的呢？

② 研究三角形绕点 A3 次顺时针旋转 $90°$后形成的图形。

预设：少部分学生仍然需要借助三角形动手操作来判断，大部分学生能够凭借想象猜测出来。

最后通过多媒体展示三角形旋转成风车的动态过程。

2. 利用微课感受旋转之美，了解旋转在实际生活中的广泛应用

展示微课。

“养学”思考 慢工出细活，慢养引深思。通过前面“旋转三要素”的慢探细究，学生对旋转本质的研究、理解，即本课的难点——线段的旋转也更加易于突破。这既是“联”的好时机，又是新一轮“探”发生的契机。借助模拟操作、画图理解、实例辨析，学生将生活中的旋转与数学中的旋转融合在一起，再一次深化对“旋转三要素”的理解，也再一次对更加复杂的旋转图形生出“探”的向往。

在探究三角形的旋转时，教师抛出思考的线索——“旋转前后的三角形有什么是变化的，有什么是不变的？”从一维过渡到二维，观察变与不变需要有序性，以及一一对应性，从而引发了更深的思索——“三角形的斜边是怎样旋转的呢？”绘画的过程中也应当一一对应地画，先画哪一条边更好呢……“探”在这里并没有止步，不断地“联”“融”中又萌生了更多“探”的愿望与“生”的自觉。

四、课堂总结

思考：现在回过头来看看钟摆运动及秋千运动，请你再说一说这属于什么运动。为什么？

说一说你对旋转又有了哪些新的认识？你还想了解关于旋转的哪些奥秘呢？

在“养学”中感受统计的价值

——“复式统计表”教学设计

武汉市汉阳区西大街小学　朱珣珣

教学内容

《义务教育教科书·数学》(人教版)三年级下册36～37页例1、做一做及38页第1、2题。

教学目标

(1) 初步认识复式统计表,能根据收集、整理的数据填写简单的复式统计表,并能对复式统计表中的数据进行简单的分析,培养数据分析观念。

(2) 经历复式统计表的形成过程,逐步渗透分类思想;通过收集、整理、描述、分析等活动,加强数学思考,积累基本活动经验。

(3) 进一步感受统计与日常生活的有机联系,体会复式统计表在生活中的广泛运用,增强应用意识。

教学重点

认识复式统计表,能正确填写数据,会分析简单的数据。

教学难点

能获取间接数据并解决问题。

教学过程

一、温故知新

看教材简单回顾一、二年级学过的统计知识。

教师:我们在一年级“分类与整理”中学习了分类及分类计数的方法,能按一定的标准分类,认识并学会用简单的统计表。二年级“数据的收集与整理”中学习了收集数据的方法,记录数据的方法,体会了用“正”字记录数据的优点。这些都是我们以前学习的有关统计的知识,今天我们将在此基础上,继续学习有关统计的知识。

二、学习新知

1. 情境引入

(1) 出示例1,师生交流:图中有哪些活动? 你最喜欢哪种活动?

板书:你最喜欢哪种活动? 每人限选一种。

(2) 产生统计需求。

呈现问题:三(1)班每周都有一节活动课,想知道哪个活动最受欢迎,该怎么办?

出示统计表(见表5-14)。

表5-14　例1补充材料

活动	看书	踢球	看电视	画画	跳绳	玩电子游戏
人数	10	9	5	8	6	12

(3) 设置冲突问题。

女生的质疑:我们女生都不喜欢玩游戏,怎么玩游戏的人数还最多呢?

交流:男生和女生的特点不同,喜欢的活动也不同。为了更清楚地看出男生、女生最喜欢的活动情况,我们该怎样统计呢?

出示统计表(见表5-15和表5-16)。

表5-15　男生最喜欢的活动

活动	看书	踢球	看电视	画画	跳绳	玩电子游戏
人数	1	8	3	1	2	12

表5-16　女生最喜欢的活动

活动	看书	踢球	看电视	画画	跳绳	玩电子游戏
人数	9	1	2	7	4	0

(4) 同桌合作,填写单式统计表。

"养学"思考　在"养学课堂"的思考和实践中,五步"养学"模式的第一个环节为"开"。如何去顺应学生已有的经验,打开他们的思维?开课借助教材,唤醒学生对统计知识和经验的回忆,简单回顾一年级"分类与整理"、二年级"数据的收集与整理”的相关知识，以此作为新知的增长点，为新知的学习做好铺垫。例题的教学创设了统计学生最喜欢的活动的情境，激发了学生探究的兴趣。同时，设计了喜欢玩电子游戏的数据无法代表女生数据的冲突，随着女生的质疑、释疑，激起了第一次的由合到分，这一次只是数据上的由合到分，不仅活跃了学生的思想，与之后“聚焦问题”中的由分到合相比，积累了对比的经验。

2. 聚焦问题

(1) 呈现材料(见表 5-17 和表 5-18)，说想法。

表 5-17　春节联欢晚会节目评价表

人数 评价 / 节目	非常好	好	一般
小品	48	46	6
相声	46	51	3
歌曲	39	56	5

表 5-18　停车场车辆停放情况统计表

数量/辆 种类 / 停车场				
甲	28	12	6	4
乙	24	10	7	6

过渡：你知道吗，统计表在生活中有着广泛的应用。例如，通过这张春节联欢晚会节目评价表可以知道大众喜欢看什么样的节目，通过这张停车场车辆停放情况统计表可以帮助管理人员统一调度。统计表还可以用在统计天气、统计列车时刻、统计商品价目等方面。看了这些生活中的统计表，再回到刚才的两张表中，你有什么想法吗？

(2) 探寻原理：为什么可以“合”？

① 同桌讨论：找出两个单式统计表(表 5-15 和表 5-16)的共同点。

提出问题：能不能把这两张表合并成一张表呢？为什么可以合并呢？

小精灵：以上两个表有什么共同点？

② 质疑：表 5-16 中的“跳绳”换成“踢毽”还能合并吗？

板书：活动内容完全相同。

(3) 探究方法：可以怎样“合”？

① 独立思考，动手操作：你们打算怎么“合”呢？

② 小组互议，全班交流：说说你们的想法？请代表上展台操作。

学生互评：这样行不行？

预设 1：如表 5-19 所示。

表 5-19　预设 1

活动	看书	踢球	看电视	画画	跳绳	玩电子游戏
人数						
活动	看书	踢球	看电视	画画	跳绳	玩电子游戏
人数						

预设 2：如表 5-20 所示。

表 5-20　预设 2

活动	看书	踢球	看电视	画画	跳绳	玩电子游戏
男生						
女生						

预设 3：如表 5-21 所示。

表 5-21　预设 3

人数 活动 性别	看书	踢球	看电视	画画	跳绳	玩电子游戏
男生						
女生						

③ 动画演示：把两张单式统计表合并成一张复式统计表。

"养学"思考　复式统计表是基于人们生产、生活的需要而产生的。这里直接呈现了生活中应用复式统计表的情境图，引导学生观察并发现表中蕴含着的丰富信息。看了这些生活中的统计表，再回到刚才的两张表中，通过观察，引导学生产生合并需要——能不能把这两张表合并成一张表呢？自然而然地引导学生聚焦问题，进入"探"的环节，生成能不能"合"的问题思考。将两个项目内容完全相同的单式统计表合并成一个复式统计表，通过独立思考、同伴交流、自主探究等方式，让学生经历复式统计表这一新知的演变过程。这里的"合"，主要是包含三个问题，能不能把这两张表合并成一张表呢？为什么可以合并呢？可以怎样"合"呢？通过这样层层递进的问题串来开展解决问题式的学习活动。

当学生完成独立思考、自主探究后，有一个分享、交流的环节。这个过程也就是我们五步"养学"模式中的第三个环节"联"。这是一个生生互动、师生互动的过程，由于学生的思维水平存在差异，学生呈现的结果也有所不同。有的学生只是简单地把两张表合并在一起；有的将重复的项目栏去掉，并将"人数"用男生、女生来区分；还有的把"活动"栏按表格内容分成三个部分。在这个过程中，教师始终是一个引发学生交流、促进知识构建的帮助者。通过把两张单式统计表合并成一张统计表的活动，使学生了解单式统计表和复式统计表的关系，了解复式统计表的结构，经历复式统计表建构的过程。学生不仅收获了知识，而且他们的互动交流的能力，多元、批判的思维方法，以及探究力都得到了激发。

(4) 认识"表头"。

(5) 揭示课题。

教师介绍：统计表不断地完善，同学们新设计的这张统计表就称为复式统计表。以前我们认识的统计表称为单式统计表，由两个单式统计表合并成一个复式统计表。

3. 感悟价值

(1) 翻开教材，独立填写复式统计表。

(2) 读数据，说含义。

提问：你会看这张复式统计表吗？"7"在表中表示什么含义？你是怎么看的？你能像老师这样提出一个问题请同学回答吗？

(3) 回答表中问题。

① 男生喜欢哪种活动的人最多？女生呢？参加调查的一共有多少人？

② 你对调查的结果有什么看法和建议？

三、巩固运用

教师：同学们能根据表中的数据进行分析，看来同学们都很有收获。我们学统计不是为了得到这样一张表，关键是要学会通过数据来分析问题，这才是统计的价值。小到一个班级，大到一个国家，统计都能帮助我们解决很多问题。下面我们一起运用复式统计表来解决生活中的问题。

1. 基础练习

教材第 37 页"做一做"(见图 5-48)。

做一做

调查本班同学最喜欢下面哪类电视节目。

节目/人数/性别	动画片	体育运动类	电视剧	科教类	知识竞赛类	少儿综艺类
男生						
女生						

（1）女生喜欢（　　）的人最多。男生呢？
（2）有女生和男生都比较喜欢的节目吗？
（3）你能提出什么问题？和同学们交流一下。

图 5-48　教材第 37 页“做一做”

（1）引导学生读表。

（2）开展现场统计活动。

（3）填写复式统计表。

（4）解决问题。

2. 综合练习

教材第 38 页练习八的第 1 题（见图 5-49）原题及变式。

1.

国家/金牌数/届数	中　国	美　国	俄罗斯
第 27 届	28	39	32
第 28 届	32	35	27
第 29 届	51	36	23

关于上面三届奥运会，下面哪些说法是正确的？
（1）中国获得的金牌数一届比一届多。
（2）俄罗斯获得的金牌数一届比一届少。
（3）每届都是美国获得的金牌数最多。

图 5-49　教材练习八第 1 题

（1）引导学生有序读表：你会看这张表吗？怎么看？

（2）说一说：“35”这个数表示什么意思？

（3）完成题后判断，并说说你是怎么想的？

(4) 变式:如果想了解4届奥运会的金牌数,怎么办?再增加第31届的数据呢?如果还要增加一个国家的数据呢?

(5) 预测与估计:2020年东京奥运会中国的金牌数量。

3. 拓展练习

教材第38页练习八的第2题(见图5-50)原题及拓展。

2. 下面是育人小学三(1)班学生的体育成绩记录单。

男生体育成绩记录单

学号	成绩	学号	成绩
1	良	6	及格
2	优	7	优
3	及格	8	良
4	良	9	及格
5	及格	10	良

女生体育成绩记录单

学号	成绩	学号	成绩
11	良	16	及格
12	及格	17	良
13	优	18	及格
14	良	19	优
15	及格		

请把这些数据整理在下表中。

成绩 人数 性别	优	良	及格	不及格
男生				
女生				

(1) 比较一下这个班男生和女生的体育成绩。
(2) 这个班的体育成绩怎么样?

图5-50 教材练习八第2题

(1) 引导读表,独立完成题后2个问题。

(2) 拓展:你能根据三(1)班的数据,推断出全校三年级学生的体育成绩吗?三(1)班的同学明年的体育成绩会怎样?

4. 知识延伸

欣赏生活中各式各样的统计表。

"养学"思考 学生对数学的习得与理解的过程,不可能基于一次问题的解决,需要在不同层次的运用中融合与内化。为了使本课的教学目标可测可查,我们设计了基础练习、综合练习、拓展练习这样三个层层递进的练习。其中,综合练习通过判断三个问题的正确与否,使学生进一步熟悉复式统计表的结构和特点。在完成本题的练习后,教师可以进行一些延伸,例如,如果想了解4届奥运会的金牌数，怎么办？再增加第 31 届的数据呢？如果还要增加一个国家的数据呢？这样的思考问题，帮助学生经历复式统计表横栏、纵栏、标题等内容变化的过程，体会复式统计表可以根据内容的多与少进行横栏和纵栏扩充的特点。从“不变”到“变”的过程来实现教学目标——感受统计与日常生活的有机联系，体会复式统计表在生活中的广泛运用，增强应用意识。

“融”的环节是“生”的基础或前提。学生感受到了学习的乐趣和解决问题的成就感，自我发展的内生力得到激发。此时“趁热打铁”，呈现生活中各式各样的统计表给学生，激发学生新一轮的挑战热情，从而触发进一步深入学习统计知识的持续内生力。

四、全课总结

通过学习，你有哪些收获？

板书设计

“复式统计表”板书设计如图 5-51 所示。

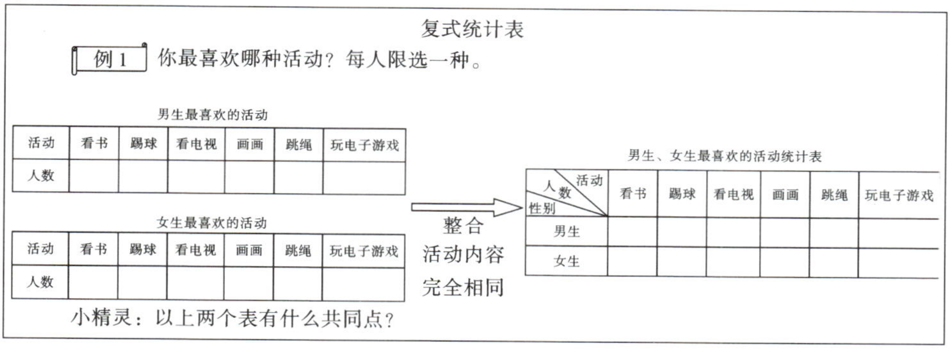

图 5-51 “复式统计表”板书设计

经历过程，集聚内生力

——"条形统计图"教学设计及说明

武汉市汉阳区车站小学　吴　丹

教学内容

《义务教育教科书·数学》(人教版)四年级上册第 94 页例 1。

教学目标

(1) 经历条形统计图的产生过程，体会条形统计图能够清楚地表示数量的多少的特点，理解条形统计图产生的必要性。

(2) 了解条形统计图的结构特征及表示数量的方法，能对数据进行简单的分析，能根据要求画出条形统计图。

(3) 培养学生的对比、观察能力和思考问题的习惯，提高用数学知识解决实际问题的能力，渗透数形结合和统计的数学思想，培养学生的统计意识和统计分析观念。

教学重、难点

经历条形统计图的产生过程，了解条形统计图的特征。

教学准备

PPT 课件、学习单、直尺。

教学过程

一、创设情境，生成问题

(1) 播放北京旅游宣传片，激发学生兴趣：北京美吗？暑假想去旅游吗？那我们就要来了解一下北京暑期的天气情况了。

(2) 课件出示北京 8 月份的天气情况，如图 5-52 所示。

(3) 引导观察，生成问题：这个月每种天气各有多少天？你准备用什么方法来解决？

(4) 学生思考，产生统计需求。

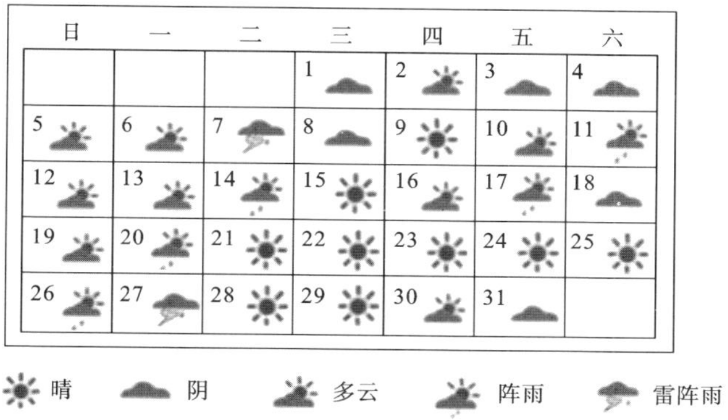

图 5-52 教材例 1

“养学”思考 在学生学习过程中，他们感兴趣的是与他们生活息息相关的统计内容，根据他们的年龄特点，越接近他们的生活、越具有时效性、越体现生成性的教学资源，他们越感兴趣。而教材为我们呈现的例 1 是北京某年 8 月份的天气情况，如果直接向学生出示例题，学生会觉得与自己实际生活离得太远而失去兴趣。如何在尊重教材的基础上呈现今天要学习的内容，让学生感兴趣且能体现统计的价值与作用呢？经过深入思考，我把教材内容进行了情境处理，拉近了学生与学习内容之间的距离，让学生感受到统计来源于生活，服务于生活。同时现实开放的情境也让后续整理数据和表示数据孕育内生力成为可能。

二、借助经验，尝试初“探”

(1) 整理数据：下面请同学们用以前学过的统计方法，在作业纸上把天气情况清楚地表示出来。

(2) 学生独立整理数据，教师巡视，了解学生整理数据的方法。

(3) 汇报交流：同学们都用自己的方法进行了整理，老师挑选出了一些有代表性的作品，请几位同学给大家介绍一下他们用什么方式进行统计，统计的结果是多少？

预设 1：用统计表来整理。

预设 2：用画正字的方法来整理。

预设 3：用画圆圈图的方法来整理。

预设4:用画图的方法来整理。

(4) 引导总结,初步渗透数与形:同学们用了不同的统计方法,结果都是相同的。有的同学用画统计表和画正字来表示天数,有的同学用画图形来表示天数(板书:数形)。

"养学"思考 尊重、顺应学生已有的认知是"养学课堂"的核心,学生因为有了第一学段的统计学习,对统计和整理数据并不陌生。他们能够用自己喜欢的方式(文字、图画、简单的统计表等)呈现分类计数的结果。既然如此,我们可以充分利用学生已有的认知,在开放、有趣的情境后组织学生初步探究,让学生用以前学过的方法整理天气情况,让学生在整理中进一步经历统计的过程,巩固统计的方法。其后教师可收集学生统计的素材,充分呈现学生统计方法的多样性,为后面的多种方式的联动,积蓄内生力。

三、多方联动,深入探究

(1) 引导观察学生整理的统计表(见表5-22),发现统计表能清楚地看出各种天气的天数是多少。

表 5-22 学生整理的统计表

晴天	阴天	多云	阵雨	雷阵雨
9天	6天	9天	5天	2天

(2) 引导观察学生整理的象形统计图(见图5-53),发现用图形表示的方法能够直观地比较数量的多少。

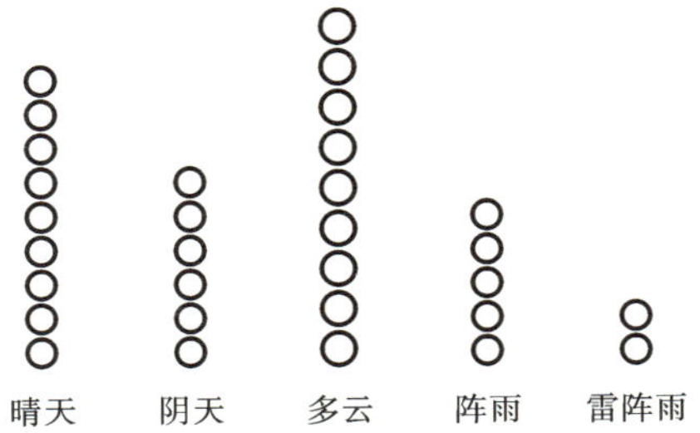

图 5-53 学生整理的象形统计图

(3) 沟通联系,逐步优化。

① 启发：用数字表示，可以清楚地表示数量的多少；用图形表示，可以直观地比较数量的多少。能不能想个办法，既能清晰地表示数据，又能直观地比较数量的多少呢？

引导学生在图上标出数据。

② 引导观察，发现问题：晴天和多云的天数一样多，但是画的图却不一样高。

③ 思考：什么原因造成这种现象？怎么解决这个问题？

④ 根据学生的回答，教师动态演示纵轴的形成过程，如图 5-54 所示。

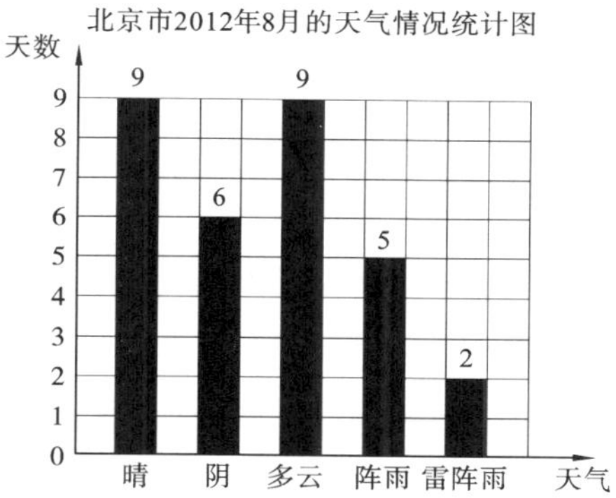

图 5-54　学生标注数据后的象形统计图

⑤ 小结：这就是北京 8 月份的天气情况统计图。同学们，我们在探究中创造出了一种新的统计方法。像这样用线条的高矮来表示数量的多少的统计图，我们把它称为条形统计图（板书课题）。

（4）分析数据，指导识图。

教师：观察一下，你能从这个条形统计图中发现哪些信息？

（5）强化特点，突出“数形结合”的数学思想。

① 思考：与统计表比较，你觉得条形统计图有什么优势？

② 思考：与象形统计图比较，你觉得条形统计图有什么优点？

③ 小结：通过统计表能够清楚地看出数量的多少；条形统计图不仅能看出数量的多少，还能更加直观形象地比较数量的多少。为什么条形统计图有这样的优点呢？这是因为它能够用图形直观地表示数量的多少，在数学上称为数形结合。

“养学”思考　教材呈现的条形统计图是静态的。也就是说，教材实际提供的只有统计的结果。但是，从“养学课堂”的理念出发，仅仅呈现结果是不利于学生内生力的形成的，学生很难从结果中体会条形统计图的特点，同时也很难迸发出创造力。基于这种思考，我在教学过程中注重让学生对整理和描述数据的方法进行多方联动、深入探究，通过对比、分析，进而经历了条形统计图的再创造过程。学生在多方联动、深入探究的过程中也渐渐体会到数与形的相互作用，“内生”出“数形结合”的数学思想。

四、主动运用，深化认识

(1) 出示：四(1)班5名同学一百米短跑选拔赛成绩统计图(见图5-55)。

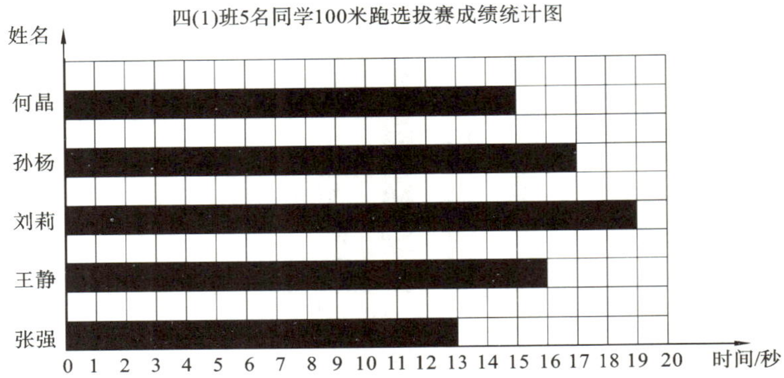

图 5-55　四(1)班5名同学一百米短跑选拔赛成绩统计图

① 观察：与刚才的统计图有什么区别？

② 教师：每班只能有1人参加。如果你是老师，派谁去？你的理由是什么？

(2) 出示：某市2017年11月至2018年3月空气质量为优良的总天数统计表(见表5-23)。

表 5-23　某市2017年11月至2018年3月空气质量为优良的总天数统计表

年月	2017年11月	2017年12月	2018年1月	2018年2月	2018年3月
天数	8	6	11	7	9

① 根据统计表的信息绘制条形统计图。

② 这段时间邀请你去这个城市，你愿意去吗？为什么？

(3) 出示：A市2017年11月至2018年3月空气质量为优良的总天数统计图(见图5-56)；B市2017年11月至2018年3月空气质量为优良的总天数统计图(见图5-57)。

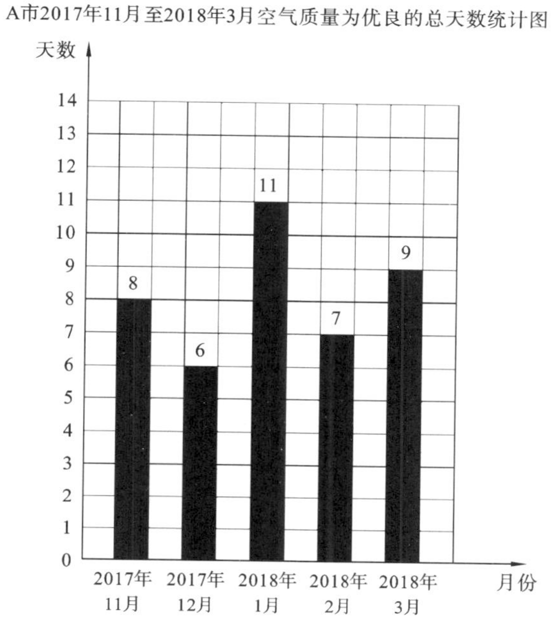

图 5-56　A 市 2017 年 11 月至 2018 年 3 月空气质量为优良的总天数统计图

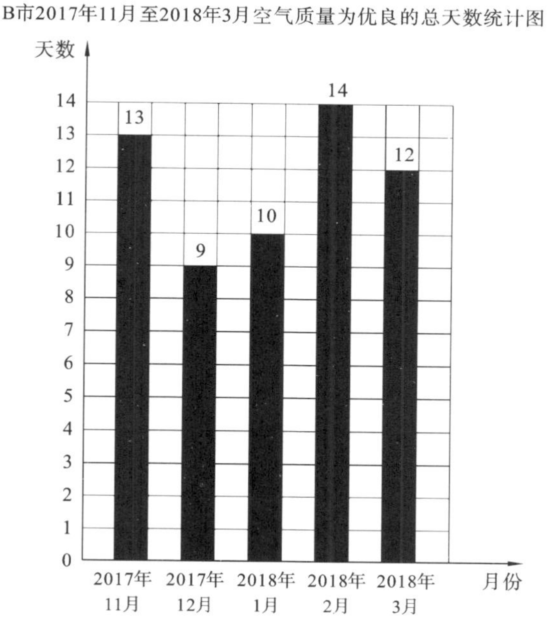

图 5-57　B 市 2017 年 11 月至 2018 年 3 月空气质量为优良的总天数统计图

① 比一比，你发现了什么？

② 引导：这样左一眼、右一眼地看起来有点麻烦，如果把它们合在一起比较就更容易了，这是我们以后要研究的复式条形统计图。

“养学”思考 统计在现实生活中有着广泛的应用，让学生借助对数据的收集与整理发现统计的价值，是统计教学的重要目的。课中让学生借助统计北京的天气情况，经历了统计的全过程，体会到了统计的作用，那练习环节又该如何让学生进一步领会统计思想，体会统计的价值，萌发持久的内生力呢？基于以上思考，我在练习环节设计了三个练习：第一个练习呈现横式条形统计图，让学生通过看图选取一百米短跑选拔赛的参赛人员，一方面让学生明确条形统计图除了有竖式的条形统计图以外，还有横式的条形统计图，另一方面让学生通过观察、分析数据，进一步体会条形统计图的价值；第二个练习通过统计表画出条形统计图，一方面通过绘制条形统计图让学生在动手操作中进一步直观感受条形统计图的结构和特点，另一方面通过让学生思考“这段时间邀请你去这个城市，你愿意去吗？为什么”，进一步提升学生的数据分析；第三个练习通过某城市同期空气质量的对比，启发学生思考合并条形统计图，将本节课的学习内容自然拓展到复式条形统计图，为后面的学习打下基础，集聚了内生力。

五、课堂总结，课外延伸

教师：这节课我们认识的条形统计图只是统计图学习的开始，以后我们还会学习更多的统计图。不仅如此，其实统计图的历史非常悠久，我们一起来看看吧。

课件播放。

于“开放”中“内生”数据分析观念

——“平均数”教学设计及说明

武汉市常青实验小学　刘重庆

教学内容

《义务教育教科书·数学》(人教版)数学四年级下册第 90～91 页例 1、例 2。

教学目标

(1) 在经历收集数据、整理数据、分析数据的过程中了解平均数的意义，掌握求平均数的方法，会用自己的语言描述对平均数的认识。

(2) 通过实例了解平均数在统计学上的意义，发展学生的数据分析观念。

(3) 在观察、讨论、合作学习、汇报交流中，培养学生运用平均数的知识解决问题的能力，增强学习数学的信心，体验数学的应用价值。

教学重点

了解平均数的意义，掌握求平均数的方法。

教学难点

了解平均数的意义。

教学准备

学习单、课件、计算器。

教学过程

一、课前活动准备

(1) 组织学生进行 30 s 口算比赛。

(2) 整理数据，形成统计表，并形成对应的统计图，做成课件。

“养学”思考　“养学课堂”的“开”境，可以是学生已有的学习和生活经验。口算比赛是学生的日常学习活动。将这些数据收集起来并整理，为课堂数据分析、学习平均数，创设了真实的问题研究情境。

二、发现、提出问题

1. 情境导入，激发兴趣

(1) 课件播放："最强大脑"中"多位数乘除"的现场比赛片段。

(2) 学生谈观看感受。

教师：咱们班也进行了 30 s 的口算比赛，想知道比赛的成绩吗？

2. 学生观察统计表，提出问题

教师：那我们先看看前三组的成绩。

(1) 课件出示统计表和统计图，引发学生对比。

先出示第一组口算成绩统计表和自动生成条形统计图，依次出现第二组、第三组成绩表和对应的统计图，最后定位在第一组、第二组、第三组的口算成绩统计表上，如表 5-24、表 5-25、表 5-26 所示。

表 5-24　第一组口算成绩统计表

姓名	做对的题数
1	13
2	11
3	11
4	9

表 5-25　第二组口算成绩统计表

姓名	做对的题数
1	12
2	15
3	11
4	14

表 5-26　第三组口算成绩统计表

姓名	做对的题数
1	13
2	10
3	16
4	10
5	11

(2) 学生观察统计表，提出问题。

教师：观察统计表，你能解决什么问题？

鼓励学生从不同角度提出问题，学生回答的同时，教师把学生的问题简单记录在黑板上，并引导学生进行分类。

预设的中心问题：求总数，求平均数，比较成绩好坏……

"养学"思考　开放的问题源自开放的情境，成为"探"的载体，问题不是教师提出来的，而是来源于学生。学生通过现实情境发现和提出问题，自己提出的问题更想知道答案，能有效激发"探"的欲望。

三、尝试解决问题，初步体会平均数的作用，掌握求平均数的方法

1. 一“探”总数，在矛盾冲突中“联”向平均数

(1) 口头计算三个组分别答对的总题数。

① 第一组一共做对多少题？

13＋11＋11＋9＝44(题)。

② 第二组做对的总题数是多少？

12＋15＋11＋14＝52(题)。

③ 第三组做对的总题数是多少？

13＋10＋16＋10＋11＝60(题)。

(2) 引发学生思维冲突，感受平均数的价值。

① 体会用总数比成绩，引发矛盾冲突：第三组答对 60 题，答对题数最多，冠军组属于第三组。

② 学生辩论并体会：用总题数判定哪个组是冠军组，在人数不相等的情况下是不公平的。

③ 学生思考：比较总题数不公平，那比较什么呢？

④ 小结：想知道哪个组的成绩好，比较总成绩是不公平的，需要比较平均数。

2. 二“探”平均数，在交流对比中“联”出方法

(1) 学生独立完成：究竟哪个组的成绩好呢？你是怎么知道的，请把自己思考的过程写下来。

(2) 同桌说一说：你是怎么知道哪个组的成绩是最好的？

(3) 全班交流：先总后分，掌握求平均数的方法。

① 展示。

第一组：(13＋11＋11＋9)÷4＝11(题)；

第二组：(12＋15＋11＋14)÷4＝13(题)；

第三组：(13＋10＋16＋10＋11)÷5＝12(题)。

通过计算得到前三组中第二组的成绩最好。

② 对比:找三个算式的共同点和不同点。

共同点:都是借助平均数,方法相同,总成绩÷总人数=平均数。

不同点:加数的个数不一样,除数不一样。

③ 随机拓展:全班平均每人答对多少题?

④ 小结:在找相同点与不同点的过程中掌握求平均数的基本方法,有多少人,就除以多少,感受加数个数与份数的对应关系。

3. 三“探”平均数,在数形结合中“联”出本质

(1) 观察每个人的成绩与平均数之间的关系。

课件出示统计图(见图 5-58、图 5-59、图 5-60),请学生用虚线标示出各组的平均数。

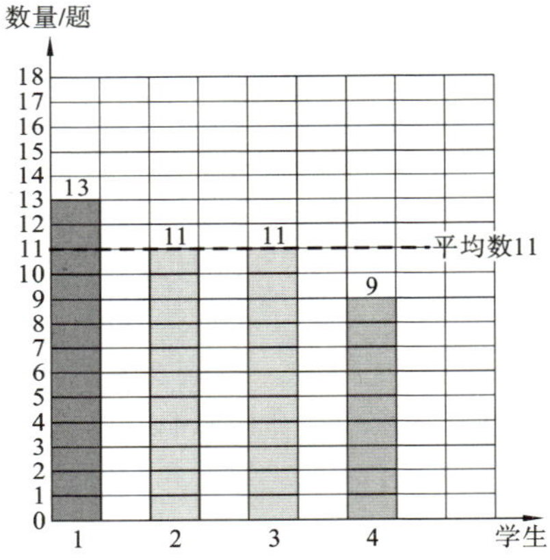

图 5-58　第一组口算比赛成绩统计图

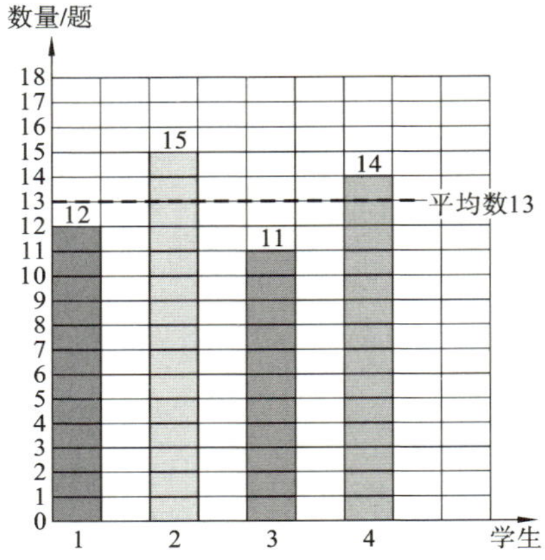

图 5-59　第二组口算比赛成绩统计图

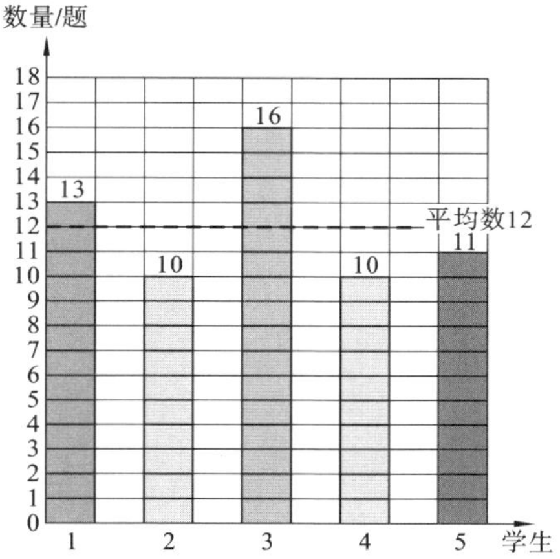

图 5-60　第三组口算比赛成绩统计图

(2) 观察:每个人的成绩与平均数之间有什么关系?

(3) 小组讨论:你有什么发现?

(4) 小组汇报。

预设 1:移多补少。

师:为什么要把高于平均数的部分移到低于平均数的部分?

以第一组的素材为重点,学生说思维过程,课件动态演示,从 13 题中拿出 2 题放到 9 题中,则 4 人就全部都是 11 题了,如图 5-61 所示。这个 11 题就是这个组的“平均数”。

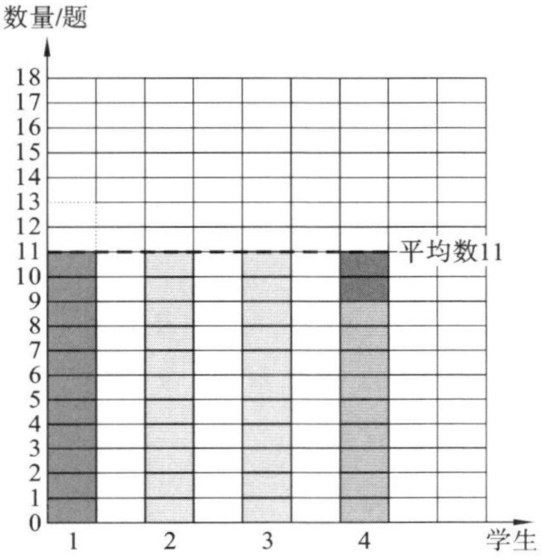

图 5-61　第一组口算比赛成绩统计图

板书:移多补少。

学生动手圈一圈,画一画,移多补少得到其他组的平均数。

小组交流后,再请代表利用课件演示。

师:高于平均数的部分与低于平均数的部分正好相等,这是巧合吗?

师:正是因为高于平均数的部分和低于平均数的部分一样多,我们才能通过移多补少,找到平均数,这是平均数的一个重要特点。

小结:无论是移多补少,还是先合再分,目的只有一个,那就是把原来几个不同的数变得同样多,这个时候就有了平均数。

"养学"思考 在"探"的阶段,让学生感受借助平均分求平均数,体验解决"哪个组的成绩好"这一问题的过程,在掌握求平均数的方法的同时获得成功的体验。"探"的另一个侧重点是本节课的难点——了解平均数的意义。采用的方法是从统计表到统计图的直观介入,为学生发现平均数"移多补少"这一特征提供形象支撑,从抽象到直观,"探"中有"联",学生基于数据,选择"移多补少",强化的仍然是平均数意义的理解,实现从"算法"到"意义"的有机统一。

预设 2:平均数代表什么?

以第二组的素材为例。

师:平均数"13"能代表 1 号、2 号、3 号、4 号学生的成绩吗?

师:那它究竟代表谁的成绩?

生:平均数"13"代表的是第二组 4 位学生的平均成绩。

师:但是,没有一个人的成绩是 13 啊?

小结:个人成绩可能有的比平均数多,有的比平均数少。平均数并不代表某个人的实际成绩,而是代表这个组的一般水平(板书:一般水平)。

预设 3:平均数受每一个数据的影响。

师:前三组中,个人成绩最好的是谁呢?(第三组的 3 号学生做对 16 题)

师:为什么发挥最好的学生在第三组,但平均成绩却不是最好的?(2 号和 4 号学生拉低了平均数)

师:是什么原因让你们认为第二组获得了冠军?(2 号和 4 号学生抬高了平均数)

师:你们第一组平均分低的原因找到了吗?(4 号学生做对的题太少)

师：假如再比一次，有什么办法能让你们反败为胜？

小结：随着每一个数据的变化而变化，这是平均数的另一个重要特点。

师：平均数总是比最大的数小、比最小的数大，解释一下为什么？

小结：利用这一特点，我们还可以大概地估计出一组数据的平均数。

“养学”思考　“联”的另一重要意义，在于学生能从统计角度理解平均数的意义、性质。平均数究竟指什么？“平均数是表示数据集中趋势的统计量”“平均数能刻画代表一组数据的一般水平”“平均数易受这组数据中每一个数据的影响，即具有敏感性”“平均数介于这组数的最大值与最小值之间”等。发展学生的数据分析观念。

4. 计算其他小组的平均成绩

(1) 打开课件，借助计算器，计算出其他组每个组的平均成绩，并到黑板上记录下来。

师：有的小组的平均成绩是小数，这再一次说明了什么？

平均数并不代表某个实际的数据，而是代表这一组的“一般水平”。

(2) 宣布全班的冠军组。

(3) 猜一猜：冠军组的平均成绩是多少题，他们每个人的成绩是多少？

“养学”思考　第二次小组活动，目的有三：一是强化算法理解，让每个学生再次计算平均数；二是前后照应，寻找冠军组；三是为“猜一猜”提供数据模型。这个环节，是学生在已知某个组每个人成绩的前提下，通过用总成绩除以人数求平均数，进一步加深对平均数的特征的理解，发展学生的核心素养。

5. 小结

师：你觉得平均数是一个什么样的数？平均数有什么特点？

四、知识应用，进一步理解平均数的意义

1. 辨一辨

(1) 中国国家男子篮球队员的平均身高是 200 cm，那么每个队员的身高一定是 200 cm。

学生判断并说理由，课件出示姚明和篮球队员的合影，肯定大家的想法。

(2) 我身高 140 cm，下水游泳不会有危险。

2. 解决问题

快乐蛋糕店的草莓蛋糕最近5天的销售情况(见教材第94页)。

糕点师:明天我做多少个草莓蛋糕合适呢?

(1) 学生解答。

(2) 全班交流,体会平均数的统计意义。

落脚点:在学生计算出平均数是10个的基础上,判断糕点师傅明天大概做10个,也有可能会调整,要考虑一些实际情况,如受节假日等因素影响。也就是说平均数可以帮助我们决策,但这个方法不是唯一的方法,有时还要根据实际的情况来合理安排。体会数据的随机性。

“养学”思考 “养学课堂”的“生”,表现在“辨一辨”和解决问题中。根据具体情境中的数据,学生能用对平均数意义的理解,做出简单的判断,这发展了学生的数据分析观念,使学生进一步感受到平均数在生活中的应用价值,体验用平均数这一数学知识解决实际问题的乐趣。

五、回顾与总结

师:通过今天的学习,你有什么收获?

顺“学”而“养”,渗透数学思想

——“数学广角——搭配(二)”教学设计及说明

武汉市汉阳区车站小学 吴 丹

教学内容

《义务教育教科书·数学》(人教版)三年级下册第102页例2。

教学目标

(1) 通过搭配活动的探究、体验,让学生学会有序组合的方法,渗透分类计数的思想。

(2) 培养学生有序思考的能力、观察能力,渗透组合的数学思想。

(3) 在简单的搭配活动中,培养学生有条理分析问题的习惯,培养数学应用意识。

教学重点

经历探索简单事物组合规律的过程,能够有序思考。

教学难点

学会表达数学思考的大致过程和结果,培养学生有序思考问题的意识。

教学准备

PPT课件、白纸若干张、板贴、学习单。

教学过程

一、顺应已知,打开思维

(1) 引导审题:我们每天早上起床都会穿上干净、漂亮的衣服,你们会搭配衣服吗?看,小丽早上起床也正要穿衣服,你们都看到了哪些衣服呀?

出示主题图(见图5-62):两件上装,三件下装。

(2) 明确分类:把一件上装和一件下装进行搭配就是一种穿法。我们能不能把T恤和衬衫搭配在一起呢?

图 5-62　教材例 2

生：不能。

教师：看来，在搭配前我们必须把这些衣服进行分类。你准备怎么分类呢？

(3) 明确问题：现在我们把上装和下装进行搭配，小丽可以怎么穿？还可以怎么穿呢？那么究竟一共有多少种穿法呢？

板贴课题和例题。

“养学”思考　“数学广角”是人教版教材为了渗透数学思想而新增的教学内容，它通过生动、有趣、与生活实际联系紧密的内容将数学思想展示出来，让学生通过各种数学活动，感受数学思想的神奇力量。

学生的学习是建立在已有知识基础和已有生活经验之上的。在二年级“数学广角”的学习中，学生已经接触了一些排列与组合的知识，能通过观察、猜测及实验的方法找出最简单事物的排列数和组合数。如何顺应学生已有认知，让学生在自然、开放的环境下拓展思维呢？教材给我们提供的素材(例 2)就是一个很好的学生生活场景，我们充分运用这一素材创设小丽的穿衣搭配生活情境，试图以学生的日常起居为切入点，贴近学生的生活经验，激发学生探究热情，留给学生广阔的建构空间。

二、自主探索，动手操作

1. 大胆猜测

师：同学们，你们先来猜一猜一共有几种穿法呢？有不同的声音吗？都觉得是 6 种，这可是你们说的，不知道对不对呢，我们来亲自搭配吧。

2. 独立思考，记录穿法

师：下面我们开展一个研究活动，活动前请听清楚要求——请同学们用你喜欢的方式，把你认为的所有穿法记录在作业本上，看看到底一共有几种穿法？

注意不讨论，独立地想一想，或许你会有新的发现。

“养学”思考 在上一环节课堂充分地打“开”以后，我们该如何组织学生进一步地去“探”，“探”什么呢？通过“养学课堂”的学习和思考，我们发现儿童认知形成的过程是先出现一些凭直觉产生的概念，这些原始概念构成思维的基础，在此基础上经过综合加工形成新概念，建构新结构，这种过程不断进行，这就是儿童认知结构形成的主要方法。因此，在学生明确问题后，我们鼓励学生大胆猜想。有了二年级排列组合的基础，学生很容易猜想出有6种穿法，那么到底是哪6种穿法呢？猜想过后，鼓励学生小心求证，用自己喜欢的方法记录所有的穿法。为了让学生都有自己的想法，也为了收取多样的素材，从而有效开展后面的联动，我们在此处没有设置小组讨论环节，而是采取了独立思考的方式让学生自主探索。

三、多方联动，明晰方法

1. 从无序不全到有序完整，体会有序

(1) 展示无序不全的文字记录：你是怎样搭配的？你一共写了几种穿法。

(2) 展示有序完整的文字记录：你是怎样搭配的？你一共写了几种穿法。

(3) 在比较中思考：同样的时间，同样的信息，为什么有的同学写得不完整，有的同学写得很完整呢？

(4) 在读中体会搭配方法：我们一起来读一读她的搭配，你们读上装，老师读下装，通过再一次的读一读，你们发现了她是怎样搭配的吗？你觉得她的搭配方法怎么样？好在哪儿？

(5) 小结：在我们用一件上装把每件下装搭配完了后，再去用另一件上装搭配每件下装，这样有顺序地思考就能做到不重复也不遗漏(板书：有序思考)。

2. 经历符号化的过程

(1) 展示用图形代替衣服的搭配：你是用什么代替衣服的？你是怎么搭配的？

(2) 评价：你们觉得这位学生的记录方法怎么样？简洁在哪儿呢？

预设：他在用图形的时候用了几个图形？这位学生用图形表示衣服非常简洁，还注意了分类，用“○”表示上装，用“△”表示下装，多么清楚呀！如果我们

将同类图形用颜色进行区分就更好了。

(3) 展示用字母代替衣服的搭配：同学们，如果我把图形换成字母，你能看懂吗？A 表示什么？那么 B 呢？

3. 总结反思

教师：同学们，研究到这，你们有什么体会吗？

“养学”思考 此环节是五步教学法中“联”的环节，它是整节课中最精彩的一个环节，也是教师最难把控的一个环节。面对学生各种各样的探究素材，我们该如何取舍，如何组织有效的联动让学生自然感受到数学思想呢？我们在“养学课堂”的思考和实践中体会到，教师不能贪多求全，需要智慧取舍，应选取最有代表性也最能体现教学意图的素材。我们将选取的素材通过两个层次进行展示，一是展示用文字叙述的记录方法，从无序不全到有序完整，让学生体会“有序”的思想。二是展示简洁的记录方法，在图形、字母的运用中让学生经历符号化的过程，渗透符号化思想和数形结合思想。在学生展示汇报的过程中，教师还要及时合理地引导学生进行生生联动，同时适时地进行师生联动，让学生在联动中不断丰富和调整自己的想法，达到自主建构的目的。

四、融合内化，反思完善

(1) 完成教材 102 页“做一做”第 2 题(见图 5-63)。

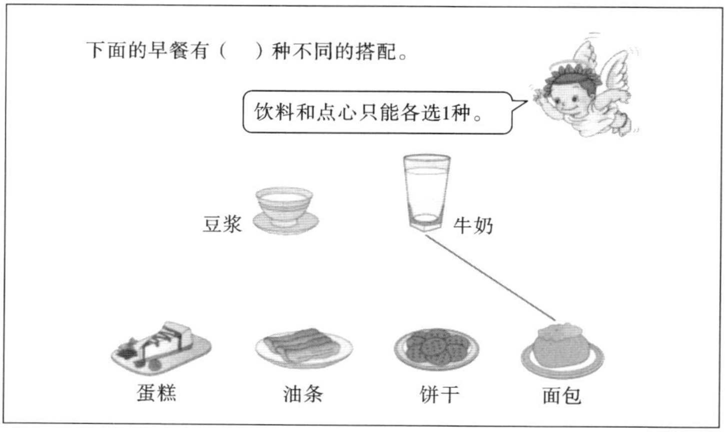

图 5-63 教材 102 页“做一做”第 2 题

① 引导审题:通过读题你知道了什么呀?小精灵的话是什么意思?

② 独立解答:请同学们独立地想一想,在纸上连一连,看看一共有几种不同的搭配?

③ 汇报交流:你是怎样搭配的?一共有几种搭配?

④ 反思方法,渗透原理:我们回顾一下刚才的搭配。牛奶搭配点心有几种搭配?豆浆配点心有几种搭配?一共有几个4?如果再来一杯饮料,又会增加几种搭配?一共有几个4?继续增加饮料,点心数不变,8种饮料,4种点心一共有几种搭配?换一个角度,第一种点心搭配饮料有几种搭配?第二种点心搭配饮料有几种搭配?第三种点心搭配饮料又有几种搭配?第四种点心搭配饮料有几种搭配?一共有几个2?再来一种点心,又会增加几种搭配?一共是几个2?继续增加点心,饮料不变,9种点心,2种饮料,一共有几种搭配?

(2) 完成教材102页"做一做"第1题(见图5-64)。

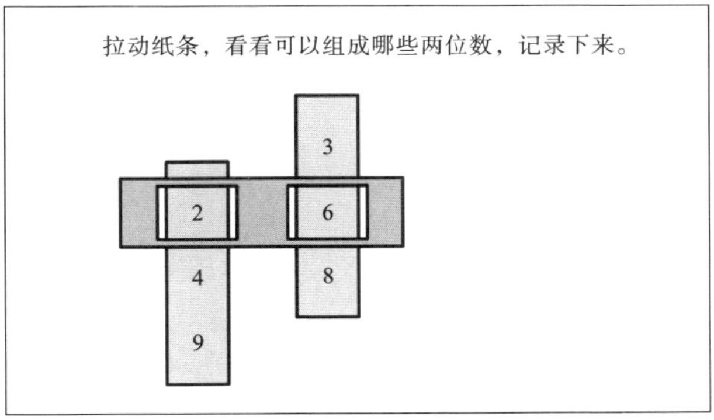

图5-64　教材102页"做一做"第1题

① 引导审题:同学们,认真读一读题目,说说此题是把什么和什么进行搭配,能不能将2和4进行搭配呢?

② 思考:这里一共可以组成多少个两位数呢?

③ 独立思考,自行解答,将搭配的两位数记录在数学书上。

④ 汇报交流:你是怎样搭配的?

"养学"思考　此环节是五步教学法中"融"的环节。我们发现,学生对数学的习得与理解的过程,不可能基于一次问题的解决而习得,需要在不同层次的数学练习或不同的情境综合运用中融合与内化。因此,我们设置了2道练习,第一道练习来自与教材例 2 配套的“做一做”第 2 题，此题的原理与例 2 类似(二四搭配)，是例 2 的巩固运用。教师在学生完成此题的基础上进行了变式，通过增加饮料、点心，引导学生分别从“先确定饮料再搭配点心”和“先确定点心再搭配饮料”的角度探究规律，渗透乘法原理。第二道练习来自教材“做一做”第 1 题，此题是例 2(组合)的变式练习(三三搭配)，同时又与例 1 搭配数字(排列)有明显的不同，在此题的练习中着重通过审题弄清题目的要求，在记录前让学生运用乘法原理算出一共可以组成多少个两位数，再进行记录。通过不同层次的练习和反思，促进学生将经验融合、内化，从而让自身的认知体系更加完善。

五、拓展应用，促发“内生”

(1) 妈妈的生日快到了。小丽打算在妈妈生日那天送妈妈一束鲜花、一个蛋糕和一张生日贺卡，有几种搭配方法?

① 出示题目，如图 5-65 所示。

图 5-65　拓展题

② 独立思考：此题应该怎样有序地思考呢?

③ 讨论：同学之间互相讨论。

④ 汇报：这位同学把有序思考理解得多么深刻呀，真会思考。我们再次来看看搭配过程吧！

(2) 全课总结：同学们，今天的学习你们快乐吗？通过今天的学习你们有什么收获呢？

教师：同学们的收获可真不少呢，希望你们能把今天收获到的这种有序思考问题的方法用到今后的数学学习中去，到时你们的进步一定不小。

"养学"思考 在"融"的环节中，学生通过自身的努力，在教师的辅助下和与同学的交流中，直面挑战，学习真实地展开，重新再造了自身的认知体系，从而感受到了学习的乐趣和解决问题的成就感。学生自我发展的内部实力在上一轮的"演练"中得到发展；主观能动性在成就感中得到激发。此时，教师"趁热打铁"，通过设置小丽送妈妈生日礼物的拓展性问题激发学生新一轮的挑战热情，从而触发学生持续的内生力。

扫盲点、切痛点，把握知识生长点

——“数学广角——找次品”教学设计及说明

武汉市青山区红钢城小学　王　漪

教学内容

《义务教育教科书·数学》(人教版)五年级下册第111～112页例1、例2。

教学目标

(1) 明确找次品的基本思路，掌握找次品的一般方法。

(2) 经历猜测、试验、观察、推理等活动，明晰找次品的最优策略。

(3) 培养学生分析、推理的能力，乐于尝试、追求真理的数学精神。

教学重点

通过对比、试验，体悟找次品的最优策略的原理。

教学难点

掌握找次品的方法，经历策略优化的过程。

教学准备

课件、试验单。

教学过程

一、明确规则，开启任务

(1) 揭示课题。

交流：今天我们走进第8单元“找次品”。

提问：什么是次品？

预设：比正品重或者轻的物品叫次品。

交流：今天我们就先来找一找比正品轻的次品。

(2) 明确规则。

出示：从2瓶钙片中找次品。

提问:有次品吗? 怎么找?

引导规范:可以用天平称,当天平不平衡时,轻的是次品。

小结:从2瓶钙片中找次品,称1次保证能找到。

二、初"探"找次品的方法

(1) 出示例1(从3瓶钙片中找次品)。

师:现在还能用天平找到次品吗?

(2) 独立想一想。

(3) 交流体会。

① 请一名学生边摆边说。

引导规范表述:如果天平平衡,天平外面的是次品;如果天平不平衡,轻的是次品。称1次可以找到次品。

② 示范记录方式。

提问:谁能完整地说一遍。

学生表述的同时,教师记录。

板书:3个(1,1,1)平→天平外面的是次品

不平→轻的是次品

③ 熟悉记录方法。

交流:老师这样记,能看明白吗? 用这种方法,再给同桌介绍一下。

(4) 对比2瓶与3瓶的情况,聚焦天平"外盘"。

提问:从3瓶钙片中找次品,为什么也只用一次就可以找到呢?

明确:天平外面的一瓶不用称,可以根据称出的情况推理出天平外面的情况。

小结:推理。

"养学"思考 "找次品"是一个富有思考性的好素材,能让学生体会运用数学的基本思想,积累学生的基本活动经验。"养学课堂"主张慢养·深耕,厚积薄发,但不代表课堂进程是缓慢的,反而需要教师智慧的思考和精巧的设计,把介绍交流的时间缩减,留更多的时间促进学生思考的萌发。因此,这节课从开课到例1设计得简短、利落。虽然有揭示课题、明确规则、探究方法、规范语言等众多知识目标,但一句话介绍次品,点明主题;一句话明确方法,规范语言;思

考尝试后，再一句话对比异同，发现规律。多个教学目标都可以在5～8分钟内完成，究其原因，是每个问题的设计都是遵循学生知识的形成规律，清除知识盲点，从学生的角度出发，顺“生”而“养”。

三、再“探”优化方法

(1) 出示例2(从8瓶钙片中找次品)。

交流：现在我们要解决什么问题？怎样理解这个问题？

预设：要从8瓶钙片中找次品，重的是次品。

提问：大胆地猜测一下，需要称几次？

结论：物品总数越多，要找出次品，称的次数就会越多。

(2) 操作试验，发现方法。

试验要求如下。

① 同桌讨论，把找次品的过程记录在试验单1上。

② 展示，同桌之间一人介绍方法，另一人摆一摆。

(3) 互动交流，整理方法。

预设1：每次分成2份称，即8(4,4)⟶4(2,2)⟶2(1,1)。

引导：每次称完可以排除几个正品，下一次再在几个里找次品？

预设2：2个2个地称，即8(2,2,2,2)。

引导：8(2,2,4)⟶4(2,2)⟶2(1,1)。

预设3：1个1个地称，即8(1,1,1,1,1,1,1,1)。

引导：8(1,1,6)⟶6(3,3)⟶3(1,1,1)。

预设4：分成3份，8(3,3,2)⟶3(1,1,1)或2(1,1)。

(4) 观察对比，优化方法。

交流：8瓶钙片，至少要称几次才能保证找到次品？看来找次品是有方法的！

提问：这种方法有什么特点？

① 学生交流发现。

② 整理规律。

提问：你有什么发现？

预设1：这种方法分成3个，3个，2个，每份分得差不多。

预设 2:都是分 3 份,考虑最不利因素。8(3,3,2)至少排除 5 个,下一次最多在 3 个里找次品。8(2,2,4)至少排除 4 个,下一次最多在 4 个里找次品。8(1,1,6)更明显,排除了 2 个,下一次最多在 6 个里找次品。

预设 3:分成 3 份,称一次就排除掉 2 份,要考虑最不利的情况。如果这 3 份差不多,那么不论排除哪两份,剩下的都是比较少的。

预设 4:总数一定的情况下,排除得越多,剩下的就越少,称的次数就越少。还要考虑最不利的情况,那么最好是平均分,不能平均分的话,每份最多差 1 个。

整理:找次品就是一轮轮排除正品的过程。排除得越多,剩下的就越少,称的次数就越少。怎么分,称一次能排除得最多?

结论:把物品分成 3 份,尽量平均。

“养学”思考　试验交流是探究性课堂的重要环节,学生在这个环节中发现、思考、交流、再发现、再思考,逐步形成发现问题、提出问题、分析问题和解决问题的能力。该环节经历了三议三改。一开始,我们直接把所有试验结果原生态地呈现给学生,众多的素材使学生没法发现规律。原因是学生习惯性地只看天平上的数量,关注 1 个 1 个地称、2 个 2 个地称……学生没法发现“分成 3 份”。然后,我们带着“分成 3 份,尽量平均”这几个字进入课堂,在学生交流汇报的时候就引导学生关注物品分的份数,这一改变使得学生能够从正确的视角进行观察,可接下来不管我们怎么引导,学生还是没办法自己真正发现规律。什么原因?我们的教学是教师视角,没有遵循学生获得知识的自然规律。最后我们进一步改进,在引导学生关注物品分的份数的同时,转换切入点,换“找次品”为“淘汰正品”,即“每次称完可以排除几个正品,下一次在几个里找次品”。这时,学生的思维被激活了,好的想法不断涌现。从上面我们修改的过程,不难看出,“养学课堂”的“探”“联”循环结构,基于学生理解的“痛点”,找准知识的“生长点”,引导学生发现知识的本源,直到进入下一个“融”的环节。

(5) 分组尝试,验证方法。

交流:在其他数量的物品中找次品,这种方法是否同样适用?

用“分成 3 份,尽量平均”的方法,在 9 个、10 个、11 个零件中找次品。

试验要求如下。

① 选择一组零件,用“分成 3 份,尽量平均”的方法找次品,把过程记录在试

验单 2 上。

② 能否找到其他方法比这种方法所用的次数少？

学生汇报结果。

四、实践运用，总结延伸

(1) 提问：这节课我们学习了什么？

(2) 作业：有 27 瓶水，其中 26 瓶质量相同，另有一瓶是盐水(比其他的水略重一些)，至少称几次能保证找出这瓶盐水？如果是 28 瓶呢？

(3) 拓展延伸。

交流：看看我们整理的各数量物品中找次品的次数规律。不计算，从 12 个物品中找次品至少需几次？26 个呢？这其中有什么规律呢？下节课再探究。

“养学”思考 “养学课堂”的“开”“探”“联”“融”“生”的环节中，最后一个环节在前四个环节的基础上自然发生。有两处的处理促进了学生思维的深入：其一，让学生用“分成 3 份，尽量平均”的方法在 9 个、10 个、11 个零件中找次品，看“能否找到其他方法比这种方法所用的次数少”。这个质疑的过程，让学生回顾“探”“联”“融”过程中的假设和思考，鼓励学生质疑和创新；其二，尝试、整理在更多物品中找次品，提出“不计算，从 12 个物品中找次品至少需几次？26 个呢？这其中有什么规律呢”，自然而“生”，拓展延伸，成为下一次研究的起点。

板书设计

“数学广角——找次品”板书设计如图 5-66 所示。

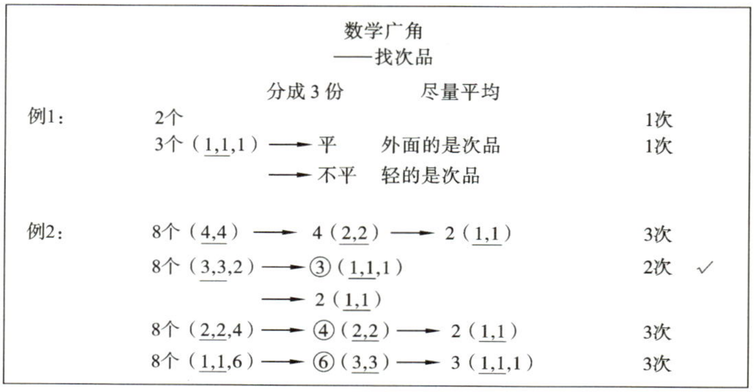

图 5-66 “数学广角——找次品”板书设计

第六章　教学案例

“养”出生命之美

——“100以内数的认识”之“养学”探究

武汉市青山区钢城第十一小学　朱莉萍

“孩子们，用两颗石头能表示11吗?”

“不能，两颗石头只能表示2。”

“能，我们可以说好1颗是10，另1颗是1，就可以表示11了。”

“不能，咱们说好了，可别人不知道啊，别人把它当成2怎么办?”

“可以把这颗做上记号，有记号的就是10。”

……

这是北京倪芳老师执教的“20以内数的认识”中学生的一段辩论，在场听课的教师一方面被学生的童言童语逗得哈哈大笑，另一方面也为学生思维的敏捷而深深赞叹。

一场小小的辩论就这样“养”出了学生探究能力和思维能力，让人感叹生命的精彩。

是啊，每一个学生都是一个鲜活的生命个体，渴望在教师的呵护和尊重下绽放生命之花。因此，湖北省彭娟名师工作室的成员在彭娟老师的带领下，立足于学生的发展，关注学生自我意识的觉醒，将教育与学科教学的目的落脚到儿童学习的内生力的激活与发展，提出“从‘开放’走向‘内生’”的小学数学“养学课堂”。在“养学课堂”上，我们不断地探索、实践……

探索中，受到“20以内数的认识”这节课的启迪，我研究并执教了“100以内数的认识”。

一、明确"养"的目标

数的概念是最基本、最重要的数学概念。在认数的过程中,"十进位值制计数法"是基本原理并贯穿整个数概念的始终(分数除外),其核心就是"满十进一"的进位制和位值制。这是一个人为规定的计数方式。在这节课中我们该如何顺应和尊重学生的个体特征,促进其数概念学习的内生力呢?

教材按照学生的认知规律,将数概念的教学划分为若干阶段,"100 以内数的认识"是认数教学的第二阶段,起到了承上启下的重要作用。

第一阶段,在"20 以内数的认识"中,学生第一次认识了"满十进一",知道满 10 根小棒要捆成一捆。而到了第三阶段,认数范围扩展到万以内,学生运用"满十进一"进行数数,并迁移归纳出"个、十、百、千、万"这些相应的计数单位及其关系。

从"认识"到"运用",从"知道"到"归纳",作为中间环节,本节课的目标是:让学生学会以"十"计数,体会"满十进一"的计数规律。而基于"养学课堂"的思考,我认为"十进制"虽为人为规定,但也源于人们计数的需求,课堂上应回归生活,给予学生探究的经历和体验,产生以"群"计数的需求、以"十"计数的意识,为进一步学习更大、更多的数积攒内生力。

二、把握"养"的起点

很多教师认为在"20 以内数的认识"中学生已经认识了计数单位"十",这里应该直接从旧知中引入以"十"计数的方法。对于大家的看法,我产生了一些疑问:学生在数 20 以内数的时候,对"满了 10 个一看成 1 个十"的过程,仅仅只经历了一次,他们真的有用以"十"计数的方法去数 20～100 之间数的需求和能力吗?

通过课前对学生的摸底,以及课后直接对学习过的学生的调研,我们发现,面对生活中的物体,很多学生还是习惯于"一个一个地数",并且不加整理,如图 6-1 所示。

以"十"计数的学生大多回答:"老师说要这样数的。"照这样来看,学生对"满十进一"的理解仅仅只是记住了。

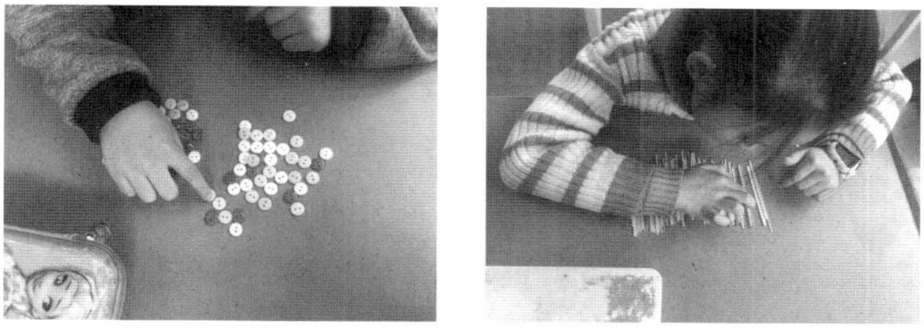

图 6-1　学生数数

因此，本节课才是学生用“十”计数的起点，是学生理解“十进制”的关键时刻，当学生有了“满了 10 个一就整理成 1 个十”的需求和意识，那么“10 个十整理成 1 个百”“10 个百整理成 1 个千”……的想法也就应运而生了。同时，与成千上万的数，甚至小数相比，数 100 以内的数，更易于操作，能更直观体验“满十进一”的数数经历。那么何不放手让学生去“数一数”，以提高他们发现数学问题的敏锐度，在困难和问题的思辨中萌发自主的需求和意识。

三、开创“养”的氛围

通过几次的试教，我们发现一个能激发学生主观需求的数数活动，必须要有能让学生体验成功和失败的空间。

在激发了学生数数的兴趣后，我给学生提供了数量为 70～100 的各种生活物体(纽扣、回形针、小棒、立方体等)，让学生尝试数一数。这个活动非常具有挑战性，没有铺垫，没有提示，独立完成。因为贴近生活，学生兴趣浓厚，但因为物体的数量太多，许多学生都惨遭失败。这样一个原生态的数数过程，真实地呈现了学生对数的认知。而开放的活动设计，打开了他们的探究方式，激发他们独立思考，并调动了他们的生活经验和原有的数学经验。于是一部分学生开始有了数出一定数量的物体后，整理摆成一堆的意识，如图 6-2 所示。

在挑战面前，学生对“以群计数”的需求化被动为主动，激发学生进一步学习、运用“十进制”的内生力。

在“养学课堂”上，我们尊重学生的个性特征，当用“养”的心态来看待学生时，我们关注的不是学生完成的对与错，而是学生内在的“悟”，内在的“生”。在这个活动中，学生有了自发探索、思考的机会，产生了主动联系已有经验的自

图 6-2 以群计数

觉,这是非常重要的数学素养。

关注学生的内在素养的培养,这就是“养”的氛围。

四、尊重差异,顺势而“养”

在困难和问题面前,有的学生抓耳挠腮,有的学生穷则思变。他们都踏上了探索数学之路的旅程,萌生了满满的探究之意。而在“养学课堂”上,面对学生的探究之路,我们做的不是“铺好路”“搭好桥”,而是尊重差异,顺势而“养”。

1. 尊重差异,探得充分

经过尝试和交流,学生感受到数数也是有方法的,并再次经历数数的过程。受学生经验和数学能力差异的影响,在这次活动中,并非所有学生都能产生“将10 个物体整理为一堆,10 个 10 个地数”的意识。我们看到的是,有的学生 2 个 2 个地数,有的学生 5 个 5 个地数,有的学生取其他特定数量一堆一堆地数的情况。试教中,有学生明明是 10 个 10 个地摆好,却依然 1 个 1 个地数。这些差异是客观存在的,因为他们缺乏以“十”计数的经验,这些差异也是值得尊重的。每一个学生经验起点、理解水平的差异,就是进一步“探”“联”的动力。因此,“养学课堂”上,面对学生的不同方法,教师鼓励学生大胆尝试,以获得充分探究的经验。

2. 智慧联动,顺势而"养"

有差异,才有对比;有差异,才会反思。"养学课堂"上,师生、生生的联动,让选择自然发生。在交流展示的环节中,很多教师都容易走入一个误区,那就是向学生传达"10 个 10 个地数"更加优化。通过"你认为哪种数数方法更好"的问题,着急地让学生"站队"。其实如果不是采用的"十进制"计数法,"10 个 10 个地数"真的更加优化吗?

师:给大家介绍一下你数数的方法吧!

生 1:我是 2 个 2 个地放在一堆,2 个 2 个地数的,你们看(展示纽扣 2 颗 2 颗摆放的图片)!

师:你数给大家听一听吧!

生 1:2、4、6、8、10、12、14、16、20、22……

生 2:我是 5 个 5 个地放在一起,(展示图片)5、10、15、20、25……

生 3:我是 10 个摆在一起,1、2、3、4……

生 4:还可以 10 个 10 个地数。

师:请你上来指着数一数吧!

生 4:10、20、30、40……

随着生 4 的数数声,许多学生跟着一起数了起来。

随后组织学生再次实践,数出 42 个摆放在桌面上的物体。这次活动中,大部分学生都选择了以"十"计数的方法。

师生、生生的联动中,教师没有对学生的方法进行评价和干预,但不是放任自流,而是智慧地引导学生不仅展示"几个一群"的整理过程,还展示一群一群地数给大家看,数着,数着,"选择"自然发生。"养学课堂"上,教师要把握顺势而"养"的方式,不喧宾夺主,才能促进学生启动已有的经验。在对比交流中,学生自主选择最符合计数规律的数数方法,从而培养学生数学联系的自觉性和数学应用的灵活性。

五、融会贯通,激发内生力

当学生自发运用以"十"计数的方法,有序地数出 42 个物体时,教师取出其中的 10 根小棒,捆了起来,将生活中的数数回归到了书本中,此时学生对"10 个一是十”有了更深刻的理解和认可。

此时开展第二层数数活动，让学生经历从 20 到 100 的数数过程，与第一层数数活动不同的是：它采用的是直观、结构化的小棒。它从两个角度向学生揭示了 100：当 1 个 1 个地数到 100 时，10 个“十”也整理完成，再通过 10 个 10 个地数，迁移到 10 个十也应捆成一大捆表示一个百。至此，10 个一是十，10 个十是百，“满十进一”的十进制计数规律展现在学生的面前。学生在“探”“联”中得到的“满十进一”的经验，在“融”中得到了内化，学生理通了知识之间的内在联系，这将激发他们进一步去探究新知的内生力。这种内生力将在千、万等更大的计数单位的学习中发挥作用。

当然，本节课还有许多有待完善的地方，如时间的分配、操作有效性的提高等。对于“养学课堂”的研究还要继续前行，但我们将一如既往地坚持“以生为本”的初心。课堂上既要关注学生“内生”的“悟”，更要关注学生“内生”的“情”，当你用“养”的心态去呵护学生的学，学生也将对你呈现出千姿百态的生命之美！

恰当地“养”,内生力方能应运而生

——以“7 的乘法口诀”为例

武汉市汉阳区车站小学 张 露

叶圣陶先生说“受教育的人的确跟种子一样,全都是有生命的,能自己发育,自己成长的。”我们把学生视为一颗有生命力的种子,出于对他们自身内生力的敬畏,湖北省彭娟名师工作室提出了“养学”的教学主张,从“教学”到“养学”,我们希望遵循“以生为本”的教育初心,尊重每一位学生的思想和人格,唤醒学生生命的主体意识。

“7 的乘法口诀”一课是人教版小学数学二年级上册第 6 单元表内乘法(二)的第一个例题。在例 1 之前,学生已经学习了表内乘法(一),会编、记、用 1～6 的乘法口诀,本单元将依次学习 7、8、9 的乘法口诀。乘法口诀的教学都是以编、记、用三个层次展开的,有着很大的相似性。在本单元“7 的乘法口诀”的教学中,多数教师会采取让学生自主探究编、记、用口诀的教学策略,但是对学生的自主学习过程过于放手、简单化处理,学生往往只关注依葫芦画瓢的简单模仿,缺乏对口诀知识形成规律的数学思考,能力提升受到局限。如何在这样一节知识、能力具有延续性的数学课上,让学生有效地迁移、探究,进而“内生”出后续探究 8、9 的乘法口诀的学习力呢? 我以“开”“探”“联”“融”“生”五步“养学”教学模式进行了如下研究。

一、“开”——“养学课堂”的正确打“开”方式

通过对教材的研读,我们不难看出 7 的乘法口诀加大了学生独立学习的空间,编制口诀部分要求学生独立尝试完成,看似很开放,但是对 1～6 的乘法口诀编制过程印象不深的学生来说,没有充分打开学习的场域,探究和触发“内生”就会大打折扣。因此,我们的“养学”主张,第一步强调的是有效地“开”,让学生的学习建立在已有的知识基础和学习经验之上,通过与前面已有编制口诀经验的有效互动,实现数学理解方面的深层“关联”,有效触发“内生”。我们的

“养学课堂”主张采取创造环境、开放“养学”的教学策略。

教学片断

师：我们已经学习了1～6的乘法口诀，让我们一边有节奏地拍掌一边按顺序背一背吧。

师：乘法口诀是怎么编制出来的呢？

课件出示4～6的口诀例题图，如图6-3所示。

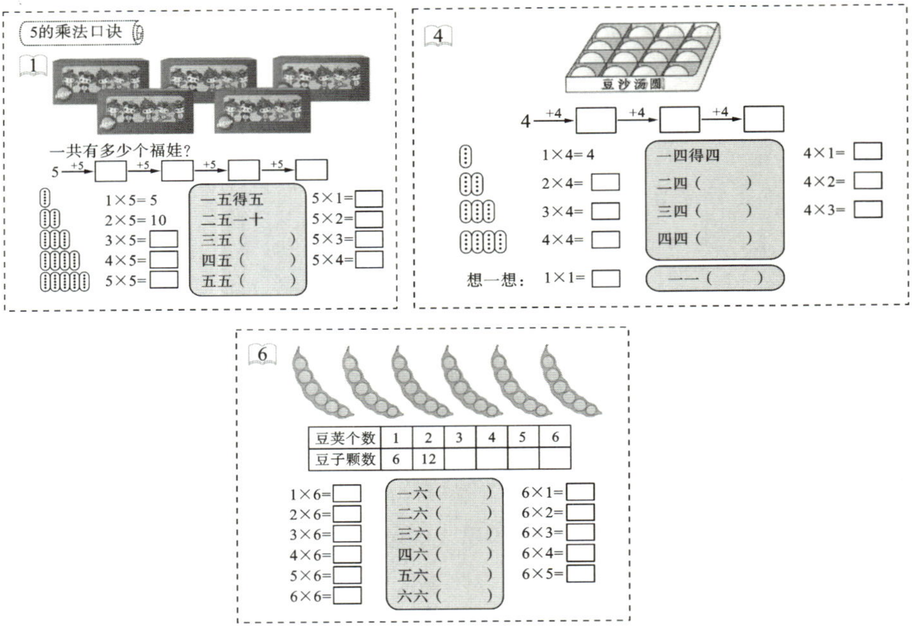

图6-3　4～6的口诀例题图

学生回答，教师板书，并小结：先填写表格，接着列出乘法算式，最后编制口诀，这是我们编制口诀的基本方法。

师：今天，我们继续学习和研究7的乘法口诀。

板书：7的乘法口诀。

开课伊始就让学生打着拍子有节奏地背口诀，这样不仅可以帮助学生回顾旧知，更重要的是朗朗上口的乘法口诀随着学生的节拍，为本节课的学习营造了一个轻松、愉悦的精神情境，点燃了学生继续学习的兴趣。

紧接着的教学是通过提供电子课本，帮助学生回顾1～6的乘法口诀的编制过程，目的是引导学生回顾曾经经历的编制口诀的过程和方法，激活学生的学习经验，从学生思维网络层面打开学习的场域。因此，这里的回顾是有针对性的，通过引导让学生提炼出编制口诀的方法，帮助学生找准新知的生长点，这样一来为自主探究编制7的乘法口诀以及后续继续学习8、9的乘法口诀打通了新、旧知识联动的渠道，搭建了学习的脉络，借助乘法口诀学习的延续性点燃“内生”的“火种”。

二、“探”——准备充分，方可“探”究

现在很多教师已经在重视学生的自主探究能力的培养，但是往往在看似热热闹闹的探究活动之后，教师草草收场。教师固然要为学生提供足够大的探究空间，尽量减少过度干预，但仍然要发挥教师的主导作用，以“养”促“生”。

课堂虽然开放，但是教师适当的主导才能更好地为学生服务。学生在教师的点拨、引导下，探究学习活动才能深入，随着学习的深入其“内生”的学习力才能得到长远的发展。填表后得到了一组表示乘积的数据，但这组数据比较大，会增加学生记忆乘法口诀后半部分的难度，所以此环节让学生读一读、说一说，有助于加深印象。有了此处的“养”，才会迸发出编、记乘法口诀的“生”。

紧接着教师可以要求学生根据自己的实际情况选择学习方式，自主编制7的乘法口诀。活动要求：①能够独立完成，独立探究；②如果有困难可以向同桌和老师请教。

这样对不同的学生提出不同层次的要求，也是对学生个体的尊重，同时体现了探究的时效性，让学生的个性思维充分展现。

三、“联”“融”——多方“联”动，点拨“融”合

从我们“养学课堂”的教学理念出发，在学生完成独立思考、自主探究后，思维被打开，进而产生很多不同的想法，此时有一个分享、交流的环节是十分重要的，其目的是实现数学理解方面的深层“关联”，学习走向深入，促使经历与经验融合，知识与技能融合。

教学片断

组织集体交流。

(1) 小组内交流后投影仪上展示学生所编制的 7 的乘法口诀,其余学生辨析:所编制的 7 的乘法口诀是否正确? 并检查自己编制的 7 的乘法口诀是否正确。

(2) 你们在编制 7 的乘法口诀的过程中还有哪些困惑?

生:乘法算式是怎么列出来的?

生:根据表格呀,1 个 7 是 7,列成乘法算式就是 1×7 和 7×1;2 个 7 是 14,列成乘法算式是 2×7 和 7×2……

生:为什么以前的乘法口诀以四个字为主,今天的却大多是五个字呢?

生:因为今天的乘法口诀的得数大多超过了 20。

师:老师想问问大家,“六七四十二”这句口诀是怎么来的呢?

生:根据乘法算式 6×7=42,编制乘法口诀时,先写第一个因数 6,再写第二个因数 7,最后写乘积 42。

师:例 1 中的七巧板问题用加法填表时已经解决了,为什么我们还要编制乘法口诀呢?

生:用乘法口诀算得更快。

总结:你们很善于思考,运用前面学到的方法自己编制出了 7 的乘法口诀,以后你们还可以用这样的方法自主编制出 8 和 9 的乘法口诀。

学生经历编制 7 的乘法口诀学习活动后,一方面教师本着“问题从学生中来”的个性化原则,鼓励学生围绕编制 7 的乘法口诀过程中存在的困惑,采用师生互动、生生互动的形式,有效调动了学生的多种感官,有助于学生信息、方法地融合。另一方面,教师智慧地引导学生围绕乘法口诀的来历及意义进行质疑、辩论,促发有深度的联动。生生相联、师生相联的智慧碰撞,学生的内生力得到深远的发展。

教是为了不教,在此学生获得关于编制乘法口诀过程和方法的重要经验,这些经验是活动后的体会,因此具有反省的特征。于是教师在小结中提出:以后你们还可以用这样的方法自主编制出 8 和 9 的乘法口诀。本节课先是在获取 1～6 的乘法口诀的经验和思路中展开学习,之后又在“养学”中,逐步形成了编制 7 的乘法口诀的方法和策略,可以说它既是依托前面的知识而生,又在本节课的学习过程中再次强化了知识迁移、类推的方法,所以它是学习编制 8 和 9

的乘法口诀的重要生长点。

四、“生”——以“养”促学，迸发“内生”

教学片断

探寻规律，记忆口诀。

师：刚才同学们编制并朗读了7的乘法口诀，观察这些乘法口诀看看你有什么发现？可以先在小组内说一说。

学生观察、发现，并在小组内交流。

师：哪个小组派一个代表说一说你们组的发现？

生：（上台用手指着7的乘法口诀）我们组发现7的乘法口诀一共有7句，还发现这里的数从上到下依次增加7，这里的数都是“七”，这里的得数从上到下依次增加1个七。

师：大家同意他们组的发现吗？

师：还有其他的发现吗？

生：我从下往上看，发现这里的得数依次减少7。

师：刚才的两位同学一个是从上往下观察，一个从下往上观察，他们都发现了7的乘法口诀的规律。这些规律可以帮助同学们熟记乘法口诀。咱们来试着根据这些规律读一读、背一背吧！

师：好，停。在背的时候，你们觉得7的哪几句乘法口诀容易记住？哪几句乘法口诀难记住？

生：我觉得三七二十一和七七四十九最好记。

师：为什么呢？

生：我妈妈经常会说“不管三七二十一”，动画片里总提及“七七四十九”。

师：这些确实在我们的生活中经常用到，看来处处都能学习啊！谁还想说一说？

生：我老记不住六七是多少，大家有什么好办法吗？

师：谁来帮帮他？

生：想不起来时，你可以通过上一句“五七三十五”推断出来，就是用35再加1个7就是“六七”的结果，35加7是42，所以“六七四十二”。

生:通过下一句“七七四十九”也能推算出“六七”的结果,就是 49 减 1 个 7,得到“六七四十二”了。

师:看来,同学们现在很会利用相邻两句乘法口诀之间的关系来推算出难记的乘法口诀,真是会灵活运用啊! 下面大家就各显其能,用自己的好方法来记一记 7 的乘法口诀吧!

从 7 开始随着口诀的句数的增加,记忆口诀成为学生学习乘法口诀的一个难点。而学习能力强的学生在课前就已会机械地背诵 7 的乘法口诀了,针对这一现象我试图通过以下几个层次的“养”来促学生能力的培养。一是引导学生发现乘法口诀的排列规律,也就是联系已学的 1～6 的乘法口诀排列的规律来进一步体验与 7 的乘法口诀之间的联系,为接下来想到用相邻口诀、熟悉的口诀帮助记忆难记的口诀做好铺垫,同时也渗透函数思想。二是引导学生联系生活俗语“三七二十一”记忆相关口诀,增添了数学学习的趣味性,在一定程度上促进了数学学习与生活的联系,让学生体会到这些确实在我们的生活中经常用到,处处能学习。学生之间的交流、教师与学生的互动,创造了彼此分享、提炼学习经验的重要资源。同时作为本单元的起始课,本课中获得的知识储备、储蓄的内生力对继续学习、记忆 8 和 9 的乘法口诀具有长远的作用,所以本课起到了重要的承上启下的作用。

行走在从“开放”走向“内生”的“养学”之路上,我们将用“滋养”的心态呵护学生的个性的“学”。

“析”计算根本，“养”内发生长

——“两位数乘两位数不进位乘法”一课中的“养学”实践

武汉市青山区红钢城小学　王　漪

计算教学常被认为是枯燥、无意义的。一线教学中也有不少老师，用机械、重复的练习替代学生的主动思考。这样的课堂重技能训练、轻能力提升，学生能机械、重复计算流程。但这种快节奏、高要求、大容量的“高效”背后违背的是知识能力习得的规律。

湖北省彭娟名师工作室的教育主张——从“开放”走向“内生”的“养学课堂”，把学生放在了学习活动的中央，不束缚学生的思想，不捆绑学生的“手脚”，让学生自由、自主地进入学习情境。在我们的课堂上，把那些过度的“教”，变成慢慢的“养”，引领学生探寻计算知识的本源，发掘知识的关联。

人教版三年级下册第四单元“两位数乘两位数”笔算乘法，例1是典型的计算类教学。这节课的教学内容是在学生掌握多位数乘一位数的笔算方法和相关口算的基础上进行的。它有着重要的承上启下的作用，在两位数乘两位数笔算的基础上，学生可以借由这一知识经验，迁移、类推出多位数乘多位数的笔算方法。初看这节课的教学内容，好像它对学生难度不大，但实际上隐藏着巨大的问题。我们以“养学”的主张对这节课进行了实践，并从以下三个方面进行解析。

一、理清知识脉络，了解学生状态，奏响“养”之序曲

为了更好地了解学情基础，湖北省彭娟名师工作室的老师在上课前都会通过前测来了解学情。前测为“因学定教”提供保障，前测为开放的课堂奠定基础。通过前测，摸清学生已有的数学生活经验和知识基础；分析学生已有的数学思维路径；分析学生学习的难点；寻找学生的兴趣点。为了教学设计有依据，教学时将学生放到中心，对本课我进行了如下前测问卷（见图6-4）抽查。

我们发现，有一部分学生能按算法流程计算，但“算对了”是真明白了吗？

前测问卷

（1）乘法的意义是什么？
（2）课堂上我们已经学过哪些乘法计算？举例说明。
（3）你还会哪些乘法计算？是在哪里学的？
（4）14×12你会笔算吗？试一试。

图 6-4　前测问卷

针对习题检测的最后一题，选择四类典型答案对学生进行了如下对话。

答案一如图 6-5 所示。

笔算。
14×12

（空着）

图 6-5　答案一

此类学生，属于完全不会的，也就是完全零基础的一类，同时，缺乏探究精神，没有类推能力，是课堂上需要老师在学法上大力指导、在知识引导上多花力气的一部分学生。

答案二如图 6-6 所示。

$$\begin{array}{r} 1\ 4 \\ \times\ 1\ 2 \\ \hline 2\ 8 \end{array}$$

师：说说为什么这样算？
生：我觉得我算得不对，我不会算 14×12，我算的是 14×2。
师：你很清醒。怎么算 14×12？我们在课堂上再研究。

图 6-6　答案二

这类学生，没有计算两位数乘两位数的基础，但掌握了两位数乘一位数的计算方法，有解决问题的愿望，能运用已有知识经验进行尝试。对这类学生，在课堂的探究过程中，要关注他们接受新知的情况和程度，要创造机会让他们动手试“错”，联系新、旧知识点。

答案三如图 6-7 所示。

```
   1 4
×  1 2
———————
 1 6 8
```

师：你觉得你算得对吗？

生：我又算了一遍，结果是168。

师：这里的6怎么来的？

生：我凑的。

师：怎么凑？

生：说不清……

师：我们在课堂上再弄清楚。

图 6-7　答案三

可以看到，这类学生，能凭借良好的数感，把答案凑出来。但说不出或说不清算理。这类学生没有理解算理，没有明确算法。这就是本节课的重点！透过前测，教师可以剖析教学内容，理清课堂重点。

答案四如图 6-8 所示。

```
   1 4
×  1 2
———————
   2 8
 1 4
———————
 1 6 8
```

师：你结果是对的，在哪儿学过？

生：我妈妈教我的。

师：说说怎么算？

生：先用2乘14，再用1乘14，再加起来。

师：这个4是怎么得来的？

生：（指着竖式）：1乘4得4。

师：它为什么写在这儿？

生：……

师：看来还有不明白的问题，我们在课堂上再弄清楚。

图 6-8　答案四

这类学生，看上去能正确地计算出结果，但追其缘由，又答不出来。看来是记住了算法，没有理解算理。对这类学生，教师需要在课堂上让学生动手操作，通过数形结合，让学生理解算理。

通过与这四类学生的谈话，进一步分析了学情，为课堂上各层次学生的引导埋好伏笔。我们会发现，学生往往会的是流程，对竖式的每一个运算环节没有真正理解，没有理解为什么要规定这样的流程。仅仅靠机械记忆法则习得计算方法和技能，显然不利于对学生运算能力的培养。因此，理解算理、掌握算法是一对如影随形的基本教学目标。从导入环节开始，我们就要设计相关内容帮助学生回忆旧知，同时准备能够帮助学生理解算理、掌握算法的素材。给不同层次的学生以不同的问题刺激，激发不同层次学生的学习愿望，诱发思考，产生问题，让“学”成为学生自发的行为。教学前测、课前准备让我们更了解学生的知识储备和学习准备，创造顺应学生生长的条件，把学生当作鲜活的个体来影响，此为“养”。

课堂实践中可以这样操作。首先，勾起学生的旧知经验，进行多位数乘一位数的笔算练习(见图 6-9)。其次，设计多位数乘一位数、多位数乘整十数的口算练习，夯实学生的计算基础。口算完毕后就引导学生对这两类口算进行归类整理，让学生明确今天学习的知识就是要在这样的口算基础上进行，为迁移、类推做铺垫(见图 6-10)。看似简单的复习导入，是教师对教学内容的深度剖析，对学生知识经验的全面分析，对解决教学实践中现实问题的合理设置。找准学

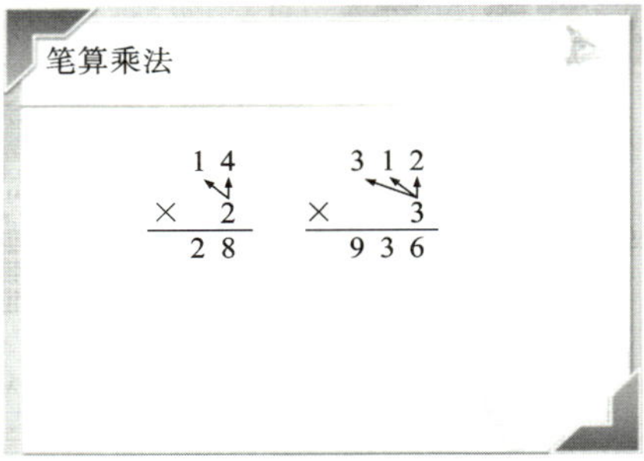

图 6-9　笔算练习

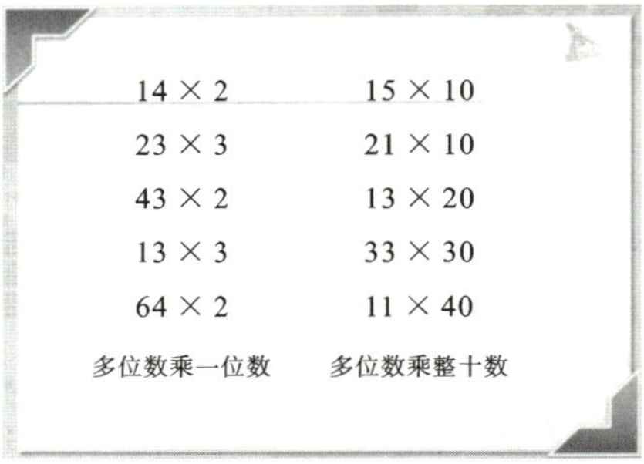

图 6-10　口算练习

生在本节计算课中的真正问题，通过两次复习，学生带着准备，心存疑惑，以思考者的姿态走进课堂。

二、重视学法指导，尊重学生思维，彰显“养”之神韵

以“养”的思维方式去体会作为“种子”的学生，了解学生的思维与学习规律，并充分尊重，从学生的角度设计教学活动，学生“内生”的学习力才会如泉涌一般。本课教材新增了点子图（见图 6-11），课堂上教师不是直接呈现点子图，而是借助电子教材引导学生回忆：以前研究数或计算问题时，都是借助图帮助理解的。教师有意识地增强画图解决问题的学法指导，鼓励学生用点子表示出这些书的本数，为研究 14×12 提供“形”的支撑。

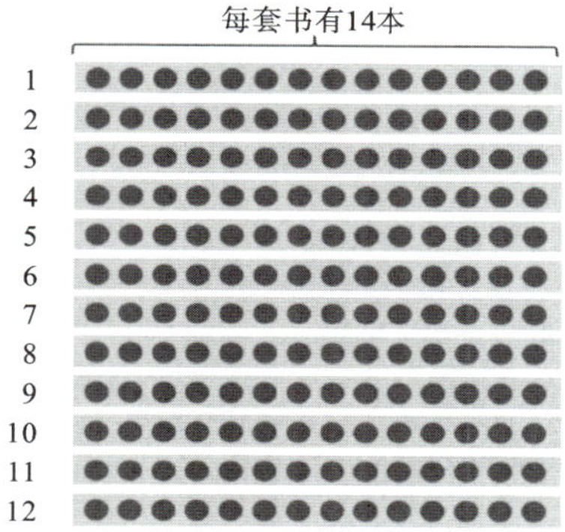

图 6-11 教材例 1“点子图”

有了图，怎么用呢？课堂中，一开始往往会“冷场”。“冷场”原因分为以下几类：操作目标不明，不明白点子图的作用；操作经验不足，不敢动手；操作方法欠缺，不会动手。

怎样让学生快速明确操作要求，顺利地借点子图理解算理呢？核心问题可以如下设计。

教师提问：“这些点子就表示 12 个 14，你能一步口算吗？”学生表示不能一步口算。

“把你的想法在图上分一分，再算一算。”

然后，给予学生充分的时间和空间，让学生经历体验……

同样的，放手不等于放任。在学生经过一定时间的独立思考后，教师要及

时了解学生状态，适时点拨。学生的层次不同，现场生成当然不同。分享学生操作时，师生几段交流片段如下。

教学片断一

有些学生基础较差，活动时完全坐着不动。

师：我们一起想办法数出有多少个点吧！

学生点头。

师：怎么数呢？

学生伸出手，一个一个地开始数……

当学生数到第二行，教师按住学生的手：太慢了，时间不够了！

学生僵住不动。

师：能不能把它们分一分，看哪些点可以先数，先算？你拿笔分一分，我一会儿回来。

教师巡视一周后，发现该学生将点分成如图 6-12 一样。

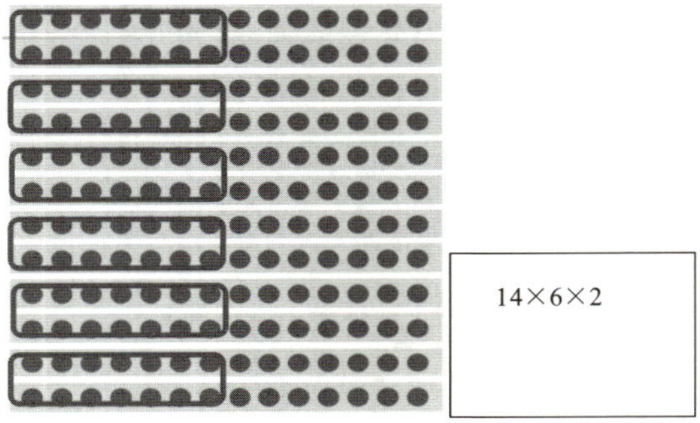

图 6-12　学生作品 1

师：你怎么想的？

学生指着圈出的点：这些都一样。

师：然后呢？

生：14×6。

学生把手收回去了，不再继续。

教师用手划了划图 6-12 中他圈出的点：你圈出的点占全部点的多少？

生：一半。

师：还有一半没数？能算吗？

生：再乘 2。

师：这比数快多了，你刚才是怎么算的？写下来！

教学片断二

有些学生思维混沌，活动时能顺利画图，不能列出算式。

师：分完了？能用算式表示吗？

学生指着自己分的第一块（见图 6-13）：我知道这里是 6 个 7，然后……

教师依次指着学生分的其他几块：这里呢？这儿呢？……

生：也是 6 个 7，还是 6 个 7，……

教师看着学生的眼睛：都是什么？

生：都是 6 个 7。哦！再乘 4！

师：列式记录你的想法。

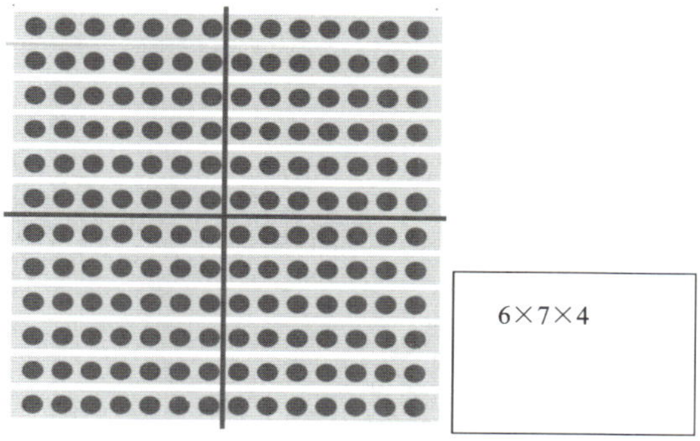

图 6-13　学生作品 2

教学片断三

有些学生带有“数”的思想进行操作，活动时表现为动笔迅速，但操作时间长。

旁边已经开始有交流声了，这个学生还在专注地分分、画画（见图 6-14）。

师：还没分完？

生：快了！

师：给我说说你的想法。

生：我 10 个一圈，圈出 10 组就是 100 个。这边一看也有 10 组，每组 4 个，

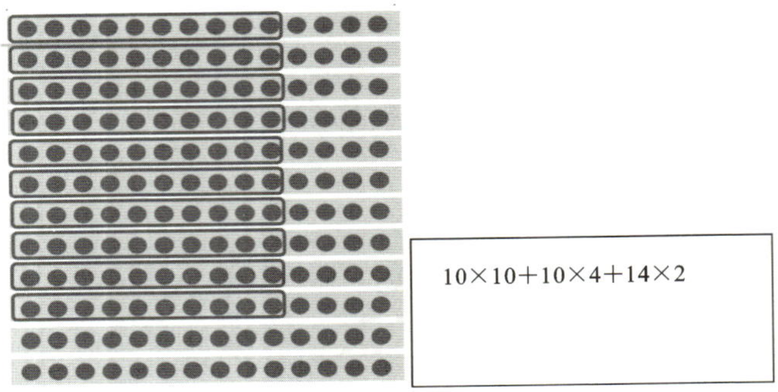

图 6-14　学生作品 3

就是 40 个。下面是 2 个 14,就是 28 个。再把它们一加就行了。

师:真有办法!就是步骤稍微多了点,"2 个 14"这块就挺好,容易看清楚、算明白!

生:那我把上面这一块也简化一下。

师:一会看你的简化版。

教师又巡视回来。

师:简化完成没?

生:可以了!上面这一块不分了,就是 10 个 14,再加下面的 2 个 14。

师:提高了效率,为你点赞!

教学片断四

有些学生领悟性强,活动时表现为动作迅速,画图清晰。

这个学生已完成,坐等其他同学(见图 6-15)。

师:完成了?

生:是的,我把这些点分成两部分,上面 10 行是 10 个 14,下面 2 行是 2 个 14,所以可以列式 10×14+2×14。

师:你思路很清晰!你只想到这一种分法?

生:也可以平均分成两份,上下各 6 行,可以列式 14×6×2。

师:的确也行!你为什么选图上这种方法呈现呢?

生:觉得它更好!

师:它哪儿优于你的第二种方法呢?

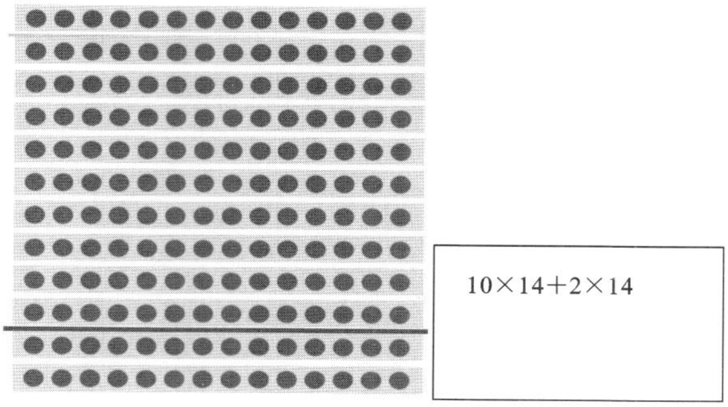

图 6-15　学生作品 4

生：它适用于任何这样的乘法算式。

师：举个例子！

生：有些数不能平均分成两份，如这儿要是 11 行就不能用第二种方法了，但所有的两位数都能像第一种方法那么分！

师：你太有想法了！一定要把你的想法也告诉大家！

以上是我多次执教这节课与学生沟通时碰到的几种典型情况。这些对话内容反映不同层次学生数形结合过程中思维的进程和火花！这些宝贵的现场生成，是各层次学生思维的深化，自我发现的体现。教育大师怀海特在《教育的目的》中说："学生是有血有肉的人，教育的目的是激发和引导他们的自我发展之路。"教育最大的功效在于唤醒！教师在小组活动时要细心观察，有针对地指导和交流。这就是尊重每一个生命个体的外在表现，启迪智慧，顺势而"养"。

三、沟通纵横联系，激发学生潜质，延展"养"之力量

相信学生的潜能，放手给学生空间，开放的课堂培育学生蓬勃生力。在充分理解算理之后，算法的教学可以放手让学生去尝试。14×12，如何笔算呢？对比、类推是常用的数学学习方法，引导学生对比 14×12 和 14×2，重点启发学生思考"竖式中，10 个 14 怎么算？"不受禁锢的学生凭借 14×2 的经验，数形结合的支撑，自己探索两位数乘两位数的笔算方法。通过教学，学生明确笔算过程与点子图拆分成几个十和几个一的方法一致。"所有两位数乘法都能这样拆，都能这样笔算吗？"引发学生思考，渗透策略优化意识，如图 6-16 所示。这样的计算教学不是枯燥的记忆步骤，是让学生享受探寻知识根源的过程、感受数

学学习魅力的过程。

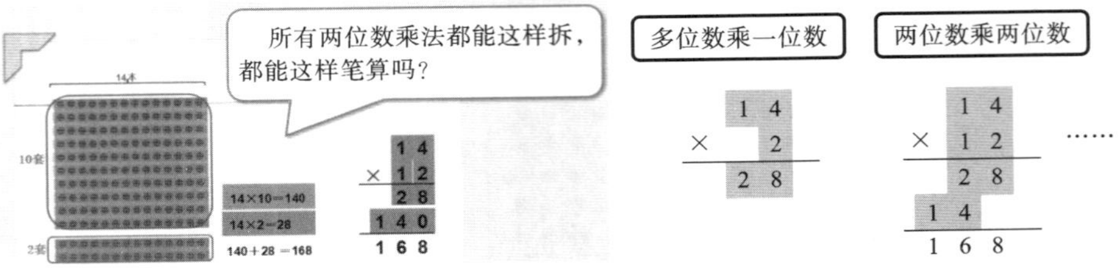

图 6-16　课堂中呈现的关键问题和计算过程对比

这样的课堂，学生收获的不只是一个知识点，还有思考。他们得出，今天的笔算乘法就是在多位数乘一位数的笔算基础上，多了一步乘法、多算了一个乘积，而多出的这一步可以看成是在十位上再进行一次多位数乘一位数的计算；体会其中奥妙，学会将多位数乘一位数的笔算方法迁移到十位、百位、千位上。

教师对知识点的深度挖掘、精准定位，是给学生足够时间的前提；教师对学生内生力的诱发，是给学生开阔空间的底气。我们笃定，鲜活的生命需要智慧的“养”！

慢慢来分析，慢慢去解决

——基于“养学”主张的“解决问题”教学的例谈

武汉市青山区教育局教科研中心 万 泉

“解决问题”是小学数学重要的教学形式和内容，解决问题的过程就是应用数学的过程，学生通过对现实问题的解决，有利于发现和提出问题、分析和解决问题的“四能”培养。基于此，教材将“解决问题”与各领域数学知识的教学有机结合，为学生发现、提出问题，提供了丰富的素材与情境，鼓励学生在分析、解决问题的过程中积累策略。

循序渐进地引导学生学习“解决问题”的一般步骤，培养“四能”，提升解决问题的能力，是数学学科教学的重点，但学生在学习过程中也会遇到诸多困难，如审题不全面、细致，分析缺乏条理和方法。以“养学”主张审视这些教学的重点和难点，我们进行了一些“慢下来”的实践研究，积累了一些案例，本文列举几例与大家分享。

【案例 1】

一年级下册“20 以内退位减法”例 5 利用多余条件解决问题，如图 6-17 所示。

图 6-17 一年级下册“20 以内退位减法”例 5

本例题首次出现了多余条件，后续解决问题的情境中也常见多余信息，这是新课程加强学生解决问题能力的体现。

如何让学生认识到“我们队踢进了 4 个”是多余条件呢？有教师在引导学生找到全部信息后，就单刀直入地提出问题“哪个信息是多余的?”意在尽早扫清障碍，方便解决问题，但实则欲速则不达。学生初识信息，对每条信息的含义及信息之间的关系还不太了解的情况下，如何能识破多余的信息呢？即使学生从此例题的数量单位“人”和“个”的区别认定“我们队踢进了 4 个”是多余条件，其理解也是肤浅的。如果收集有效信息不得法，待到“做一做”中，有效信息和无效信息的数量单位相同，学生就会犯难了。

以往教材的解决问题（应用题）中，提供的条件往往不多不少，刚好够用，学生自然会形成惯性思维：条件都是要用上的。有时为了将条件拼凑出算式，顾不得分析数量关系。而人们在现实生活中接触到的问题，信息的呈现形式是多样的，有文字，也有表格、图形；信息的呈现顺序也不一定有序。根据问题正确地收集、选择有效的信息，是解决问题的必备能力，理应得到充分的重视和训练。

学生没有见过多余信息，思维是存在定式的。因此，例 5 的审题过程宜慢不宜快，要为学生充分提供“探”的空间。可以运用画图或者摆一摆的策略直观呈现已知信息，此时，有学生将“我们队踢进了 4 个”也用图呈现了出来，还有学生犹豫这条信息需不需要画，怎样画。此时教师再抓住契机让学生交流、讨论。这样的教学过程更有助于学生分析数量之间的关系，体会 4 个球和踢球的人之间没有整体与部分的关系，进而意识到“我们队踢进了 4 个”与问题无关。

无关即是“多余”。“多余”由学生探究、感悟出来自然比教师提出来要印象深刻得多。经历了这番曲折的探究信息、分析信息的过程，学生才会得到信息有效与无效的体会，才会形成“要收集有用信息”的意识，积累解决问题的经验。

【案例 2】

一年级下册“100 以内数的认识”例 7，利用不同策略解决问题，如图 6-18 所示。

在学生认识了 100 以内的数之后，教材安排了例 7，目的是让学生在继续体会解决问题的完整过程的基础上，能灵活运用所学知识（数数或数的组成的知识）去解决问题，丰富学生解决问题的策略。尤其是圈一圈的方法，这也是今后

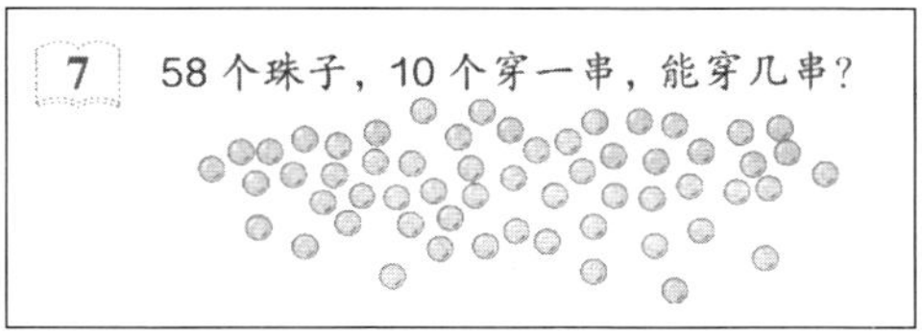

图 6-18 一年级下册“100以内数的认识”例7

理解乘法和除法的重要策略。但是在实际教学中我们发现，由于在前面数概念的学习中，学生对数的组成印象深刻，当看到“58颗珠子”的信息时，很容易借助58的组成这样想：既然58里有5个十，当然就能穿5串了。推理如此简单，学生自然不愿意按“10个穿一串”了。学生没有操作的内驱力，如果硬性要求则自然产生不了认同感，经历成就不了经验，是体会不到操作策略对解决问题的作用的。

由于珠子数量已知，教材提供的问题情境显然不利于学生选择不同的策略解决问题。“养学”主张强调尽可能开放问题情境，让学生有思考的空间和需要。于是，我们将例7中珠子的具体数量隐去，以图6-19的方式呈现了一个更加开放的情境。

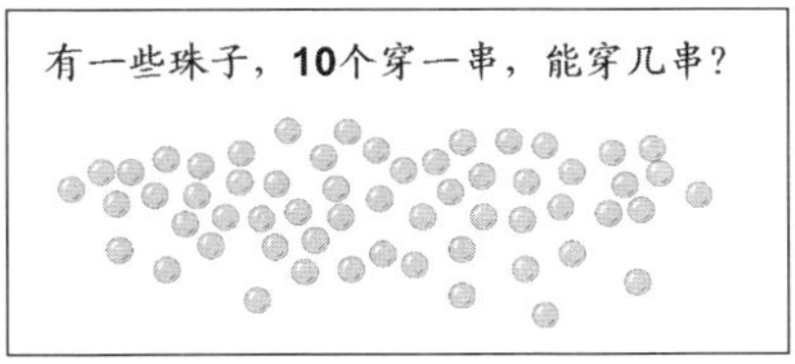

图 6-19 改编的例7

面对一堆不知数量的珠子，学生无法直接运用数的组成解决问题，自然就产生了寻求其他策略的需要。有的学生根据“10个穿一串”的信息，每数出10颗珠子穿成一串，穿了5串；有的学生数出所有珠子的数量，再根据数的组成推理串数。这次，学生主动经历了数数和穿珠子的过程，原来求而不得的策略在开放的情境中探而有得。

多种策略解决上述问题后，再补充已知珠子数量的情境，让学生再次解决“能穿几串”的问题。通过情境对比，学生体会到不同条件解决问题的策略会有所不同，依据条件合理地选择策略的意识和能力得以渗透和培养，而这又得益于“化简为繁”“一题两用”的教学设计，创设了让学生真正能产生探究需要的情境，为学生提供了探究思考的空间。

【案例 3】

三年级上册“多位数乘一位数”例 8、例 9，如图 6-20 所示。

图 6-20 三年级上册“多位数乘一位数”例 8、例 9

画图是整理信息和分析数量关系的重要方法。解决问题时，低年级主要是画示意图，最常见的是用图形符号一一对应表示数量与数量之间的关系。随着抽象思维水平的提升，信息中的数量越来越大，数量关系越来越复杂，学生还需要学习画线段图整理信息和分析数量关系。图 6-20 中画图方法的指导，就体现了“探”与“联”的“养学”特点。

教材从三年级上册第五单元“倍的认识”开始出现用线段图表示数量关系，指导学生画线段图就成了解决问题教学中一个新的教学目标。第六单元“多位数乘一位数”例 8、例 9 分别用示意图和线段图两种形式表示信息，体现了画图方法的多样性。其中，例 9 如果用一个图形符号表示一个碗，单价不同而总价相同的碗就不那么好表示了，而用线段图则能很直观地表示出这两种碗之间的关系，这就是线段图的优势。如果把这两个例题看成一个画图策略训练的连贯整体，要在例 9 形成借图分析策略的融合，就需要在例 8 经历扎实的“探”“联”过程。

初“探”：先让学生用自己喜欢的方式表示例 8 的信息，学生通常会选择用不同的图形符号表示一个碗，画出与教材中相似的图形符号示意图(见图6-21)。

初“联”：小试牛刀后，生生联动，找到不同示意图的共同本质，即一图一碗，同图同价。

再“探”：借助线段表示倍数关系的经验，将示意图转换成线段图（见图6-22）。

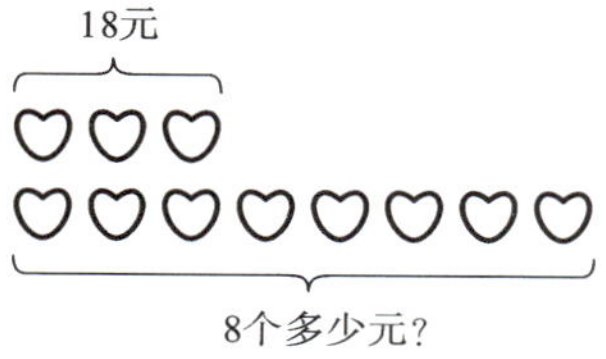

图 6-21 图形符号示意图

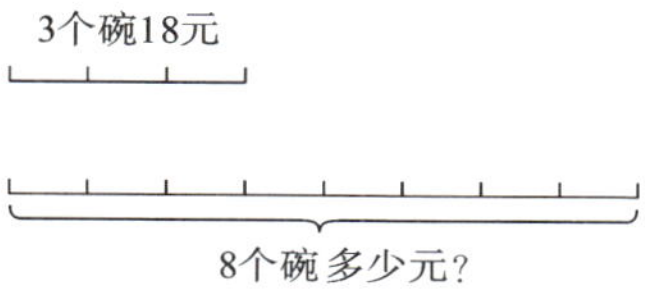

图 6-22 线段图

三“探”：用线段图表示例 8“想一想”的信息。

想一想：18 元可以买 3 个碗，30 元可以买几个同样的碗？

将例 8 的示意图改画线段图的任务对于学生来说并不难完成，一一对应，根据碗的个数画出相应的线段即可。难的是，接下来教材提出的“想一想”中不知道碗的个数，表示 30 元钱的线段该如何画呢？

在没有教师提示的情况下，学生想到了用省略号来表示不知道碗的个数（见图 6-23），这是探究中生成的令人惊喜的创意。至此，学生充分摸索了用线段图表示单价、数量和总价的方法，接下来就不得不需要教师出马以助学生一臂之力。

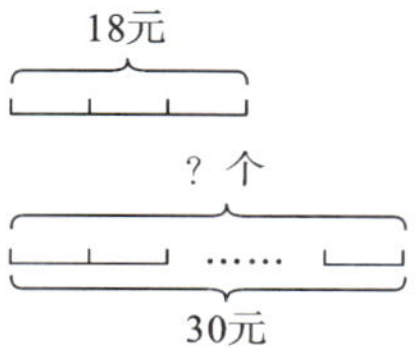

图 6-23 用省略号来表示不知道碗的个数

再“联”：师生联动，估画总价。

表示 30 元的线段不能用若干条表示单价的小线段连出来，需要参照 3 个碗的 18 元总价估出长度。教师先示范画出比 18 元长一点的线段，质疑：“长度够吗？”学生自然觉得不够，理由也充分：“要比 18 元长好多。”教师再画长一点，还不够，再画长一点，学生：“超了，30 元还不到两个 18 元那么多呢！”几个回合下来，学生慢慢体会到 18 元的参照作用，也体会到这类数量需要估计着画。

有了这些“探”“联”的经历，在例 9 及后续解决问题中不断巩固运用，学生便会慢慢形成线段图的识图和画图经验，为在高年级分析更复杂的数量关系积累丰富的活动经验。

“养学”主张的提出最初源于我们对数学课堂的观察与反思。我们常常在学生学习的关键处、难点处过早地“搭桥铺路”，过早地“排雷解困”，我们以“高效”的名义催生着每一节课目标的达成。种子发芽需要温润的土壤，但过度饱和的水分也会泡烂正在抽生的新芽。同理，我们不合时宜地向学生伸出“援手”，无疑是剥夺了学生经历曲折学习过程的权利，最终折损了学生学习的内生力。

以上解决问题的案例中，我们在重点、难点处适当地“留下雷”“撤掉桥”，让学生有机会尝试、犯错、思考，唯有这样慢下来的“养学”，才能让学生的经历真正成为经验，运用经验融合内化，最终“内生”出解决问题的动力和能力。

尊重学情，直面困惑，以“学”定“教”

——“真分数和假分数”中的“养学课堂”教学研究

武汉市武昌区傅家坡小学　汪　屹

“养学课堂”的一个“养”字背后，道出的是以生为本、以学定教的教育初心。学生是学习的主体，教师的“教”应当始终围绕着学生的“学”，并且需要像呵护种子一样，去关注学生学习的过程、保护学生学习内生力的萌芽。

教育即生长，说的就是这个道理。

在“真分数和假分数”一课的研磨中，我尝试围绕学生的“学”，从明“学”之基础、探“学”之困惑、定“学”之目标、研“学”之过程四个方面，进行“养学课堂”的尝试。

一、打开脉络，整体研读，明“学”之基础

“真分数和假分数”是五年级下册第四单元“分数的意义和性质”中的学习内容，如图 6-24 所示。它被安排在紧接“分数的意义”后面的一小节，可见它与“分数的意义”有着密切的联系：它以“分数的意义”为基础，同时也是对“分数的意义”的引申。

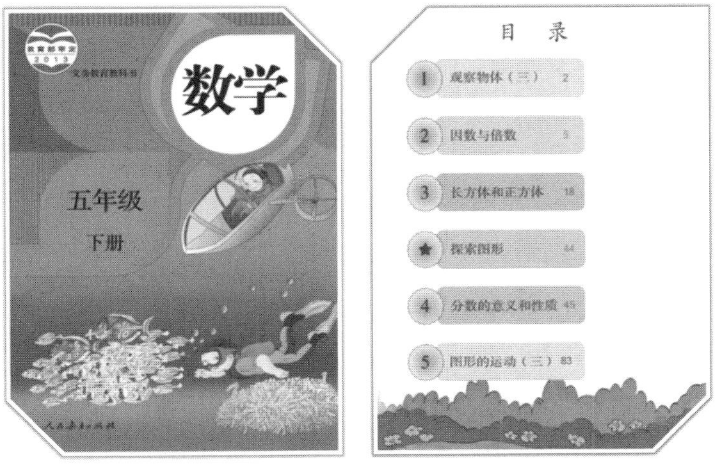

图 6-24　教材前五单元目录

其实在三年级,学生对分数就有了初步的认识。不同的是,在本单元“分数的意义”的学习中,不仅明确了分数的概念、了解了分数单位的累加,还通过“分数的产生”“分数与除法的关系”两个内容,帮助学生加深和扩展了对分数意义的理解,可见理解的重要性。

而这一切,都是学生学习真分数和假分数的基础。

本节课的例1和例2为后面学习假分数化整数或带分数,奠定了概念基础,分数的意义和性质知识联系图如图6-25所示。

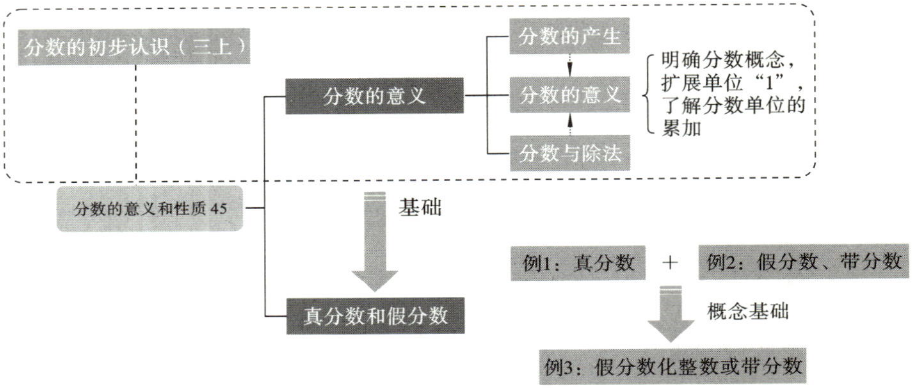

图6-25 分数的意义和性质知识联系图

二、分析前测,研究学情,“探”学之困惑

在“养学课堂”中,我们通过前测,了解学生学习基础和生活经验。因为只有在充分了解学情的基础上,才能从学生的“最近发展区”出发,找准教学切入口。

1. 学情调查(一)及分析

课前我对学生进行了学情(一)调查,如图6-26所示。

观察学生的作品,有一点特别引起我的注意:学生“分数举例”的多样性和局限性并存。

(1)多样性体现在:用一个物体或多个物体表示单位“1”的多样性;表示量或关系的意义的多样性;来源于现实或数学内部的解读多样性。

(2)局限性体现在:学生对假分数有“盲区”。一提到分数,学生更容易想到的是真分数,甚至有相当一部分学生认为像$\frac{5}{4}$这样的数不是分数。

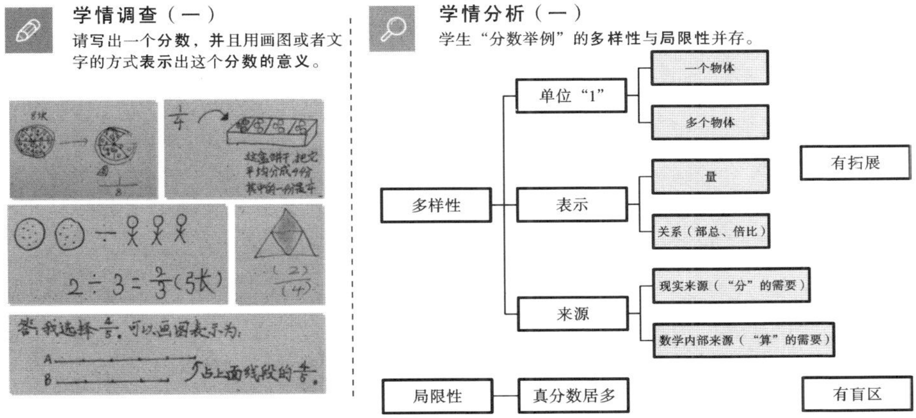

图 6-26 学情调查与分析(一)

2. 学情调查(二)及分析

通过对学生的进一步调查,发现:有且仅有 27%的学生能准确表示假分数的意义,如图 6-27 所示,分析原因有如下两点。

(1) 生活经验的局限性。

(2) 学习素材的局限性。

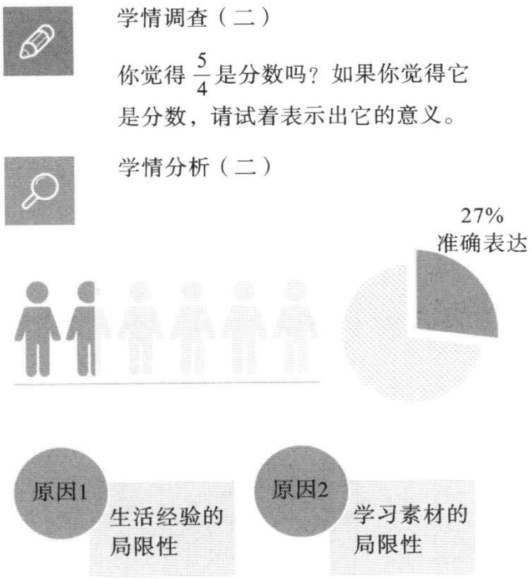

图 6-27 学情调查与分析(二)

纵观教材从三年级上册“分数的初步认识”,到五年级下册“分数的意义”“分数与除法”,例题、习题中计数单位的个数都没有超过平均分的份数。分数相关例题如图 6-28 所示。

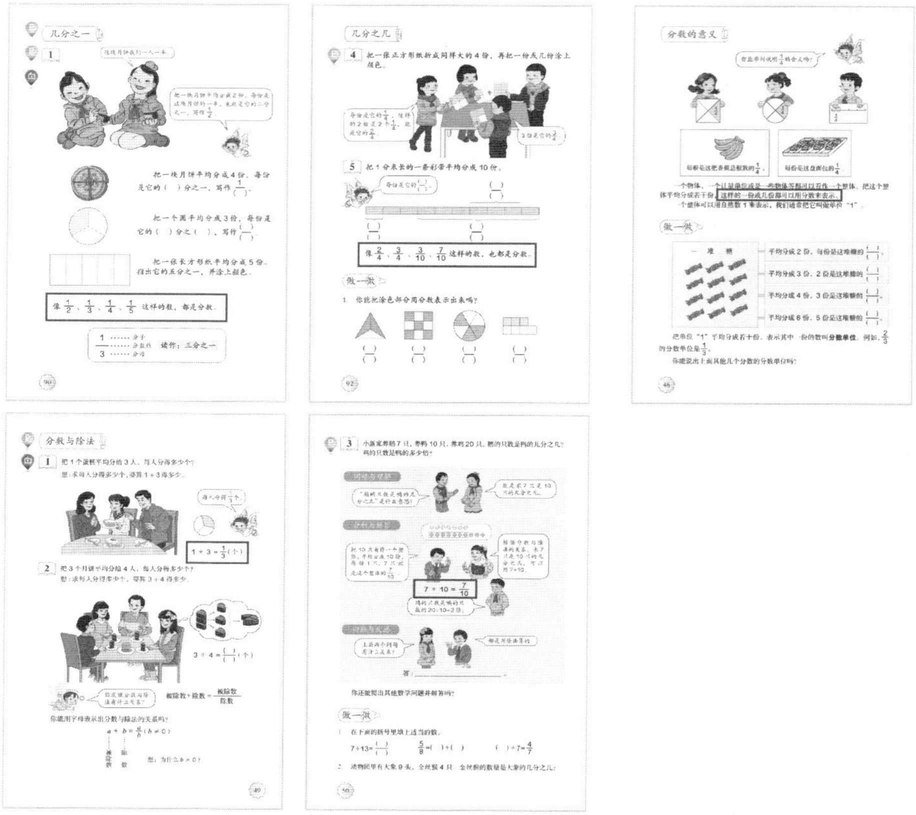

图 6-28　分数相关例题

在“分数的意义”教学中，揭示分数概念时语言十分严谨：“这样的一份或几份。”但请教师看看这熟悉的板书，回想一下我们引导学生归纳分数概念的过程，也都是在与真分数相关的实例基础上进行归纳的。

“分数与除法”教学中，不论是用分数表示量，还是表示关系，也都没触及假分数的“盲区”。

因此，当$\frac{5}{4}$和$\frac{13}{6}$这样的假分数出现在学生面前时，他们迟疑了！他们的迟疑源于对此类分数的不认同，而不认同，往往源于不理解。

前面的学习中，帮助学生理解分数意义花了大量功夫，让学生从内心真正认同分数。那在面对学生对假分数的迟疑时，怎可为了所谓的课堂“效率”，而跳过学生的困惑，视而不见，避而不谈呢？

三、完善体系，立足学情，定“学”之目标

基于此，我直面学生困惑点，拟定了以下“真分数与假分数”教学目标，如图6-29所示。其中，将“理解假分数的意义”作为教学的首要目标。

教学目标

（1）从分数单位累加的角度，理解真分数、假分数的意义，把握真分数和假分数的本质特征，了解带分数的概念。

（2）在学习真分数和假分数概念的过程中，培养学生观察、比较、分析和概括的能力，培养学生的几何观念。

（3）在探究和合作交流的过程中，激发学生学习数学的兴趣。

（4）渗透数形结合、分类等数学思想。

教学重点

从分数单位累加的角度，理解真分数、假分数的意义；把握真分数和假分数的本质特征，了解带分数的概念。

教学难点

通过分数单位累加，理解假分数的意义。

图 6-29　“真分数与假分数”教学目标

有了方向，我开展了以下教学实践研究。

四、遵循规律，珍视生成，研“学”之过程

1. 开放学境，自主表达真分数意义

学生自主表达理解真分数的意义，如图6-30所示。

培养学生学习内生力的起点是“开放”，它为“养学课堂”创造了孕养内生力的场域。我把课前学情调查的生成，直接作为学习素材，请学生到台前自主表达。在开放的学习环境下，自主表达的成就感，促使学生不论是“数学情感的融入性”还是“数学世界的向往性”都得到了提升。

不过此时注意追问“这个分数的分数单位是什么？有几个这样的分数单位？”引导学生关注“分数单位的累加”，为后面的学习做好铺垫。

对真分数意义的理解，学生有太多的经验，不是难点。难点是探究假分数的意义。

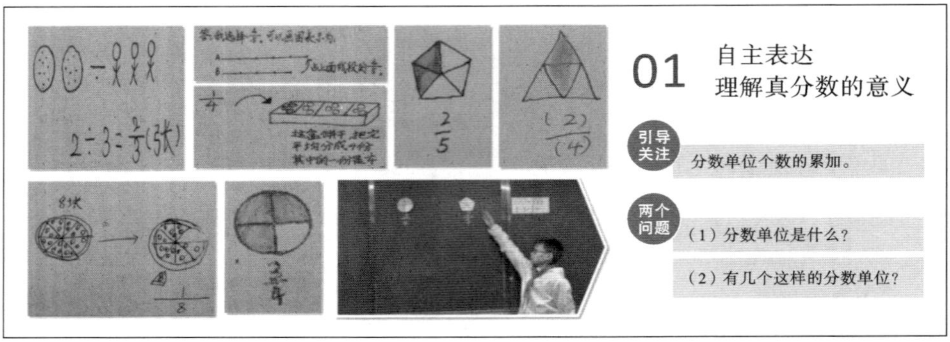

图 6-30 学生自主表达理解真分数的意义

2. “探”“联”结合,探究假分数的意义

突破学习难点的过程就如种子需要经历破土的艰辛一样,一定是一个曲折上升的过程。在“养学课堂”中,“探”“联”结合,往往能帮助学生在自主探究和多方联动中相互切换,最终得到突破。而这个过程正是培养学生“数学观察的主动性”“感知问题的敏锐性”和“数学联系的自觉性”的重要一环。在此过程中,教师需要在充分尊重学生学习主体地位的前提下,充分发挥引导作用。

因此,在这个环节我采取了两个策略,围绕 4 个问题激发交流讨论,如图6-31所示。

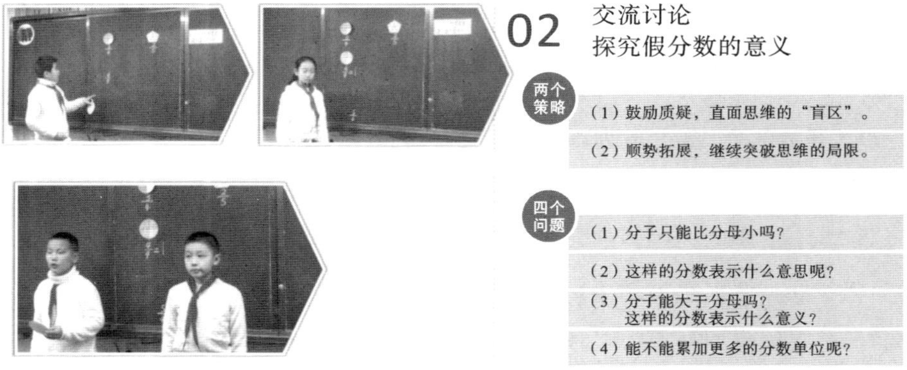

图 6-31 围绕 4 个问题激发交流讨论

(1) 鼓励质疑,直面思维的“盲区”。

问题一:同学们,分子只能比分母小吗?

生 1:我觉得分子也可以等于分母,例如$\frac{4}{4}$,$\frac{5}{5}$。

该学生的话似乎引起了同学们的共鸣，大家都纷纷点头。

师：你肯定？

生 1：我一百分之一百地肯定！

大家会心地笑了！

问题二：这样的分数表示什么意思呢？

生 2：我拿$\frac{4}{4}$来举例，把一个圆平均分成 4 份，已经有其中的 3 份了，也就是$\frac{3}{4}$，再加 1 份，就是$\frac{4}{4}$了，也就是“1”。

问题三：看来分子可以等于分母，那分子可以大于分母吗？

学生迟疑了！我明白，这片刻的宁静之后，一定迎来的是一场“头脑风暴”！

生 3：我觉得不行，如果是$\frac{5}{4}$的话，把一个圆平均分成 4 份，一共也就 4 份，哪里来的第 5 份呢？

生 4：可是$\frac{5}{4}$有分子，有分母，也有分数线，它就是一个分数呀！

生 5：这样的分数表示什么意义呢？

这个问题如一颗重磅炸弹，而我却在暗自窃喜：看来，学生已经学会了从分数意义的角度去思考。

生 6：我可以来解释一下。把这个圆看作一张饼，把这张饼平均分给 4 个人，每个人吃这个饼的$\frac{1}{4}$，4 个人就吃 4 个$\frac{1}{4}$。这时又来 1 个人，他也想吃这个饼的$\frac{1}{4}$，就需要再加 1 个$\frac{1}{4}$，合起来就是 5 个$\frac{1}{4}$，也就是$\frac{5}{4}$。

生 7：那第 5 个$\frac{1}{4}$哪里来呢？

生 6：那就需要再拿一张一样的饼，平均分成 4 份，取其中的 1 份给第 5 个人吃，合起来就是$\frac{5}{4}$。

如果我们的教学设计，不是站在学生的立场上思考他们需要怎样的帮助，而是顾及自己该如何收场，那么在看似引导的背后，依然没有对作为生命个体——学生的尊重。只有当我们客观、坦然地直面学生的困惑，留下绕不开的

"雷",让学生直面挑战,一步步激发学生,让学生将自己的真实想法倾囊而出时,学生思维的大门才会打开,学习的内生力才会生长。

(2)顺势拓展,继续突破思维的局限。

问题四:能不能累加更多的分数单位呢?

我引导学生对前期的"作品"进行改造,学生自发生成了$\frac{10}{5}$、$\frac{20}{5}$等这样的分数。

累加分数单位将真分数改成假分数如图 6-32 所示。

图 6-32　累加分数单位将真分数改成假分数

始终以分数单位作为生长点,突破思维的局限,让学生清晰地认识到分数都是分数单位不断累加的结果。因为结论由自己的素材生成,所以学生倍感亲切,同时颇有成就感。

3. 联合整理,寻找本质特征

有了前面的基础,学生对分数的分类,以及真分数、假分数、带分数的认识,就水到渠成了。小组讨论分类整理如图 6-33 所示。

此环节采用了观察、自学文本两种方式进行。目的是希望能进一步培养学生数学联系的自觉性。

(1)观察本质,分类整理。

让学生观察前半节课生成的分数的本质特征,然后对分数进行分类。

通过交流讨论,更多的学生倾向于将分数分为三类:分子小于分母、分子等于分母、分子大于分母。

图 6-33 小组讨论分类整理

(2) 自学文本,明晰概念。

让学生通过自学教材文本,交流、讨论,明确以下两点。

① 根据与"1"的关系,分数分为真分数和假分数两类。

② 在假分数中,当分子是分母的倍数时,该分数可以化为整数;当分子不是分母倍数时,可以化作由整数和真分数合成的分数,也就是带分数,知道带分数是假分数的另一种形式。

4. 综合运用,融合内化

"数学应用的灵活性"是数学学习内生力中重要的一个体现。因此,在"养学课堂"中,教师需要精心设计分层练习:基础练习、综合练习、拓展练习。充分利用此环节,培养学生数学应用的灵活性。

(1) 基础练习。

教材练习十三第 1 题,如图 6-34 所示。阴影部分的大小可以用假分数或带分数表示。

(2) 综合练习。

教材"做一做"第 1 题,如图 6-35 所示。该题分为判断、找点、观察三个层次。

借助直观观察,学生进一步体会真分数和假分数的本质特征,即分数与"1"的大小关系。

教材练习十三第 3 题,如图 6-36 所示。这是有关假分数的实际问题,体现实际应用。

首先明确谁是单位“1”

把一个图形看作单位“1”，用分数表示出各图阴影部分的大小，再读一读。

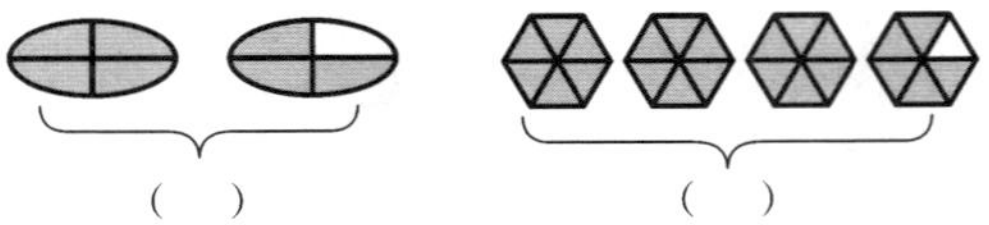

图 6-34　教材练习十三第 1 题

① 判断：下面这些分数，哪些是真分数？哪些是假分数呢？

$\frac{1}{3}$　$\frac{3}{3}$　$\frac{5}{3}$　$\frac{1}{6}$　$\frac{5}{6}$　$\frac{7}{6}$　$\frac{13}{6}$

② 找点：你能把这些分数在线上表示出来吗？

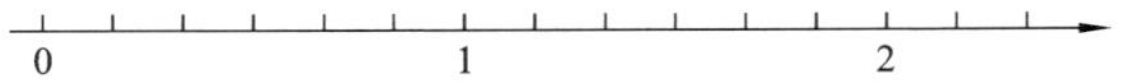

③ 观察：表示真分数的点和表示假分数的点，分别在线的哪一段上。

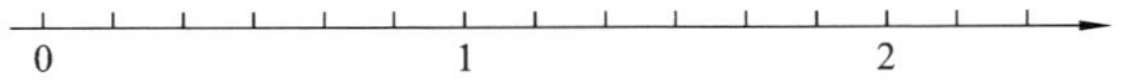

图 6-35　教材“做一做”第 1 题

① 3个人平均分，每人分 $\frac{(\quad)}{(\quad)}$ 杯，也就是（　　）杯。

② 2个人平均分，每人分（　　）杯。

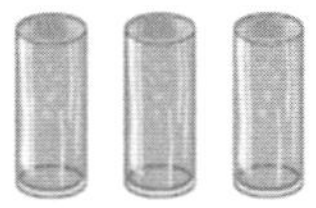

图 6-36　教材练习十三第 3 题

(3) 拓展练习。

拓展练习如图 6-37 所示。本题考查学生对真分数、假分数意义及特征的综合运用，旨在培养学生的符号意识和数感。

每一次课的研究，都让“养学课堂”在我眼里有了更清晰的模型。

《义务教育数学课程标准(2011 年版)》中提出：教师教学应该以学生的认知

（1）当 α 等于哪些非零自然数时，$\frac{\alpha}{6}$ 是一个真分数？
当 α 等于哪些非零自然数时，它又是一个假分数？
（2）当 α 等于哪些非零自然数时，$\frac{6}{\alpha}$ 是一个真分数？
当 α 等于哪些非零自然数时，它又是一个假分数？

图 6-37 拓展练习

发展水平和已有的经验为基础，因材施教。

只有真正读懂学生，用客观、开放的心态，面对生成；用尊重与敬畏的态度，面对生命；用遵循规律的方法，面对成长，才能真正激发出学生学习的内生力，才能真正实现以生为本、以学定教为核心的“养学课堂”。

扣准概念本质，追溯文化本源

——“因数和倍数”一课中的“养学”实践

武汉市汉阳区西大街小学　熊　菲

加入湖北省彭娟名师工作室已经 2 年有余，从最初“养学课堂”教学主张的提出，到一次又一次的“头脑风暴”，反复打磨，使课堂更科学、合理，更具有可操作性，再到一节又一节为实现教学主张而精心定制的课例，一路走来，理论与实践研究交替前行，走过的每一个足迹，都让我们工作室成员倍感幸福。

我们所提出的“养学”，启于“养花”之情境，发于“爱生”之情怀，饱含着教师对学生如培育种子般精心护养之意，以数学课程作为载体，从学生最需要、最熟悉的内容出发，用学生最受益、最易于接受的方式传递，从数学学科最本质的层面激活学生的内生力，让作为“种子”的学生感受数学的魅力，积淀数学素养，从而发挥数学的育人价值，这是一种以促成“人的自我生长力”为终极目标的教学理念。下面，我通过人教版五年级下册“因数和倍数”一课的研究，从扣准概念内涵和浸润数学文化两个维度，浅谈对“养学课堂”教学实践的感受。

一、从“式”中研究“数”的关系，扣准概念本质内涵，为“养”打底

1. “开”境有度，理清概念生长的脉络

“因数与倍数”是一节典型的数学概念教学课，同时也是初等数论研究的起始。教材通过对 9 个除法算式，按照“商是整数且没有余数”的标准进行分类，引出了因数与倍数的概念。由此可知，因数、倍数概念的自然构建必须是一个由“式”到“数”的过程。但出于种种考虑，教材只给出了易于分类的素材（见图 6-38），并不是完整的除法算式体系。

事实上，因数、倍数的概念从何而来？来自对除法算式中被除数、除数、商都是整数且没有余数的一类算式的研究。“数”的关系从“式”中来，“式”又是从何而来呢？其经历了整数、小数、分数除法算式—整数除法算式—商是

1　在前面的学习中，我们见过下面的算式。

12÷2=6	8÷3=2……2	30÷6=5
19÷7=2……5	9÷5=1.8	26÷8=3.25
20÷10=2	21÷21=1	63÷9=7

你能把这些算式分类吗？

我们分成了这样的两类。

第一类	12÷2=6 30÷6=5 63÷9=7	20÷10=2 21÷21=1	第二类	8÷3=2……2 19÷7=2……5	9÷5=1.8 26÷8=3.25

图 6-38　教材例 1

整数且没有余数的除法算式的过程。按照这样的逻辑分析和学生已有的知识经验（此时五年级学生还未学习分数除法），如果把“式”的平台搭建好，让学生亲身经历逐步抽象的全过程，那么建立因数、倍数的概念也就水到渠成了。

“开”境可以建立在对这个度的把握之上，创造适合学习内容的学习情境，利用 PPT 呈现出分类、再分类的过程，逐步聚焦整除算式，从概念内涵的深度上挖掘，从学生已有的知识体系上着眼，“逼”着学生“抽丝剥茧”，为“探”做好充分的准备。

2. “探”“联”有序，经历概念形成的过程

教学片断一

师：同学们，从一年级到五年级，我们每天都在和数打交道，回顾一下，我们都研究过哪些数呢？

生：整数、分数、小数。

出示数和运算符号组成的加、减、乘、除算式。

师：你们看，这里有我们学过的加、减、乘、除算式，它们都是我们数学要研究的内容。今天我们将要具体研究其中的除法算式。

教学片断二

师：请观察除法算式（见图 6-39），并读一读，独立思考，你能把这些算式分类吗？

12÷2=6	9÷5=1.8	30÷6=5
21÷21=1	8÷3=2……2	26÷8=3.25
20÷10=2	7.65÷0.85=9	19÷7=2……5

图 6-39　除法算式

生 1：我按商是不是有余数分类（见表 6-1）。

表 6-1　按商是不是有余数分类

第一类	8÷3=2……2 19÷7=2……5	第二类	12÷2=6 30÷6=5 26÷8=3.25 7.65÷0.85=9	9÷5=1.8 21÷21=1 20÷10=2

生 2：我按除数的位数分类（见表 6-2）。

表 6-2　按除数的位数分类

第一类	8÷3=2……2 19÷7=2……5 12÷2=6	30÷6=5 9÷5=1.8 26÷8=3.25	第二类	21÷21=1 20÷10=2	第三类	7.65÷0.85=9

生 3：还可以按整数和小数分类（见表 6-3）。

表 6-3　按整数和小数分类

第一类	12÷2=6 21÷21=1 20÷10=2	30÷6=5 8÷3=2……2 19÷7=2……5	第二类	9÷5=1.8 26÷8=3.25 7.65÷0.85=9

教学片断三

师（聚焦生 3 的第一类）：这些整数除法算式还可以进一步细分吗？

细分后的分类如表 6-4 所示。

表 6-4 细分后的分类

第一类	12÷2=6　　30÷6=5 21÷21=1　　20÷10=2	第二类	8÷3=2……2 19÷7=2……5

师：再仔细观察，这次分类后第一类算式有什么特点？

生：我发现商是整数，而且没有余数。

教师板书：商是整数，没有余数。

在"探"的环节中，来自整数除法内部的两次分类，让学生通过观察、推理、交流等数学活动，深刻感受整除算式的特点，为因数、倍数概念的揭示做了铺垫。同时，学生在"顺藤摸瓜"的过程中，感受到"步步逼近"的喜悦，探而有得之时，教师通过问题引导再"探"，指向思考的本质，让"探"的过程更加有滋有味。

反思本环节，正是因为教学设计的开放，为学生获得活动经验、积累探究方法、培育积极情感提供了生长的土壤和养分，让学生在一"探"再"探"、"探"而有得中获得满足与自信，蓄积"内生"的力量。

3. "融"而有得，蓄养概念构建的能量

在因数、倍数概念的第一次推出时，教师通常都会采用教师讲解或者学生自学的方式来初步感知两个概念。我也同样采用了教师讲解的方式，直接介绍了"在商是整数且没有余数的除法算式中，被除数是除数的倍数，除数是被除数的因数"。

联系前面的设计，反思这个环节，看似很简单，但其实它才是"顺藤"要摸到的"瓜"，这个"瓜"不能轻易就让学生"摸"去。为了让学生深度刻画因数和倍数的概念，我设计了如下层次。

(1) 教师介绍因数和倍数。

板书：

倍数

被除数÷除数=商

因数

(2) 说一说：举例说说谁是谁的因数？谁是谁的倍数？

板书:

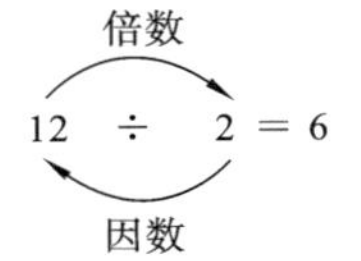

(3) 辨析明理。

① 1.6÷0.8=2,1.6 是 0.8 的倍数,0.8 是 1.6 的因数,对吗?

② 100÷25=4,所以 100 是倍数,25 是因数,对吗?

理解因数和倍数的依存关系:相互依存。

③ 12÷2=6,那 12 是不是 6 的倍数? 6 是不是 12 的因数?

理解被除数是除数和商的倍数,除数和商都是被除数的因数。

(4) 结合“做一做”,补充 1 和 0 两个数,引导发现:任何数都是 1 的倍数,1 是任何数的因数;因数和倍数一般指自然数(这里不包括 0)。

本环节借助了除法算式中被除数、除数、商的关系式,构建了因数和倍数的模型,将“式”与“数”对应起来,从算式分类到抽象概括,再到建立模型、举例验证,让学生经历了将概念的现实感受上升为数学本质理解的过程,发展了数感、推理、模型思想等核心素养。

这样设计意在:一是从本质上进一步完善概念,将教师最初推出的概念由薄变厚,由浅及深;二是通过辨析和举反例,将新知、新能融入内化,使其发酵,不断推翻原有认知,搭建新的概念框架。整个“融”的过程,是“开”的结果,是“探”“联”的升华。这里,学生对概念深刻、准确、科学的认识,就如同为种子的根部积蓄内部力量,为“生”的迸发而蓄势。

二、在“情”中积淀“学”的力量,追溯数学文化本源,为“养”润色

数论的研究源远流长,在这一领域,有着倾尽毕生精力的中外名家——毕达哥拉斯、高斯、华罗庚、陈景润等;有着震惊世界的定理——中国剩余定理;有着流传至今的名题——韩信点兵;还有着神奇精妙的名数——完美数(又称完全数)、亲和数。这些数学文化的渗透,正是对一个高年级小学生数学学习的情感教育,用文化滋养、情感融入,激发学习的内生力。

在多次分类的环节中,学生所提出的不同的分类方法有着不同的价值,也承载着不同的数学文化。例如,按照商是不是有余数来分,这是中国剩余定理

研究的第一步；按照除数的位数来分，是我们教材编排的分类标准；按照数的特点（由整数、小数分别构成的除法算式）来分，是韩信点兵的解题思路。教师在评价时都可以适时渗透，让学生感受数学文化的博大精深。

在拓展延伸的环节中，通过出示高斯的名言、猜测完全数、介绍亲和数及介绍古今中外数学家在“数论”方面的研究（见图 6-40），将巩固练习、数学游戏、数学文化等素材巧妙融合，给予学生足够的时间和空间进行观察、猜测、计算、推理、验证等活动，让学生在应用因数和倍数的概念、找因数和倍数的同时，了解与之相关的名家、名数、名题、名著；在理解和掌握基本的数学知识与技能的同时，也重视对情感、态度、价值观的培养，借人文之力助推笃学之效。这一系列活动，满载着对数学家的敬佩之情、对数学研究的敬畏之心，让课堂走向高潮。

图 6-40　补充练习和数学文化渗透

身为一名一线数学教师，于我而言，数学不仅是严谨的、科学的，还是人文的、坚守的、热爱的和深情的寄托，这些美好的情感，是除了知识与能力之外，更为珍贵的内生力，也是数学学科得以传承下去的持久生命力！本课通过“开”“探”“联”“融”让学生迸发出茁壮的内生力。而这内生力又成了下一个轮回、下一个生命力迸发的基础与起点……如此春华秋实，秋收春耕，生生不息，正如我们工作室对“养学”的探索，会不断前行！

顺“生”而“养”，溯寻数之本质

——“认识负数”一课中的“养学”实践

武汉市常青实验小学　　刘重庆

武汉市汉阳区西大街小学　熊　菲

史宁中教授曾说过：“中国未来小学数学教育将转入更加注重内涵的改革深化阶段。”我们工作室在彭娟老师的带领下，不忘初心，立足学生，带着对事业的追求与教育的睿智，走的正是内涵发展之路。我们提出了“从‘开放’走向‘内生’”的“养学课堂”，探索出“开”“探”“联”“融”“生”五步教学，定位了“养学课堂”的主体是“人”，认为数学课堂要饱含“养”的韵味，只有在“养”中学、学中“养”，才能促进儿童生命发展和成长力量的“内生”。

基于教学研究的不断深入，我们以冯胜老师执教的“认识负数”这节概念课为例，对负数概念的内涵进行深度挖掘。我们从两个方面进行了探索：一是学生的知识起点；二是概念的内涵和外延，也就是尝试立足学生对负数认识的现有起点，进行基于学生经验的负数概念本质的自然建构。

一、立足学情，把学生已有经验内化为负数概念的本质属性——“养”之基础

1. 研究学情，找“内生”点

六年级上册第一单元内容的具体编排如图 6-41 所示。通过对本单元的学习，将为学生第三学段学习有理数的意义和运算打下良好的基础。

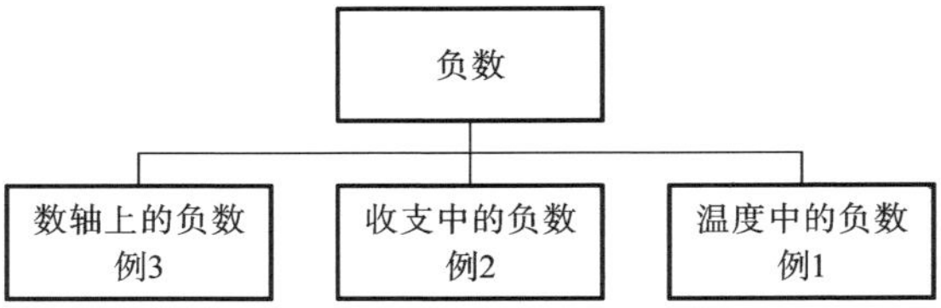

图 6-41　六年级上册第一单元内容的具体编排

在此之前，学生已经认识了自然数、分数和小数。为了了解学生学习负数的认知起点，我们在课前进行了前测，设计了“表示温度的正负数写法”“生活中负数的表示和意义”“正负数的分类”等不同维度的问题。

前测分析如下。

(1) 学生会表示气温中的正负数，只是有个别学生把“°”与“℃”混用。

(2) 学生知道−2、−45 等叫负数。

(3) 学生在冰箱、温度计以及楼梯(电梯)等位置见过负数。个别学生还知道比 0 小的是负数。例如，−72 比 0 小。

(4) 在个性化表示负数方面，近 90%的学生可以用图示表达。

(5) 对 0 的属性划分，有近 20%的学生知道有理数可以分为正数、负数和 0 三类；个别学生认为 0 什么也不是；其余学生将有理数分为正数和负数，把 0 划分为正数。

看来，学生对负数并非一无所知。他们在现实生活中见过负数，在具体情境中能隐约感知到负数与相反的意思有关。这就是触发“内生”的关键点。

2. 开放设计，自然建构

了解不只是停留在生活认识上，需要从本质上去理解、表征和运用，达到对负数本质的真正理解。我们想抓住学生这些最初的认知，自然构建负数的概念，因此设计了两个具有开放性的数学活动。

教学片断

活动一：把下面两段文字中的数学信息记录在表格(见表 6-5、表 6-6)中。

① 某天，武汉市最高温度是零上 3 ℃，最低温度是零下 3 ℃。

② 开学第一天，三年级转入 6 人，四年级转出 5 人。

表 6-5 气温记录表

项目	温度
最高气温	
最低气温	

表 6-6 转学情况记录表

年级	人数
三年级	
四年级	

师生互动，出示课题。

活动二：① 找一找生活中正数和负数的例子。

② 试一试用合适的方式(画图、写话等)表示正数和负数的含义。

☆如果你一时想不出,可以用合适的方式(见图 6-42)表示正数和负数的含义。

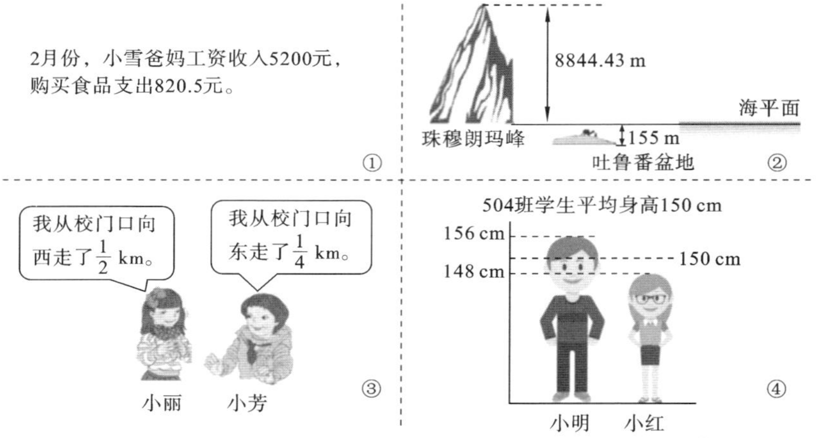

图 6-42　生活中负数的例子

生 1:电梯上用-1、-2 表示地面以下的楼层。

生 2:收入 5200 元用 5200 表示,购买食品 820.5 元,可以用-820.5 表示。

生 3:高出海平面用 8844.43 米表示,低于海平面可以用-155 米表示。

生 4:向西走用$\frac{1}{2}$表示,向东走用$-\frac{1}{4}$表示。

生 5:小明比 150 cm 高 6 cm,用 6 表示;小红比 150 cm 矮 2 cm,用-2 表示。

师:比较两种量所表示的意义,你有什么发现?

这两个活动有着本质的区别。活动一:数量→数(记录中调动学生的生活经验和负数的基本表达方式,从具体情境中的数量过渡到研究数本身的意义)。活动二:数→数的意义(学生通过找一找、试一试,聚焦对负数意义的理解,从形式上到本质意义上理解负数,从关注负号到关注意义)。

通过两个开放的活动,学生经历了用不同的表征方式(符号表示、画图、写话)表达自己对生活中的正负数意义的理解,这个表征、体会、交流、归纳的过程,是学生将对负数的现实感受上升为理解数学本质的过程,是“意义相反的量”“0”的含义逐步清晰的过程,是学生个体有效建构负数本质意义,并真正理解的过程。

二、顺“生”而“养”，把学生多样化的素材内化为负数概念的外延——“养”之格局

负数的根本属性是表示意义相反的量，一个负数总是某个正数的相反数。“表示意义相反的量”是负数内涵所在，在这个内涵对应的学生世界里，呈现的是丰富的外延。

1. 深度刻画“意义相反的量”

“意义相反的量”有哪些？在课的研究中，彭娟老师指出，“意义相反的量”分为以下两类。

(1) 自然意义相反的量(收入与支出、盈余与亏损等)。

(2) 人为规定的意义相反的量(气温、海拔高度等)。

自然意义相反的量，容易理解，如收入 20 元与支出 20 元，可以抵消，是相反的量。但是对于温度模型中零下 3 ℃和零上 3 ℃，如果不设定“标准气压下水结冰的温度为 0 ℃”，那么它们是不能抵消的，也不可能是意义相反的，它们是一组人为规定的相反的量。对于这样的两类量，从学生的认知水平来说，学生必然更容易理解自然意义相反的量，因此，教师举例表示时也会倾向于此类。

那如何将意义相反的量的外延进一步“打开”呢？我们精心为学生准备了“锦囊”(详见图 6-42)，四个素材中，有三个是第二类意义相反的量。实际教学时，学生既有借助“锦囊”展开学习的，又有依托已有认知自主刻画正、负数在生活中的应用的。学生从温度模型的零上零下、存折上收入与支出、楼层的地上与地下、电梯的上升与下降、高于与低于、金钱转入和转出、盈利与亏损、人的进与出等方面举例，将概念的外延不断延伸，从而让概念的内涵更丰富、饱满。

2. 感受“0”的分界作用

为什么学生关于负数的例子中“人为规定的意义相反的量”要少些？教师补充的素材里“人为规定的意义相反的量”多一些？细思量，是关于“0”的问题。没有“0”，负数无从谈起，有了“0”作为标准，作为分界点，才有了正、负数之分。因此引入负数概念初期，就必须对“0”这个分界点予以关注，有效体验“0”的状态，把生活中的负数上升为纯数学的理性表征。

因此在对“活动二”汇报时，我们就突出了让学生感受：意义相反的量总是伴随比较标准“0”的出现而出现的，很自然地突破了对负数认识上的两个关键点：弄清什么是“意义相反的量”；确定哪一点是分界点。以海平面海拔高度为0作为标准，就有了海拔高度的正、负数；以原地为0作为标准，就有了向东、向西的正、负数；以150 cm为0作为标准，就有了身高的正、负数……

除了感受“0”作为比较标准的分界作用外，还应该关注“0”的动态变化，让学生进一步理解标准的相对性。例如，练习的第2题以北京时间为标准，那么伦敦、巴黎、东京、悉尼等世界其他地方的时刻该如何表示？一题多用，改为用巴黎时间为标准，又该如何表示呢？在学会如何表示的同时，学生体会到标准“0”的神奇：标准变化就会引起正、负数的变化。

三、“探”“联”融合，把对概念内涵和外延研究内化为内生力——“养”之功效

在“开”“探”“联”“融”“生”中，负数在学生的心中逐步饱和起来，丰富起来，明晰起来。课堂是学生的，吴正宪老师说：“错着错着就对了，说着说着就懂了，聊着聊着就明白了。”我们的“养学课堂”让学生在开放的活动中“养”，在真实的错误中“养”，在不同的声音中“养”，为激活内生力而“养”。

教学片断一

课题的出示：认识(　　)数。

师(课前谈话)：同学们，你们知道我是谁吗？我们第一次见面，你们是怎样知道的？

生：从屏幕中的信息知道的。

师：我们生活在数与形的世界里，我想让大家用数来介绍一下我。你们可以试着用这三个数(教师板书：34、1.78、$\frac{1}{3}$)来介绍一下冯老师吗？

师：看来，生活中的数表示的意思真丰富！今天我们继续认识数(板书课题：认识(　　)数)。

教学片断二

完整课题：认识(负)数。

师:把下面两段文字中的数学信息记录在表格中。

① 某天,武汉市最高温度是零上 3 ℃,最低温度是零下 3 ℃。

② 开学第一天,三年级转入 6 人,四年级转出 5 人。

生 1:直接摘录数,如表 6-7、表 6-8 所示。

表 6-7　气温记录表

项目	温度
最高气温	3 ℃
最低气温	3 ℃

表 6-8　转学情况记录表

年级	人数
三年级	6 人
四年级	5 人

生 2:用文字或图示表示。

生 3:用正、负号表示。

师:刚才同学们在记录时,用到了这样的数(−3、−5)。大家认识吗?它们是什么数?

生:负数。

师:那原来我们学过的这些数(3、6),它们是什么数?

生:正数。

师:今天我们就重点研究负数。

完善板书:认识负数。

课题的出示过程,让负数的出现不再单薄,学生感受到负数是像自然数、分数、小数一样存在于生活中的,有研究的必要,同时负数又不同于这些数,熟悉却又陌生,激发学生研究负数的兴趣。这个"开"环节的有效打开,为活动的"探""联"融合提供了支撑。

通过本课的学习,"生"的力量体现在哪儿呢?练习中学生正确表示"同一天北京和哈尔滨的最低气温""同一时刻,世界不同城市钟面时间的不同表示"等,"内生"的是学生对负数内涵的有效理解和掌握,"内生"的是学生在研究过程中的自我肯定,更为重要的是,这节课带给学生的关于数的研究方向和方式:数的产生、数的读写、数的意义,以及如何研究数的意义……

这节课带给教师的是什么呢?是关于数的教学,从学生中来,到学生中去,经历"分享生活中的数——多种方式表征",一步步引领学生从新到旧地纳入原有认知体系。

走在“养学课堂”的路上，今天的“内生”不论从知识还是情感，都将是学生明天“养学”的基础，我们期待一节课一节课小的“内生”，一个单位时间一个单位时间的“养学”教育，达成个体一生的“内生”，达成一个团队的“内生”。

种子课育种子人

——基于“养学”主张的单元教学例谈

武汉市青山区教科研中心 万 泉

“养学课堂”常常把学生看成“种子”，把学生学习的过程看成生命成长的历程，孕育学生学习的内生力是我们的主张和追求。故此，作为育人载体的小学数学的学科内容，那些起始知识、起始概念自然是能“养”出学法、“内生”新知的绝佳素材！《义务教育教科书·数学》(人教版)三年级上册第七单元“长方形和正方形”就是这样具有种子效应的单元。这个单元是学生正式学习“图形与几何”的开始，其中对四边形特征的认识，是图形认识的种子课，可为学生探究其他图形奠定探究方向与方法；封闭图形周长的概念是图形测量的基础；长方形、正方形周长的探究集中体现了数与形的密切联系。显然，学生后续探究图形、形成空间观念的内生力，都离不开这个单元的“养”。

下面，我们就以“长方形和正方形”单元整组教学为例，依循“养学”五部曲“开”“探”“联”“融”“生”谈谈如何发挥种子课的种子效应，激活学生数学学习的内生力，让知识和身心同生共长。

一、打“开”学习的场域

“开”是五步“养学课堂”最基础的一步。打开学习的场域，开放学习的环境，才能在学生的心中成功地埋下学习的种子。

“长方形和正方形”单元的第一课是“认识四边形”，开课伊始，可以通过下面三个问题打开探究图形的场域。

(1) 我们的生活中有各种各样的物体，笔盒是什么形状的？魔方呢？你还认识哪些立体图形？

(2) 把这些立体图形的一个面描下来就是一个平面图形。你认识哪些平面图形？

(3) 这些平面图形各不相同，它们到底有什么区别呢？从这节课开始，我们就来细细研究它们的特征。

单元开篇的这三个问题，辅以 PPT 呈现立体图形，抽出平面图形，将学生从直观辨识立体图形和平面图形，引向对图形的深入研究，使学生明确单元学习的方向，就此开启图形探究之门。

周长的认识和测量源于生活的需要，创设蚂蚁绕图形一周以比较路线长短的情境，既可以引出周长的概念，又可以引出对周长的测量，让学生带着解决实际生活中的问题的需要走进周长的探究之旅。

空间观念的建立首先是基于指尖上的操作，所以每一节课都应该尽可能设置开放的实践活动，从而形成"图形与几何"领域独特的学习场域，养育学生探究"图形与几何"领域独特的思维习惯。

二、放慢"探""联"的脚步

学习的场域一旦打开，曲折的"探"和智慧的"联"则构成了"内生"过程中最为重要的部分。图形的特征与测量离不开观察与操作，"探"的过程是经历数学活动的过程，而"联"的作用则是通过生生、师生之间的联动交融将活动经历"联"成活动经验，为"内生"蓄积充足的养分。这也恰恰是教师最不容易慢下来的环节。

1. "探"内涵，"联"外延，促"内生"

教材中"认识四边形"的编排是让学生通过一组图形识别四边形，再概括四边形的特征。学生识别四边形不困难，概括四边形的特征也不困难，但事实上，学生对"四边形"概念的内涵和外延理解困难。学生初"探"之时往往会将熟悉的长方形和正方形表象与四边形概念等同起来，一般四边形在学生的画图举例中少有出现。因此，初"探"后应为学生提供恰当的反例和一般的四边形，再"探"四边形概念的内涵，如图 6-43 所示，通过生生、师生的交流、辨析，丰富外延，走出认知的误区。

随着"探"与"联"的循环推进，学生完善了四边形的概念，达成了共识。这时，教师有必要为学生初次探究图形的特征做如下总结：四边形边的特征和角的特征就是四边形的特征，今后我们也可以从边和角两方面研究其他图形的特征。

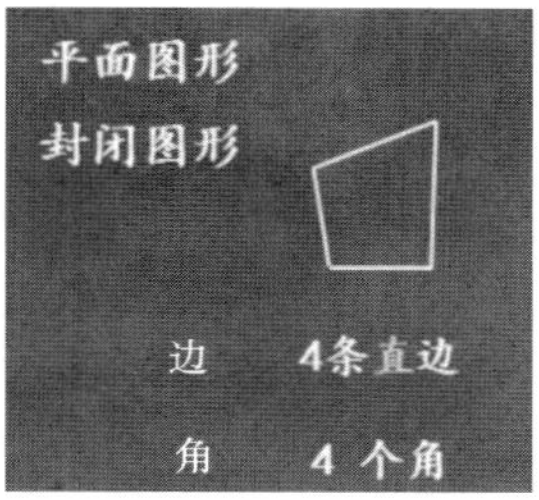

图6-43　再"探"四边形概念的内涵

如此提炼探究图形特征的方向，既能促进学生接下来有意识地从边和角两方面探究长方形、正方形的特征，又能促进学生"内生"探究其他图形特征的思维方法。

2. "探"边角，"联"经验，显"内生"

"认识四边形"这节课不仅要促成学生探究方向的"内生"，还要促成学生深究方法的"内生"。四边形的边、角特征通过观察、数一数即可完成，长方形、正方形的边、角特征，就需要更复杂的操作才能获得结论。如何操作是学生探究图形遇到的全新课题，没有成熟的活动经验。探究之前有的教师会提出要求：请同学们拿出直尺和三角板，量一量、比一比，看看长方形的边和角有什么特点？

显然，这是教师担心学生面对图形会不知所措而充满暗示的"启发"，虽然学生都能动手了，但这种操作活动能"探"出图形边、角特征，却"探"不出研究图形的活动经验。这正是我们"养学课堂"着重关注的问题。

我们的实践体会是：重活动经验的探究和积累，不提工具、不提方法，让学生自己在摆弄图形的过程中真正经历"探"方法的过程。最初，的确有学生面对图形感到茫然，探而不得。但很快，他们接收到同伴的信息，资源与思维的联合促成了最终的探而有得，"探"的经历最终"联"成了活动经验。

3. "探"曲边，"联"思想，蓄"内生"

学生将探究长方形特征的活动经验运用到探究正方形特征的活动中，这就是"内生"的表现。然而，这种经验在"认识周长"的活动中又会遭到挑战：直边图形的周长可以用直尺测量，曲边图形的周长又该如何测量呢？

有的教师在操作前会贴心地为学生准备完备的活动材料，包括线绳甚至软尺。测量曲边图形周长时，有没有化曲为直的辅助工具，学生的探究经历和思维过程是完全不同的。

“养学课堂”主张延迟提供操作工具。先让学生借助常规工具测量图形的周长，学生发现直尺不能直接测量曲边，在学生探而不得后，教师再巧用“锦囊”提示可以使用线绳或软尺。事实上，在不知道教师可以提供化曲为直的辅助工具时，有的学生被逼出了用直尺滚动图形的活动经验，如图 6-44 所示。

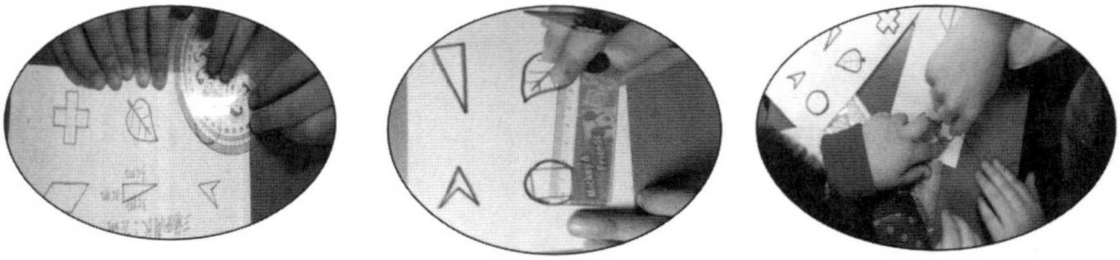

图 6-44　学生操作实况

我们的重点不是得出某一个曲边图形周长的数值，而是让学生在“探”曲边长度时，体会直边、曲边与测量工具之间的联系，丰富空间感受，“联”成化曲为直的思想方法。有了此处的“养”，才能为六年级学习“圆的周长”积蓄内生力，再续前“圆”。

三、等待“融”的质变

充分的“探”“联”让学生收获颇丰，在自学自探、共享互补的“养学”过程中，知识、经验的扩充犹如种子获得了丰富的原料，但原料不等于最终进入种子的营养，原料需要时间发酵转换成营养。同理，学生通过“探”“联”习得的新知新能，也需要一段融合内化的过程。

1. 融合四边形之间的联系

认识四边形的特征后，辨别四边形、描画四边形就是融合内化的过程，探究长方形的特征也可以看作内化探究方向的过程，探究正方形的特征也是对探究方法的内化。

教材中有一个猜图形的活动，如图 6-45 所示。

从信封露出的部分看，答案当然是未知的。我们化静为动，一点点抽出图形，增加边、角信息，学生判断图形的过程中反复运用边与角的特征，在概念的

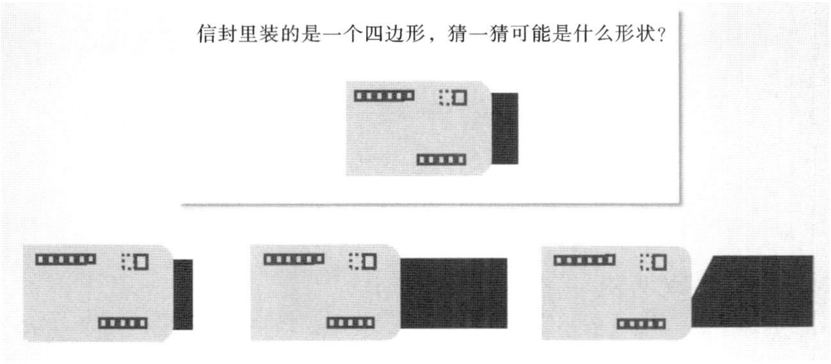

图 6-45　猜图形的活动

内涵与外延之间比较、辨析、想象，自然而然沟通了不同四边形之间的联系，初步感受到了四边形、长方形、正方形、梯形的特征，空间与图形的认知结构将由此生长开来。

2. 内化周长计算的方法

周长的概念建立起来后，长方形的周长计算方法会呈现出多样化的结果。我们常常会看到，教师会在“探”“联”之后，急于把学生的思维引向最优化的周长公式：长方形的周长=(长+宽)×2。

我们认为，计算长方形的周长是数与形的综合，学生初次探究周长计算的过程，更多依赖的是长方形的边的特征表象。不同基础的学生、不同层次的表象对应了不同运算水平的算法。过早统一计算方法，对一部分学生来说思维未必能真正得到优化。这个单元的课程，测量图形才刚刚开始，为什么不让学生个性化的方法多持续一段时间呢？

教材此处是有留白的，如图 6-46 所示。我们不妨把留白的时间放长一些，教师坚持在解决长方形周长的实际问题时通过图形与算式紧密结合，让学生多指一指、说一说，学生对长方形特征的日益熟悉、表象的日益深刻，必定能达到数与形更高层次的融合。这个时间因人而异，可能是在这个单元的练习课中，也可能是在学期末复习的时候，甚至可能等待的时间更长，一直到求长方体棱长和的时候。即使学生只习惯于用“长×2+宽×2”计算周长又有何妨呢？不也正好说明学生对“对边相等”的印象深刻吗？智慧往往是由个性化的‘嫩芽”生长出来的，不急于统一就是保护智慧的“嫩芽”，呵护个体的特质。

长方形的周长＝ ________________

正方形的周长＝ ________________

图 6-46 归纳周长公式

3. 迸发"生"的力量

"长方形和正方形"单元的每一节课通过上述"开""探""联""融"的"养学"，都能为下一个新知积蓄探究的能量，一节课一节课小的"内生"，"养"出整个单元大的"内生"：学生具备了探究图形边、角的意识，积累了探究图形特征的方法，丰富了封闭图形周长的表象，体验了数形结合、化曲为直的数学思想。这时学生再面对一个三角形、平行四边形、梯形、圆或任意一个多边形时，怎么不会对其边、角多看两眼，多想一想？数学观察的主动性、感知问题的敏锐性、数学联系的自觉性、应用的灵活性、数学情感的融入性、数学世界的向往性就在这看看、想想之时生发。

怀着"养学"的情怀，我们勇于打破自己教育观念的局限；采撷学科知识的种子，我们理清知识发生、发展的逻辑脉络和数学本质；敬畏每一个学生的生命，我们用科学的方法为他们播下知识的种子，保护学、支持学、陪伴学。就这样，种子课育种子人，我们的数学课堂"养"中促学，让知识的种子生根发芽，开枝散叶；学中"润养"，让学生爱学数学、善学数学！

动静相宜"观"为径,"养学"内化"玩"创新

——四年级下册"观察物体(二)"教学案例

武汉市汉阳区楚才小学 杨 敏

小学数学有十大核心概念,其中空间观念是创新所需要的基本因素,那么如何发展学生的空间观念,培养学生的创新意识呢? 用创设"养"的思维方式云引导作为种子的学生,了解并充分尊重学生的思维与学习规律,从学生的角度设计教学活动,发展学生的观察能力,培养学生的创新意识。

人教版小学数学四年级下册第二单元的内容是"观察物体(二)",如图 6-47 所示。教材在各年龄段有层次地安排了这部分内容,本节课重在让学生经历观察的过程,认识到从不同的位置观察物体,看到的形状可能不同。这个过程也为后续的变式练习及例 2 的教学(从同一位置观察不同几何组合体)积累更多的数学活动经验。通过摆一摆、看一看、连一连的有序活动,让学生切实经历完整的观察过程,落实发展空间观念和推理能力的教学目标。

图 6-47 教材第 13 页例 1

本着动静相宜,有序观察,"养学"内化,玩出新意的理念,结合教学内容和学生学情,基于"养学"的教学主张,课堂实践按照以下流程展开:从开放、具化、

灵活、深刻等方面创造多维度观察，遵循“开”“探”“联”“融”“生”的“养学”内化过程，让学生在“养”中乐学，感受趣、动、想、思、展的创新之意。

一、“开”——以新激趣，拓展观察的开放度

学生对现实空间中物体的形状、大小及位置关系等，都需要借助观察来获得初步的空间观念。为了更好地激发学生探究新知的兴趣，开课时借助信息技术，还原帕特农神庙(见图 6-48)，带领学生从它的前面、上面和左面进行观察。

图 6-48　帕特农神庙

开放的场域、全新的方式，既回顾了二年级观察实物的方法，又将学生生活中有趣的游戏引入了课堂，恰到好处地以新激趣，引导学生明白从不同的方向观察物体才能看清全貌，拓展了观察的开放度。

二、“探”——以想促思，具化观察的过程

空间观念的形成，要经历看、想、做的活动过程。例 1 的教学按照这条主线展开(摆一摆——看一看——连一连)。

先通过摆一摆，让学生动手拼搭出几何组合体，生成观察资源；再通过看一看，让学生获得从不同方向观察所看到的形状的表象；然后让学生根据头脑中已有的形状表象去辨认从不同方向观察得到的平面图形，用自己的语言说一说，再连一连。在摆、看、连的过程中，在学生独立思考，形成初步感知后，教师重点组织学生进行交流，鼓励他们用自己的方式描述观察过程，引导学生在充

分的表达和交流中从立体图形抽象出平面图形。

教学片断一

师:小华从上面看到的是哪个图形(见图 6-49)? 你是怎么观察的?

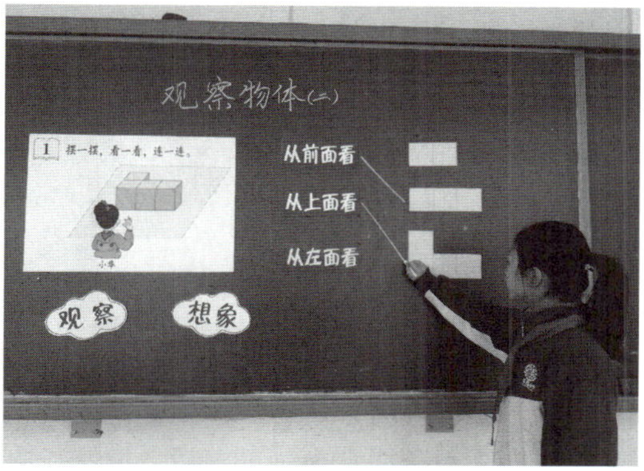

图 6-49 学生交流“连一连”

生:从观察实物、观察图形、借助板书三个方面进行观察。

教学片断二

师:小华从左面看到的是哪个图形? 你是怎么想的?

生:从右面观察,从左面看不到,需要借助想象来思考。

在交流中我们可以看出,学生对从前面和上面来观察,能够较好地建立看到的形状表象,而从左面观察时,由于左面观察不到,只能靠想象,所以较困难。因此,教师帮助学生具化了想象的过程,在探究的过程中充分体现了观察的过程。

三、“联”——以动制静,增强观察的灵活度

一般情况下学生观察物体可以通过改变方位、变换视角等方式观察物体,但受观察物及师生所处位置的局限,学生不可能多次离开座位进行观察活动。在本节课中,为了增强观察的灵活度,更好地找准立体图形到平面图形的关联点,在“探”环节,我让学生操作 123D Design 软件,用简单拖拽 3D 模型(见图 6-50)替代传统方块实物学具的拼摆,让物体随着学生的需要转动,达到观察物体不同面的目的。让学生在“人移动”和“物转动”的双重活动中产生强烈的视

觉冲击，引导学生将观察所得用三视图记录下来。以动制静，观察的灵活度进一步提升。

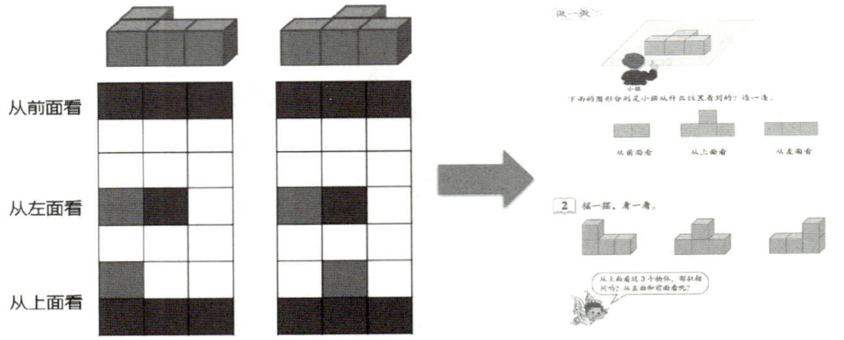

图 6-50　教材 13 页“做一做”变式练习

在很多时候，学生的“动”是建立表象、内化方法的过程；观察对象的“动”，则是激活方法、灵活运用的过程。这正所谓动静相宜“观”为径，“养学”内化“玩”创新。

四、“融”——以练促思，注重观察的深刻性

本节课的练习可以从基础练习、综合练习、拓展练习（见图 6-51）三个层面展开，用连一连、画一画、选一选多种形式进行。

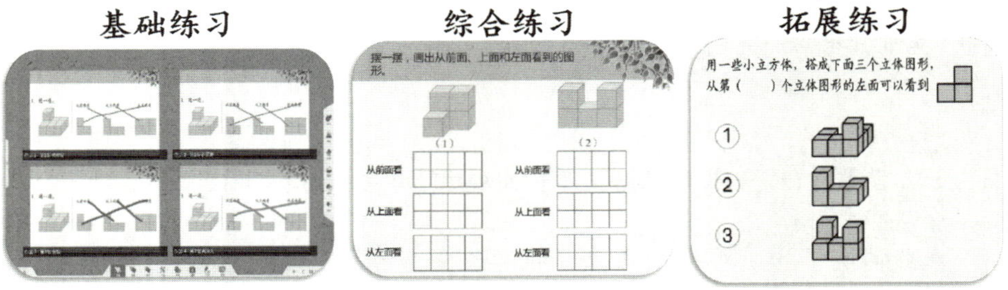

图 6-51　分层练习

教材第 15 页练习四第一题和第二题是基础练习，可以让学生直接判断。如果有的学生确实难以正确辨认，可以让学生借助学具摆一摆，借助软件验一验，在拼搭的过程中了解组合体的构成，体验形体特征，形成清晰表象。

练习四的第三题以及补充的拓展练习对观察与想象的要求比较高，可以引导学生先根据看到的几何体想象自己在不同位置看到的图形，用说一说、指一指、画一画的方式，借助语言、动作使表象更加清晰、准确。

知识的掌握与应用的融合，高效实现了重点讲解和针对性的讲解，促进了学生思维的发展，学会多方式、多角度观察物体。

五、“生”——以用延展，探寻观察的创造性

知识的运用和延展是最值得探寻的版块，在本节课的最后，我让学生运用3D打印技术将自己设计的作品打印出来，如图6-52所示。由于硬件和时间的限制，课后学生用简单的打印笔完成了自己的作品。这样既培养了学生的创造性思维，又让学生在打印的过程中感受了设计和操作带来的创造性和成就感。

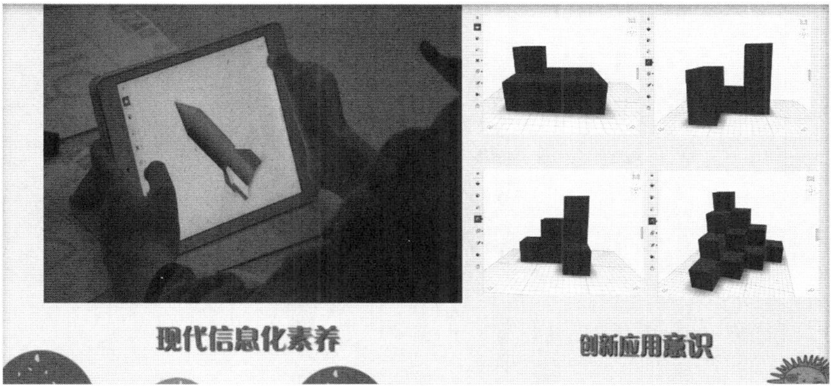

图6-52 学生运用信息化技术进行设计

回顾整节课，在已有的知识基础上，观察的物体有了变化，但依然强调从前面看、从上面看、从左面看的观察角度。观察物体除了需要观察仔细，还需要合理想象，用自己的方式进行准确描述。我们每节课都需要从学习内容和学习方法上给予学生更多的关注和指导。

苏格拉底曾说："教育不是灌溉，而是点燃火焰。""养学课堂"为创新课堂的践行带来了更多的契机和融合点。数学课堂应该让学生动起来，玩起来，思起来！课堂应成为创造之地，课内、课外应是创造之时，让每一个学生都成为创造之人！

让课堂从"开放"走向"内生"

——"不规则图形的面积"一课中的"养学"实践

武汉市汉阳区西大街小学　彭　娟

2017年11月,我们工作室接到武汉市"教育精准扶贫"的任务,要到三个偏远地区开展送教下乡活动。经过研讨,我们确定了展示课的内容是五年级上册的"不规则图形的面积"。力图以此课为载体,以活动为契机,进一步实践并宣讲工作室"养学课堂"的教学主张。

我们提出"养学"的教学主张,是希望强调学生生命个体的特性,关注人在发展中自我意识的觉醒,从尊重、顺应学习者生命特性的角度,将教育与学科教学的目的落脚到对学生学习内生力的激活与发展。只有创设开放的学习场域,以"养"的思维方式去体会作为种子的学生,了解并充分尊重学生的思维与学习规律,从学生的角度设计教学活动,学生"内生"的学习力才会如泉涌一般。一个"养"字,道出了我们"以生为本"的教育初心。从"教学"到"养学",更加强调对作为生命个体的学生的关注,更加强调人性化的学习关怀。

一、"开"之境,为"内生"孕育可能

1. 学习素材的开放,埋下"内生"的种子

"不规则图形的面积"一课的例5(见图6-53)是人教版小学数学五年级上册第6单元的最后一个例题。此课以研究叶子的面积为载体,让学生掌握求不规则图形面积的方法。例5呈现出叶子放在方格纸中的示意图,并告知每个小方格的面积是1 cm^2。这样的呈现方式虽然给了学生思维的"脚手架",扫清了研究的障碍,降低了探究的难度,但是也会固化学生的思维方式,不利于学生灵活解决问题。我们将例题的呈现方式进行了调整,一开始只呈现学习任务——请学生估计这片叶子的面积,然后引发学生思考,利用已有的学习经验解决问题。研究工具"小方格"的出现,"小方格"大小的选择,叶子在方格纸上的摆放等,都不是教师事先给出的,而是学生在亲历解决问题的过程中,一步一步地由需要

所得。学习素材的开放，为学生获得活动经验、积累探究方法埋下了希望的种子。

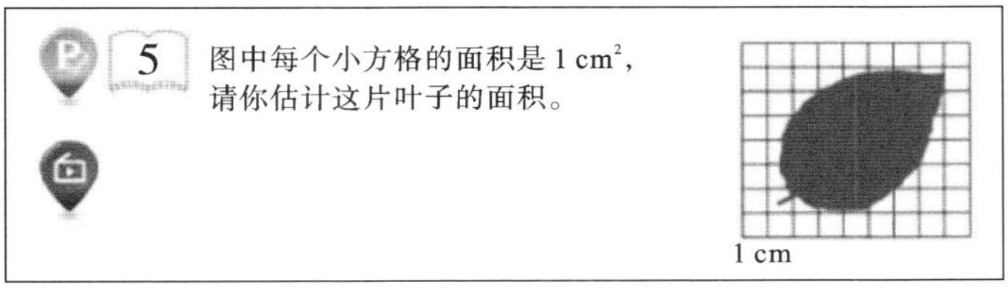

图 6-53　教材例 5

2. 学习环境的开放，孕养“内生”的场域

无论是课前，教师和学生亲切自然的谈话；或是探究中学生思维受阻时，教师悄悄留下的锦囊；还是课中学生有不同观点时，教师的充分尊重与关注，都是为了给学生创设一个安全、开放的学习环境。不唯书本，让学生大胆尝试，勇敢表达，这样的学习环境和氛围成为“养学课堂”中的一种场域文化，让我们的课堂能尊重差异、静待花开，呈现出生命个体的千姿百态。

二、“探”之实，为“内生”蓄积能量

1. 尊重个体，让学生的个性思维充分展现

教材给出了估测这片叶子面积的两种基本方法：一是数方格的方法；二是转化的方法。在以往的教学中，教师往往会带领学生将这两种方法逐个学习。我认为，学生是有个性思维的生命个体，在教师的带领下亦步亦趋地学习会僵化学生的思维，不利于学生内生力的激发。因此，在学生明确研究的问题——“估测叶子的面积”后，再给学生提供丰富的学习材料，让学生根据已有的学习经验展开探究。我们看到，大多数学生运用数方格纸方格的方法来估测叶子的面积；也有一部分学生利用转化的方法，将叶子转化成学过的基本图形来计算叶子的面积。转化的方法具有多样性，有的转化成长方形、有的转化成平行四边形……当然，也有的学生没有头绪，无从下手。教师为这部分学生准备了“锦囊”，不同颜色的“锦囊”中有不同策略的引导。教师巡视时，可以高效地根据需要为不同的学生拨开云雾，找到解决问题的方向。正是因为课堂上对不同学生个体的尊重，才让学生丰富而有个性的思维得以迸发和展现。

2. 准备充分，让学生敢于尝试、敢于创新

在前两次试教时，在操作探究的环节，我们观察到很多学生只想不动，迟迟不敢下笔，是思路不清晰还是操作有困难？带着这些疑问，我们开展了有针对性的课后访谈，结果学生的答案让我们大为意外。学生说：“只有一张探究单，万一弄错了，怎么办？”是呀，谁能保证一试就对呢！不是思路不清晰，不是操作有困难，是只有一张探究单让有了想法的学生在操作时止步不前。于是，我们对学习材料进行了调整，为学生准备了四张探究单，其中两张是有方格纸的叶子，两张是没有方格纸的叶子。另外，教师还多准备了一些探究单，以备学生的不时之需。我们的思考是：如果都提供有方格纸的叶子，单一而且带有指向性，则会让学生的思维固化到数方格的方法中；而没有方格纸的叶子，会让学生的思维得以发散。多个探究单的准备，让思维水平高的学生有尝试多种方法解决问题的机会，更重要的是让学生无后顾之忧，不怕出错，可以大胆尝试、反复调整，给予学生探究的勇气。

3. 留足时间，让学生真正经历探究的过程

一节课的时间是有限的，特别是面对学习内容较多或有难度的学习时，课堂上往往会出现“完成学习任务”和“让学生充分探究”难以两全的局面，这节课亦是如此。面对多次试教都出现时间不够的情况，有的教师提出，为了保证课堂的完整性，是不是应该减少学生操作探究的时间呢？可是，学生在尝试估测“叶子的面积”这一环节，如果给的时间太少，会出现大多数学生没能真正亲历操作探究的全过程，也无法出现多种个性思维，不利于后续实现有层次有深度的联动。有了以上的认知，我们将其他环节删繁就简，保证了学生不低于 8 分钟的探究时间。事实证明我们的选择是正确的，正是给足了学生探究的时间，才有了课堂上精彩纷呈的个性思维的展现，才对学生内生力的激发蓄积了丰富的能量源泉。

三、“联”之巧，为内生力迸发蓄势

学生在经历探究的过程后，面对丰富多样的个性思维和探究结果，如何选择？如何呈现？这往往是最考验教师智慧和能力的地方。高质量的联动，需要将不同个体的有代表性的个性经历相互交融、相互启发、相互滋养。在这个过程中，教师不能喧宾夺主，要择势而为，层层剥茧地直指问题的本质和核心。

1. 有层次的联动，教师择势而为

教学片断

师：这是谁的作品？上来说一说这片叶子的面积是怎么计算的？

生：我是这样计算这片叶子的面积的，先数满格的，满格的有 18 格，再把不满一格的按半格来计算，一共也有 18 格。我的算式是 $18+18\div2=18+9=27$ 格，也就是 27 cm^2。

师：说得怎么样？

学生报以热烈的掌声，上台展示的学生准备归位。

师：别急着走呀，咱们一块儿来回答大家的问题。对他这样的解决方案，你们有没有什么疑问呢？

生：你用了两种颜色的笔在上面写数字。为什么呀？红色和黑色分别表示什么？

生：我是为了区分，用红色表示满格，用黑色表示不满格，这样方便数和计算。

师：嗯，用不同的颜色进行分类，很有想法。

生：这两个“18”有什么区别吗？

师（高兴地连连点头）：哎呀！这个问题提得太有价值了！

生：一个是 18 个满格的，另一个是 18 个不满格的。

师：这 18 个满格意味着什么？

生：这片叶子至少有 18 cm^2。

生：这 18 cm^2 的面积是确定的。

师：这 18 个不满格的呢？

生：不满格的还不能确定它的面积，因为有的小，有的大。

生：我可以确定叶子的面积一定比 36 cm^2 小。

师：太棒了！这片叶子的面积范围是多少？

生：这片叶子的面积比 18 cm^2 大，比 36 cm^2 小，也就是这片叶子的面积为 18～36 cm^2。

师：叶子的面积大约是多少？我们估计的是哪个部分？又是怎样估计的？

谁能再给大家说一说。

生:咱们估计的是这18个不满一格的部分,可以把不满一格按照半格来计算。

生:估算出来是27 cm^2。

师:这个结果是否在我们估计的18～36 cm^2 这个范围内?

生:在,这说明我们估得还比较准确。

在巡视的过程中,教师选取了有代表性的学生作品。关注学生用不同颜色的彩笔表示满格和不满格的格子数,渗透了分类数的思想。再通过生生、师生之间的质疑、释疑,让学生认识到测量叶子的面积其实是在进行估测,满格的面积是确定的,不满格部分的面积是估计的。可以先根据满格和不满格的数量得到叶子面积的取值范围,再将不满一格的按照半格计算,就可以估测出叶子的面积。

2. 有深度的联动,教师智慧引导

教学片断

师:孩子们,这些方法有没有共同点?

生:他们都是把这片叶子转化成我们学过的图形。

生:我补充,而且这些图形的形状都是规则的。

师:真好,你们又做了一件了不起的事——把这片不规则的叶子转化成了规则的图形。为什么要转化成规则的图形呢?

生:因为这样可以用面积公式来计算。

师:直接用公式,多方便! 好,那么大家再来看看,这里的几种转化方案,你觉得哪个比较合适?

有的学生立刻举起了小手,有的学生则静静地思考着。

生:我觉得把它转化成平行四边形更好。因为这片叶子的形状更偏向于平行四边形的形状。

师:你们同不同意?

生:同意。

师:都同意。拿出你的想法来,为什么平行四边形更合适?

生:因为这片叶子的形状和平行四边形的形状差不多。

生：叶子和长方形、梯形的形状不符合。

生：其他的图形和这片叶子的面积差太多了。

师：那我们就留下这个最优的作品。都喜欢平行四边形，再给你们多看几个（展示 3 个形状、大小不一样的平行四边形）。你们觉得这些平行四边形中哪一个更合适呢？为什么？

生：第一个，这个平行四边形的形状和这片叶子差不多，而且多出来的部分和缺少的部分差不多。

师：等会儿，等会儿——这句话很重要，什么？

生：缺少的部分和多出来的部分差不多。

师：什么叫缺少的？什么叫多出来的？你能上来边指边说吗？

学生上台对着图指、说。

师：缺少的和多出来的差不多，就会怎样？

生：多出来的正好可以补给缺少的。

生：那这样我们求的这个平行四边形的面积就和这片叶子的实际面积比较接近了。

通过展示学生转化方法中的不同作品，展开了两次辨析交流：将这片叶子转化成哪种形状比较合适？将这片叶子转化成哪一个平行四边形更合适？通过引导、观察、对比，让学生认识到要将不规则图形转化成与之形状相似的规则图形，在转化的过程中，还需要应用出入相补的原则，使得转化后的图形与这片叶子的面积比较接近。这样从“形”到“数”，培养了学生估测的意识和能力。

因为开放，学生的个性思维得以保护和显现；因为开放，课堂上生成更多的可能。在这样的学习场域下，我们以“养”的心态和行动去保护学、支持学，让我们的学习更富有张力和魅力，让我们的课堂迸发出茁壮的内生力！

顺情·慢养

——"图形的运动(三)——旋转"一课中的"养学"实践

武汉市光谷第八小学　罗淑颖

初闻"养学课堂",是在彭娟老师亲切有力的课堂指导中。在湖北省彭娟名师工作室组织一系列的"养学"研课活动中,领略了由"教"走向"养"的魅力,感动于尊重中的开放,开放中的无限生机。在彭娟老师的带领下,工作室的成员们积极地将"养学"的理念融入自己与学生交流的每一个细节中。我尝试从学生的立场出发,顺应学生已有的学情,以"图形的运动(三)——旋转"一课为例,展开了我的"养学"实践。

一、顺情而"开","养生"之场域

1. 于整体把握"开"的格局

旋转,对学生来说是一个陌生的老朋友,让学生对它的再认知有着许多的阻碍与被动——既拘泥于对"旋转"的固有认知,又没有将旧知和新知融合起来的自觉。想要让旋转的探究自然发生,我需要寻找到它的生长点——以"养"的基调,诱发"生"的自觉。

因此,不同于以往直接从旋转素材入手的教学,我引入涵盖多种物体的运动(轴对称、平移、旋转)的情境(见图 6-54),回顾旧知的同时,让学生从整体上对这节课有一个系统的认知。

2. 借典例,敲开"探"的心扉

有了旧知的唤醒,"养学"的格调初步形成,此时,我还需要一个矛盾的激发点——钟摆的运动属于平移还是旋转?一场小小的辩论赛来袭,在学生疑云重重的争议中,平移和旋转已然界限不明,"探"寻"旋转"本质,迫在眉睫。

图 6-54　游乐园中图形的运动

二、落实基础,蓄“生”之动力

1. 猜想、观察初“探”之,明晰旋转的方向

这一环节,有两个层次的认识:第一个层次,通过沟通平移与旋转,猜想旋转也有方向,在猜想中培养迁移的能力;第二个层次,利用媒体优势化静为动,通过直观的对比图认识旋转方向,精准对旋转方向的描述。

教学片断

师:我们知道,平移是有方向的,旋转有没有方向呢?先猜想。

师:仔细观察这两个图形的旋转(见图 6-55)有什么不一样?

图 6-55　顺时针与逆时针运动图形素材

生:大图形向左,小图形向右。

师:同意这个说法吗?

生:不同意,它们还在向下动。

学生是第一次正式了解顺时针和逆时针方向,在此之前学生已经有了一定的认知,只是不能够用精准的语言来描述,认知较为模糊。学生可能会说向左转、向右转,辅以手势比画就能够抓住这种有效的“错”的生成——既然是向左,那么在比画的时候还会伴随着向下的动作。在这样一个过程中,学生就会意识到左右的说法仅适用于像平移这样的直线运动。对于像旋转这样的曲线运动,我们还要赋予新的名词。

2. 迁移、生疑需“探”之,认识旋转的角度

有了旋转方向的认识做铺垫,旋转角度的认识也自然产生了需求。在这样的需求之上,提供合适的素材——钟面上指针的旋转(两个素材同时呈现,指针从“12”到“1”,从“2”到“6”)。

平移有方向,旋转也有方向,只不过两者的方向描述方式不同,本质不同。基于此,学生不禁要问了:平移有距离,那么旋转有距离吗?

在这里,放手让学生去探究,借助不同层次的学生之间的交流,碰撞出思维的火花,在这样生生互助的沟通、联系之间,我们所提炼的,不只是对“旋转角度”的认识,更是一种“养学”氛围的生成。

3. “探”中遇阻复“探”之,对比旋转定中心

学生在经历了“探”“联”的小轮回以后,满心欢喜地以为已经探寻到“旋转”的本质,同时,再次出现矛盾。我设置了两个仅旋转中心不一致的旋转运动(见图 6-56),让学生在矛盾中复“探”,培养学生发问的习惯、探的毅力,明晰旋转中心的重要性和必要性。

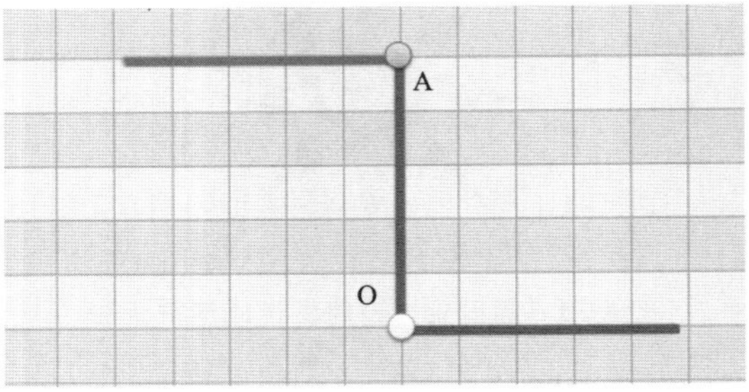

图 6-56 旋转运动素材

通过前期对旋转三要素认识的积累，我们对“钟摆的运动方式属于平移还是旋转”这一问题也终于能够有所交代。

师生、生生联动辨析，认识到钟摆运动是旋转运动，而且在摆动中既包括了顺时针旋转，也包括了逆时针旋转，打破了对“旋转”错误的认知，将片面的认知与新的理解融合，“内生”为更加全面、准确的认知。

三、自主探究，“联”生之多彩

1. 模拟定操作，操作深探究

突破理解旋转本质这一难点，随之而来的是本节课的教学重点——“线段的旋转”。它实现了将生活中的旋转过渡到数学图形的旋转，深化学生对旋转要素的理解。

因此，在“面的旋转”之前，我加入了“线段的旋转”。本环节中，我准备了小棒，格子纸，提出“在格子纸上画出线段绕点 O 顺时针旋转 90°”的要求后，让学生先模拟旋转，后操作画图。通过这样的操作，学生能够看到具体的旋转图像，就很容易找到画图的方法。

2. 质疑促生“联”，联动生向往

答案似要呼之欲出了，此时教师要越发地镇静，收集好各类素材，就大胆将舞台留给学生——“我为什么会这样画?”“我认为画的时候要注意这些问题，你们认同吗?”“还有什么建议呢”…… “线段的旋转”就这样完善在生生联动之中!

接下来，我轻轻地用粉笔描出了第三条线段，同前两条围成了一个等腰直角三角形。“三角形绕点 O 顺时针旋转 90°后，得到的是什么样的图形呢?”“绕点 A 呢?” “依次再绕点 A 顺时针旋转 90°三次呢?”

如图 6-57 所示，想象与操作相互结合，抽象描述与现代技术直观和动态的展示交错呈现，满足学生的好奇心，激发学生无穷的空间想象力。

有学生问道:“那条斜边是绕点 A 旋转多少度呢?”甚至有学生迫不及待地想要动手画一画，提前思考了例 4 的内容:“先转哪一条边更好呢?”师生质疑相交融，挖掘了更深的思索与更主动的数学向往。

四、联动感悟，“融”生之能量

最后，我为学生准备了一段微课小视频(见图 6-58)。在旋转的实用价值口

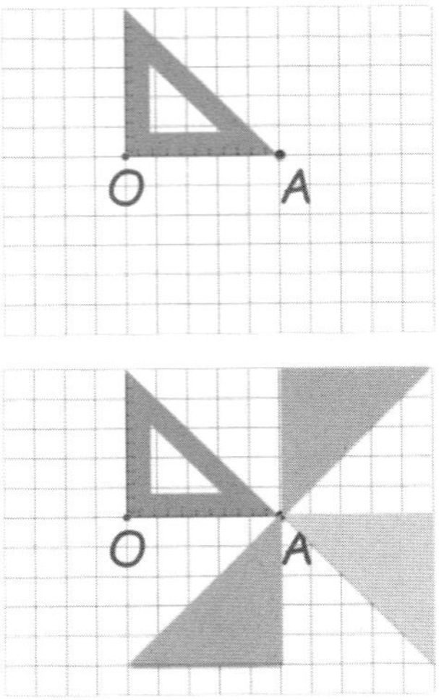

图 6-57　三角形绕点 A 顺时针旋转 90°三次

感悟数学的神奇，在旋转蕴含的美中寻找数学的奥妙，激发思维的无限想象与创造。

图 6-58　旋转在生活中的应用

经历了类比迁移、观察实例、操作想象、语言描述、绘制图形等活动，学生积累了几何活动经验，发展了空间观念，学习并初步形成由局部走向整体，由整体反观局部的思维模式，为以后的几何教学蓄积生生不息的力量。

在这短短的 40 分钟里，我始终秉持着“顺情・慢养”的原则。在多次的实践中寻找顺情的时机与方法，在顺情中营造“开”的场域，培养“探”的主动，“联”的自觉，“融”的灵活。也正是因为这样的顺情，学生才能从容不迫地吸取养分，始终秉持一颗种子的无畏去探索，去生长！

用“养”的情怀，促“学”的“内生”

——三年级下册“复式统计表”教学案例

武汉市汉阳区西大街小学　朱珣珣

武汉市青山区钢城第十一小学　朱莉萍

每一个学生都是鲜活的生命个体，他们的学习过程如同一颗种子，必须通过自己的力量去破土发芽。这个力量是学生自我实现的动力，也就是学习的内生力。

在对“统计与概率”的学习中，我们希望学生主动亲近数据，理解数据，习惯用数据去分析问题和表达观点。而这需要我们在教学中遵循学生的认知规律，尊重他们的差异，保护他们的探究，协助他们的交流，等待他们的自我完善。这一切汇作一个字——“养”。

一、恰当地“养”，让学习自然发生

“复式统计表”这部分的教学，是在学生掌握了分类与整理、数据的收集与整理、单式统计表的基础上进行的。在此之前，学生能从单一的角度去分析数据，而在复式统计表中，学生要学会从横、纵两个角度去理解和分析数据。这对学生数据分析观念的发展来说是一次飞跃。而这节课是学生小学阶段学习复式统计表的第一课。关注学生学情的教师一定能感受到在“由单到复”的过程中，学生的经验非常匮乏，不容易产生“合”的认知。

基于我们的教学主张，在研究这节课的时候，我们着重思考：如何去顺应学生已有的经验，打开他们的思维？

开课借助动画翻阅电子课本，简单回顾一年级“分类与整理”、二年级“数据的收集与整理”的相关知识，唤醒学生对统计知识和经验的回忆，为新知的学习做好铺垫。例题的教学创设了统计“学生最喜欢的活动”的情境，激发了学生探究的兴趣。同时，设计了喜欢电子游戏的数据无法代表女生情况的冲突，激起了第一次的由合到分。这一次是数据上的合到分，分成男生和女生进行统计，由一张单式统计表变成了两张单式统计表，不仅活跃了学生的思维，还为之后形式上的由分到合积累了一些对比的经验。

接着，聚焦问题，呈现多种生产、生活中应用复式统计表的情境图，让学生感受统计与日常生活的联系。复式统计表的产生是生产、生活的需要，通过“春节联欢晚会节目评价表”可以知道大众喜欢看什么样的节目，“停车场车辆停放情况统计表”可以帮助管理人员统一调度，统计表还可以用在统计天气、商品价目等领域。“这些统计表包含的信息非常丰富，看了这样的统计表，再回到我们填写的两张表，你有什么想法吗?”让学生自然而然地产生“能不能将两张单式统计表合成一张表”的需要。

其次，研究学生的“最近发展区”，“探”准任务的切入口。学生对单式统计表有许多的经验，在充分比较两个单式统计表的相同点(所有活动项目都相同)的基础上，更容易产生“可以合”的认知需要。将任务设置在学生“跳一跳就能够够着”的地方，从而让每一个学生都打开思维。于是，把两个表合成一个表就水到渠成了。

二、开放地“养”，让学习真实展开

在产生“合”的需要后，又该怎么去“合”呢？学生已经熟知单式统计表，受经验的限制，没有认识复式统计表之前，学生通常想到的方法就是把两个表简单地相加叠放，只有很少的学生想到通过设计表头来合并两个表，这是在情理之中的。

教学中该怎么办呢？将问题围追堵截吗？统计观念不是一种简单的技能，而是需要在亲身经历的过程中培养出来，它反映的是由一组数据所引发的想法，所推测到的可能结果，自觉地想到运用统计的方法解决有关的问题等。统计观念的形成不是一蹴而就的，需要有一个逐步深化的过程。本着让学生学会“学”的原则，我们认为要让学生的学习真实地展开。因此，我们选择让学生直面挑战，尊重学生的差异，开放学生的多元想法。在讨论之前，不限制学生的思考，给足学生探究的时间和空间。

教学片断

师：你们打算怎么合呢？先独立思考，再一起议一议。

给学生充分交流、操作的时间，教师巡视。

师：说说你们的想法？

每两人一组上展台汇报。

生1：我们是把两张表拼在一起（见表6-9）。

表6-9 学生作品1

活动	看书	踢球	看电视	画画	跳绳	玩电子游戏
人数						
活动	看书	踢球	看电视	画画	跳绳	玩电子游戏
人数						

师：嗯，合并成了一张表，还有没有什么建议？

生2：我们这组把相同的活动内容去掉了，然后把“人数”分别改成“男生”和“女生”（见表6-10）。

表6-10 学生作品2

活动	看书	踢球	看电视	画画	跳绳	玩电子游戏
男生						
女生						

师：想法不错，把相同的部分去掉了。确实简洁多了！还有没有需要改进的地方？

学生茫然不知所措。

师：这张统计表包含哪几个部分？

生：包含三部分的内容，一个部分是活动内容，一个部分是人数，还有一个部分是性别。

师：（指着表中的“活动”两字）这三部分内容用“活动”两个字能表示吗？

生：哦，我们知道了，这里的“活动”只能表示活动内容，人数和性别却没有表示出来，所以我们这组把这一格分成三部分，一部分表示活动，一部分表示人数，还有一部分表示性别（见表6-11）。

表 6-11　学生作品 3

人数 活动 性别	看书	踢球	看电视	画画	跳绳	玩电子游戏
男生						
女生						

师：你们真善于思考，掌声送给你们！这样表示多么一目了然啊！

师：同学们听明白了吗？谁能指着表格再说一说。

配合学生的回答，动画对应演示活动、性别、人数，并将其移动至表头，如图 6-59 所示。

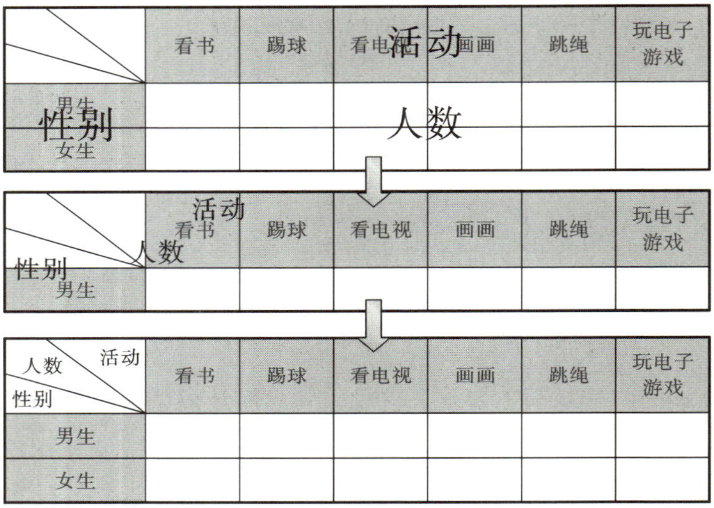

图 6-59　动画介绍表头

师：这一格我们把它叫作“表头”，有了这个表头，我们就知道了这个表的横栏、纵栏和中间内容。

由于学生的思维水平存在差异，学生呈现的结果也有所不同。有的学生只是简单地把两张表合在一起；有的将重复的项目栏去掉，并将“人数”用男生、女生来区分；有的把“活动”栏按表格内容分成三个部分。通过把两张单式统计表合成一张统计表的活动，学生认识了单式统计表和复式统计表的关系，了解了复式统计表的结构，经历了复式统计表构建的过程。

在这个过程中，教师应该把握好自己的定位，做一个引导学生交流、促进知识构建的帮助者，面对学生的汇报，点头微笑，认真倾听。当学生的思维出现困难时，教师不急于替代、提醒，而是用适时的点拨引起生生之间的交流。学生倾听、观察、讨论、对比，他们的思考并不完善，但在试错、纠错中，不断质疑，不断调整。学生对复式统计表的认识经历了一个由模糊到清晰，由局部到整体的过程，最重要的是，他们收获了知识，增强了互动、交流的能力，多元、批判的思维方法以及探究力都得到了激发。

三、智慧地“养”，让学习优质深入

复式统计表中表头的学习是一个非常重要的雷区。一方面，这个雷区表现在认知上，学生没有相应的经验。另一方面，表头是整个复式统计表里信息的概括，它反映了复式统计表双重分类标准的结构特点，也渗透出复式统计表里的每一个数据都需要从两个维度去理解和分析。因此，对表头的教学，我们不仅要站在知识的角度，更要为以后学生继续学习复式统计表激发内生力。基于这样一个目标，对于表头的教学我们不是简单地讲授，而是在新授和练习巩固中，都引导学生从横向、纵向两个角度去充分地理解复式统计表，关注每一个数据的“双重身份”，从而明确表头的结构，有效化解认识过程中的难点。

另外，还要重视学生运用复式统计表中的信息去分析问题和表达观点。学生在运用复式统计表的数据时，不仅需要关注表中的直接信息，也需要关注表中的间接信息，如相较男生，女生更喜欢读书等。这样的运用能潜移默化地让原本只停留在“能合”的认知基础上的学生感受到“合”的优势。这里设计了三个教学环节。

(1) 读数据，说含义。请学生读取表中的数据，说明数据所表示的具体含义。

(2) 回答问题。“男生喜欢哪种活动的人数最多？女生呢？”帮学生获取相关的间接信息。

(3) 联系问题。“你对调查的结果有什么看法和建议？”让学生感悟统计学的价值。

从以上三个层层递进的教学环节中，学生不仅认识了复式统计表，而且进一步体会到了复式统计表的作用和价值，尤为重要的是学生通过获取直接数据、间接数据，提升了数据分析的能力。

在学生探究的过程中，教师智慧的引导让学生的学习深入。

四、耐心地“养”，让学习不断完善

数学学习不是一场齐头并进的快跑，我们尊重差异，更允许差异，要给每个学生足够的机会，让他们在不同层次的数学活动和运用中去融合和完善自己的认知。

基础练习如图 6-60 所示，主要体现三个有效的练。一练“经历”。通过“调查本班同学最喜欢下面哪种电视节目”的活动学生经历复式统计表的数据收集与整理的全过程。二练“填写”。对课堂上现场生成的数据，学生能在复式统计表中完整地填写。三练“四能”。学生通过思考、回答本题的三个问题，能够提出基于数据个性化的问题和表达。以上三练，旨在达成和检测“教学目标”，即学生经历复式统计表的形成过程，通过收集、整理、描述、分析等活动，加强数学思考，初步认识复式统计表，能对统计表中的数据进行简单的分析。

做一做

调查本班同学最喜欢下面哪种电视节目。

节目 / 人数 / 性别	动画片	体育运动	电视剧	科教片	知识竞赛类	少儿综艺类
男生						
女生						

（1）女生喜欢（　　）的人最多。男生呢？
（2）有女生和男生都比较喜欢的节目吗？
（3）你能提出什么问题？和同学们交流一下。

图 6-60　教材 37 页“做一做”

综合练习如图 6-61 所示。此习题主要通过判断三个问题的正确与否，使学生进一步熟悉复式统计表的结构和特点。在完成本题的练习后，可以进行一些变式练习。例如，提出“如果想了解四届奥运会的金牌数，怎么办？如果增加第 31 届的数据呢？还要增加一个国家呢？这时统计表还是中、美、俄三届奥运会金牌统计吗?”这样的思考,帮助学生经历复式统计表在横栏、纵栏、标题等的变化过程,如图 6-62 所示。通过“加一届,即加一横栏,加一个国家,即加一竖栏”,学生体会了复式统计表可以根据内容的增加进行横栏和纵栏扩充的优势特点,感受到这样的复式统计表能呈现更丰富的内容。用“不变”到“变”的过程来实现教学目标——学生感受统计与日常生活的有机联系,体会复式统计表在生活中的广泛运用,在解决问题的过程中,培养数据分析观念和应用意识等核心素养。

1. 练习八

国家 / 金牌数 / 届数	中国	美国	俄罗斯
第 27 届	28	39	32
第 28 届	32	35	27
第 29 届	51	36	23

关于上面三届奥运会,下面哪些说法是正确的?
(1)中国获得的金牌一届比一届多。
(2)俄罗斯获得的金牌一届比一届少。
(3)每届都是美国获得的金牌最多。

图 6-61 教材练习八第 1 题

中、美、俄、英五届奥运会金牌统计表

国家 / 金牌数 / 届数	中国	美国	俄罗斯	英国
第27届	28	39	32	11
第28届	32	35	27	9
第29届	51	36	23	19
第30届	38	46	24	29
第31届	26	46	19	27

图 6-62 教材练习八第 1 题的变式

拓展练习如图 6-63 所示，针对“这个班的体育成绩怎么样”的问题，本习题可以进行两个方面的拓展。一是推理能力的拓展。“你能根据三(1)班的数据，推断出全校三年级学生的体育成绩吗?”旨在加强统计中由部分数据(样本)推测全体数据(总体)的意识。二是数学思考的拓展。“三(1)班的同学明年的体育成绩会怎样? 请给出建议吧!”这样的拓展问题，更好地体现了数据分析的预测和决策作用。

2. 下面是育人小学三（1）班学生的体育成绩记录单。

男生体育成绩记录单

学号	成绩	学号	成绩
1	良	6	及格
2	优	7	优
3	及格	8	良
4	良	9	及格
5	及格	10	良

女生体育成绩记录单

学号	成绩	学号	成绩
11	良	16	及格
12	及格	17	良
13	优	18	及格
14	良	19	优
15	及格		

请把这些数据整理在下表中。

成绩 / 人数 / 性别	优	良	及格	不及格
男生				
女生				

（1）比较一下这个班男生和女生的体育成绩。
（2）这个班的体育成绩怎么样？

图 6-63　教材练习八第 2 题

学生在以后统计学习中还会进一步地去学习复式条形统计图、复式折线统计图，对统计表的应用价值还会不断地完善和补充。在这个阶段我们应该让学生充分积累“合起来”的经验，在下一阶段就能以“合的需要”作为任务的切入点了。

这节课，打造了一个开放、灵动的“养生课堂”，为下一阶段学生继续学习统计表的知识积累了内生力。最后，呈现精彩纷呈的统计表，激发了学生新一轮的挑战热情。

尊重已有认知，让学习自然发生

——“条形统计图”一课中的“养学”实践

武汉市汉阳区车站小学　吴　丹

2017年初，湖北省彭娟名师工作室提出了“养学课堂”的教学主张。“养”字意指抚育，供给生活品，也指饲养动植物的意思。透过“养”字，我们能联想到生命，联想到种子。“养学”是将学生视为种子，教师视为园丁。作为园丁的我们要以“养”的思维方式去体会作为种子的学生的思维与学习规律，并充分尊重学生的已有认知，从学生的角度设计教学活动，让学习自然发生。也因我们的尊重，学生“内生”的学习力会如泉涌一般，持久而有力。一个“养”字，道出了我们“以生为本”的教育初心，强调了对学生生命体的关注，强调了人性化的学习关怀。

在“养学课堂”教学主张下，我在教学一线也开展了一系列的“养学”实践，下面就以“条形统计图”一课来谈谈自己的实践与感悟。

“条形统计图”以往是第一学段的教学内容，且采取的是分散编排。《义务教育数学课程标准(2011版)》对“统计与概率”部分的内容进行了较大调整，第一学段主要是学会分类，会进行简单的数据收集与整理，第二学段正式学习各类统计图。根据这种内容结构的变化，“条形统计图”被编排在了四年级上册，且整合成了一个单元，让学生集中认识条形统计图。例1让学生认识1格表示1个单位的条形统计图，例2让学生认识1格表示2个单位的条形统计图，例3让学生认识1格表示5个单位或多个单位的条形统计图。

了解学生是“养学课堂”的基础。在教学这一内容之前，教师有必要对学生进行了解，了解学生通过第一学段的学习到底掌握了哪些相关的统计知识，为后面“养学课堂”的实施做好准备。

学生通过第一学段的学习已经初步体验了数据的收集、整理、描述和分析的过程，能够用自己喜欢的方式(文字、图画、简单的统计表等)呈现分类计数的结果，能够根据统计表及象形统计图提出一些简单的问题；初步经历了用统计的方法解决问题的过程；了解了统计在现实生活中的作用和意义，并初步建立了统计观念。

如何根据学生已有的知识经验来引导学生亲身经历条形统计图的产生过程，让学生在“开放”中生长出学习的内生力，这是本节课主要研究的方向和内容。

一、改编例题，开放情境，孕育“内生”的可能

在学习过程中，学生感兴趣的是与他们生活息息相关的统计内容。根据他们的年龄特点，越接近他们的生活、越具有时效性、越体现生成性的教学资源，他们越感兴趣。而教材为我们呈现的例1是北京某年8月份的天气情况，如果直接向学生出示例题，学生会觉得与自己实际生活离得太远而失去兴趣，因此我对例1的情境进行了加工，希望激发学生对统计内容的兴趣。

课堂上我先播放了北京的宣传片，问学生：“北京美吗？”“美！”“暑假想去旅游吗？”“想！”“那我们就要来了解一下北京暑期的天气情况。”顺势而导，将学生对去北京旅游的向往引入对北京天气的关注。

课件出示北京某年8月份的天气情况，引导学生观察：“这个月每种天气各有多少天？你准备用什么方法来解决？”一位学生说：“我想统计一下。”另一位学生说：“我想数一数。”

开放的情境，让学生切实感受到了统计的必要性，同时也为后续探究孕育“内生”的可能。

二、借助经验，尝试初“探”，积蓄“内生”的力量

教学片断

(1) 整理数据。

师：下面请同学们用以前学过的方法，在作业本上把天气情况清楚地表现出来。

学生独立整理数据，教师巡视，了解学生整理数据的方法。

(2) 汇报交流。

师：同学们都用自己的方法进行了整理，老师挑选出了一些有代表性的作品，请几位同学给大家介绍一下，他们是用什么方式进行整理的，统计的结果是

怎样的？

生 1：老师，我是用统计表来整理的，我统计的结果是晴天有 9 天，阴天有 6 天，多云有 9 天，阵雨有 5 天，雷阵雨有 2 天。

生 2：老师，我是用画正字的方法来整理的，统计的结果和他的一样。

生 3：老师，我是用画圆圈的方法来整理的，统计的结果和他们的一样。

生 4：老师，我是用画图的方法来整理的。

师：看来这四位同学用了不同的统计方法，结果都是相同的。画统计表和画正字的同学都用数来表示天数，而后面两位同学是用画图形来表示天数。

板书：数形。

尊重、顺应学生已有的认知是"养学课堂"的核心，学生因为有了第一学段的统计学习，对统计和整理数据并不陌生。在开放、有趣的情境后，组织学生依据已有知识经验开展真实、有效的探究，组织学生自行统计并整理数据，充分呈现学生统计方法的多样性，为后面多种方式的联动学习积蓄"内生"的力量。

三、多方联动，深入探究，展现"内生"的光彩

教材呈现的条形统计图是静态的，也就是说，教材实际提供的只有统计的结果。但是从"养学课堂"的理念出发，仅仅呈现结果是不利于学生内生力的形成的，学生很难从结果中体会条形统计图的特点，同时也很难迸发出创造力。基于这种思考，我在教学过程中注重让学生对整理和描述数据的方法进行多方联动、深入探究，通过对比、分析，经历条形统计图再创造的过程。学生在多方联动、深入探究的过程中也渐渐体会到数与形的相互作用，"内生"出"数形结合"的数学思想。

教学片断

1. 师生联动，观察分析，明确初"探"图表特点

(1) 出示学生整理的统计表(见表 6-12)。

表 6-12 学生整理的统计表

晴天	阴天	多云	阵雨	雷阵雨
9 天	6 天	9 天	5 天	2 天

师：同学们，你们觉得用统计表来表示天数怎么样？

生：我觉得很简洁，很清楚。

师：能看出各种天气的天数是多少吗？谁来具体说一说。

生：统计表可以看出晴天有 9 天，阴天有 6 天，多云有 9 天，阵雨有 5 天，雷阵雨有 2 天。

师：看来，统计表能清楚地看出各种天气的天数是多少。

(2) 出示学生整理的象形统计图(见图 6-64)。

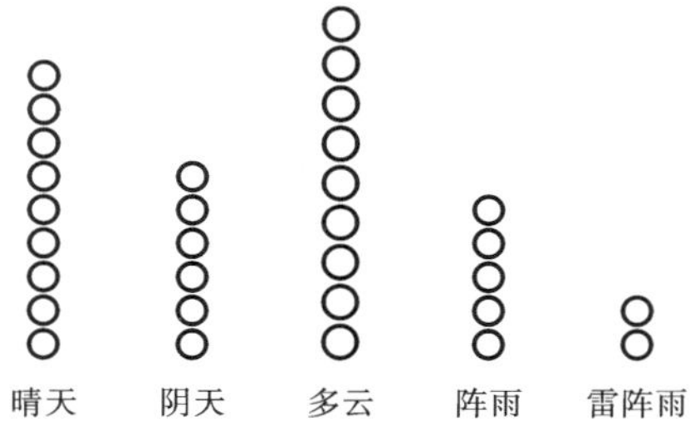

图 6-64 学生整理的象形统计图

师：同学们，你们觉得这种方法怎么样？

生 1：我觉得有点麻烦，要数一数才知道是多少。

师：它就一点优点也没有吗？

生：我觉得它还是有优点的，它能比较出谁多谁少。

师：怎么比较呢？

生：我可以通过看它们的长短就能一眼看出谁多谁少。

师：看来，用图形表示的方法能够直观地比较数量的多少。

2. 深入探究，逐步优化，体验条形统计图形成过程

师(小结)：用数据来表示，可以清楚地表示数量的多少；用图形表示，可以直观地比较数量的多少。能不能想个办法，既能清晰地表示数据，又可以直观地比较数量的多少呢？

生：我们可以在图的上边标上数据。

教师根据学生的回答在图上标出了数据(见图 6-65)。

师：有问题吗？

生：有问题，我发现晴天和多云的天数一样多，但是画的图却不一样高。

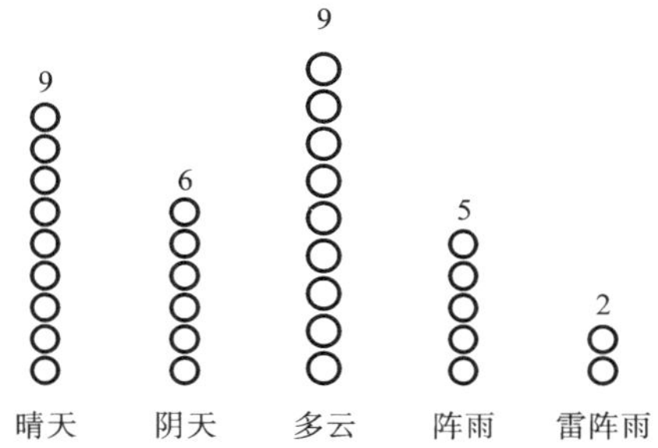

图 6-65　标注数据后的象形统计图

师：什么原因造成这种现象？

生：老师，我发现画的圆大小不等，距离也不相等。

师：如果仅仅统计它们的天数是没有问题的，但是，要想借助图直观地比较数量的多少是不标准的，你能想办法解决这个问题吗？

生：可以先打上格子再画图。

师：如果先打上格子就不会出现这种问题了，请看屏幕。通常，我们会选用一些大小相等，又便于堆放的图形，这样表示看上去像不像几个人站在一起比高矮呢？它们到底有多高，我们还需要一把尺子来量一量。

课件演示纵轴的形成过程。

师：这就是北京某年 8 月份的天气情况统计图。同学们，我们在探究中创造出了一种新的统计方法。像这样用直条的高矮来表示数量的多少的统计图，我们把它叫作条形统计图(板书课题)。

3. 对比分析，强化特点，突出“数形结合”数学思想

师：与统计表比较，你觉得条形统计图有什么优势？

生：它能直观地看出谁多谁少。

师：与象形统计图比较，你觉得条形统计图有什么优点？

生：有格子，比较多少时直观又标准，旁边有数据，也能清楚地看出各种天气的天数是多少。

师(小结)：是的，统计表能够清楚地看出数量的多少；条形统计图不仅能看出数量的多少，而且能更加直观、形象地比较数量的多少。为什么条形统计图有这样的优点呢？这是因为它能够用图形直观地表示数量的多少，在数学上称为数形结合。

数形结合是数学学习的一种重要的数学思想和方法。条形统计图、折线统计图、扇形统计图都是数形结合应用的典范。本课在尊重学生已有认知的基础上，让学习自然地发生，让数形结合水到渠成。首先通过统计表和简单的象形统计图表示统计结果，引导学生分别看到了“数”与“形”；在此基础上引导学生对比分析：“怎样才能一眼看出每种数量的多少，又能直观地进行各种数量间大小的比较呢?”学生自然想到了数形结合。从尊重学生已有认知出发，学生在这节课上经历了条形统计图产生的全过程，也进一步体会到数形结合的特点与作用，有效促进了学生数学素养的形成，集聚了内生力。

行走在“养学课堂”的研究之路上，我们不断地发现，学生因为我们的开放，学习变得主动；因为我们的开放，个性得到张扬；因为我们的开放，思维变得开阔。课堂也因为开放而变得精彩。让我们继续用“养”的心态去保护学、支持学、协助学、优化学，让我们的课堂成为开放的学习场域，并不断地迸发出茁壮的内生力。

如何从“开放”走向“内生”

——“平均数”“养学课堂”教学实践与思考

武汉市常青实验小学　刘重庆

“养学课堂”从学生的需求出发，尊重、顺应学生，激发学生主观能动性，促进内生力的发展。在研究的道路上，我们尤为注重解读教材、解读学生，特别从“开放”上下功夫，力图创设能促进不同生命个体内生力发展的课堂。

下面以人教版四年级下册“平均数”的教学实践为例，说说我们如何立足开放，用“养”的心态，通过“探”“联”“融”的学习活动，从而达到“内生”的。教材通过 2 个例题(见图 6-66)，实现平均数教学的四大要求：价值要求、算法要求、意义要求、统计学要求。

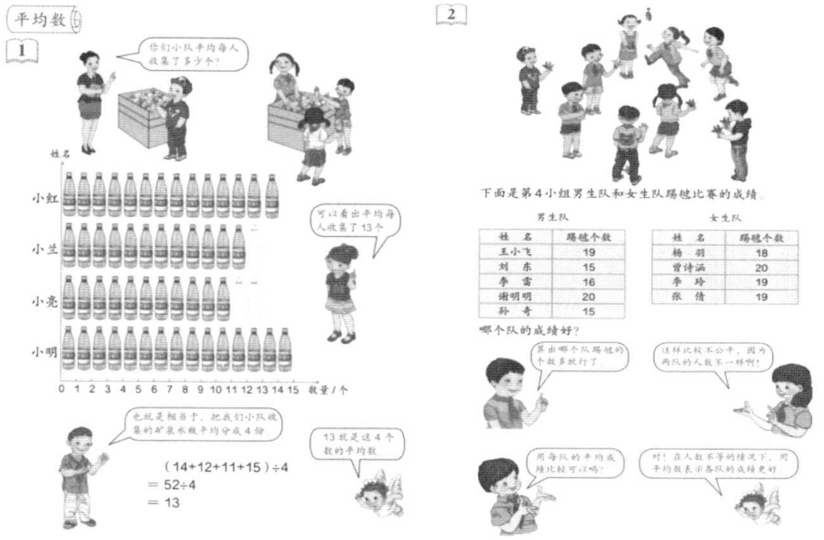

图 6-66　教材例 1、例 2

解读教材如下。

(1) 通过例 1，学生经历解决“小队平均每人收集了多少个”这个问题，掌握求平均数的先总后分的方法和移多补少的方法。这是平均数作为算法概念的程序性理解，达成算法要求和意义要求；这是操作步骤，是关于怎么办的知识。

(2) 通过例 2,比较"哪个队的成绩好",充分体会平均数的价值,体会平均数是表示一组数据集中趋势的一项指标,平均数表示一组数据的一般水平。这是平均数作为描述、理解和比较数据统计量的概念性理解,达成价值要求和统计学要求。

数学世界的平均数要求是这样的,那在学生的概念中,平均数是一个什么样的数呢?问卷调查让学生用自己喜欢的方式说说平均数是一个什么样的数,结果如表 6-13。

表 6-13 问卷调查表

类别	意义类			方法类				
	分数意义	同样多	描述平均	文字表达求平均数	举例求平均数	列式求平均数	移多补少求平均数	移多补少+列式
人数	3	3	6	4	7	8	3	1
百分率	8.6%	8.6%	17.1%	11.4%	20.0%	22.8%	8.6%	2.9%
	34.3%			65.7%				

实际调研发现,学生对平均数的学习有着丰富的知识基础、生活经验,以及算法上的熟练操作,一年级就听过老师介绍班级考试的"平均分",二年级学习平均分……学生有算法概念的程序性理解,缺乏的是作为统计量上的概念性理解:体会用什么数据去代表一组数据的一般水平;理解为什么它可以做代表;知道平均数有哪些性质、特点;能结合具体情境解释平均数,即对平均数统计意义方面的理解。

如何基于学生平均数认识的现有起点,让学生深度参与探究平均数的数学世界呢?如何在走向数学世界的过程中,让学生"内生"并发展数据分析观念呢?

我们的研究,立足以下三个"开放",通过"探""联""融"活动,"内生"的力量悄然生发。

一、"开放"情境,创"内生"之根基

什么样的情境能为学生的"内生"做好基础准备呢?好的情境对"内生"来说,犹如好的土壤、阳光、水分……

1. 创设“开放”的问题情境，激发学生探究的欲望

(1) 课件播放“最强大脑”比赛片段。

师：昨天咱们班，也进行了口算比赛。想知道比赛的成绩吗？

生：想！

(2) 出示前三组的口算比赛成绩统计表(见表 6-14、表 6-15、表 6-16)。

表 6-14 第一组口算比赛成绩统计表

学生	做对题数
1	13
2	11
3	11
4	9

表 6-15 第二组口算比赛成绩统计表

学生	做对题数
1	12
2	15
3	11
4	14

表 6-16 第三组口算比赛成绩统计表

学生	做对题数
1	13
2	10
3	16
4	10
5	11

(3) 观察三组口算成绩统计表，问：你能提出什么数学问题？

预设学生的问题：哪一组做对的总题数最多？每个组平均做对多少题？怎么求平均数？哪个组的成绩最好？……意图是培养学生的问题意识，问题来自学生，能有效提升学生参与研讨的积极性。

这样“开放”的导入情境，能带给学生思考的空间，为“内生”奠定了情感和研究基础。

2. “开放”完整的统计情境，让“探”“联”“融”自然深入

例题的情境是静态的，是整理后的数据。为了学生更自然地亲近数学世界，更好地培养学生的数据分析观念，我们设计了如图 6-67 所示的教学步骤：课前口算，收集数据；重新分组，整理数据；生成统计图，描述数据；观察对比，分析数据。

这样的动态情境，将教材的 2 个例题合并成一个统计情境，学生经历整个数据收集、整理、描述、分析的全过程，便于培养学生的统计分析观念，让学生感受平均数的意义，它不能直接塞给学生，它是需要慢慢“养”的过程，是让学生基于已有的生活经验和学习基础，主动参与“探”“联”“融”，悄然走向“内生”的过程。

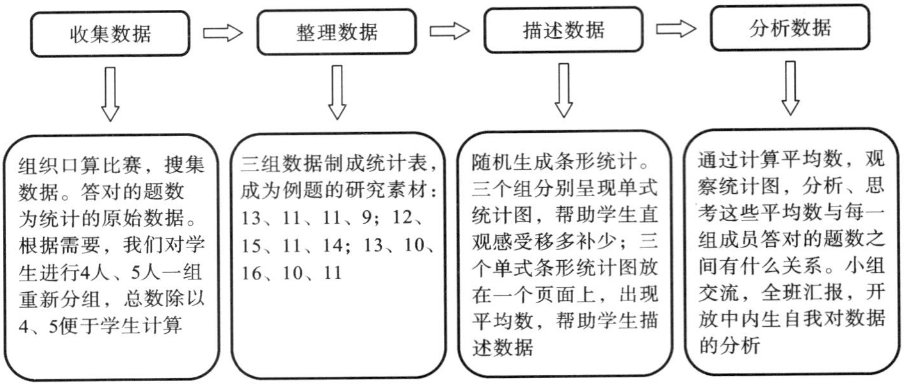

图 6-67　数据分析观念培养教学步骤

二、开放活动，诱"探"之深入

什么样的活动是好的学习活动呢？"养学课堂"认为凡是有利于学生主动、深度参与课堂的活动都是好的学习活动。面对学生提出的众多问题，该怎样用活动聚焦学生对平均数的认识呢？

学生根据三个组的成绩统计表，提出各种不同的问题，这时该如何聚焦中心问题：哪个组的成绩最好？展开活动，体会平均数的价值。

(1) 认知冲突：求总数比成绩不公平，感受平均数的价值。

师：我们先解决你们的问题——快速说出，每个组答对的总题数。

生：第一组一共答对了 44 题。

生：第二组答对了 52 题。

生：第三组答对了 60 题。

师(做惊讶状)：60 题！哇，恭喜第三组成为冠军组！

许多学生举手。

师：哦？怎么啦？怎么啦？(指着一名学生)好，请你说！

生：我认为第三组的同学不应该获得冠军。因为第一组和第二组都是四个人，而第三组有五个人，多一个人，他们的总成绩就会多，这样的话就不公平，所以冠军不能给第三组同学。

生：第三组的人多了，总成绩也多，但是平均数不一定多。

师：大家一致认为比总成绩对大家是不公平的，那你们有什么好的方法来评判，究竟哪个组的成绩最好呢？

(2) 独立计算，初步展示算法。

师：那不如行动，大家把自己的想法写在学习单上，等会儿有根有据地和同学们交流，究竟哪个组的成绩最好。

学生独立拿出学习单，开始计算。请三位学生分别黑板上完成：(13＋11＋11＋9)÷4＝11(题)，(12＋15＋11＋14)÷4＝13(题)，(13＋10＋16＋10＋11)÷5＝12(题)。

该活动从学生提出的众多问题中选取一个简单，却与其他问题都有关联的求总数问题"每个组答对的总题数是多少呢"，当学生快速说第一、二、三组的总题数分别是 44 题、52 题、60 题的时候，老师顺势作夸张状"恭喜第三组成为冠军组"，这时学生的思维有如刹车一般，在矛盾情境中，体会到比总成绩得到哪个组的成绩最好不公平。"那你们有什么好的方法来评判，究竟哪个组的成绩最好呢？"一石两鸟，动静结合，让学生充分体会平均数在统计上出现的必要性，即平均数的价值体现，在问题驱动下，促进学生自主、深入学习。概括求平均数的模型：总成绩÷总人数＝平均数。思辨、探究新知与旧知的关联和融合，教材例 1 中对平均数的程序性理解和算法要求，以及平均数的价值，都发生在开放的活动设计和解决问题中。

三、开放问题，促"联""融"之巧"生"

古希腊哲学家普罗塔戈曾说："头脑不是一个要被填满的容器，而是一把需要被点燃的火把。"在数学学习中，点燃学生火把的往往是问题。

理解平均数统计意义的精彩源于问题设计的开放性。在学生有了对平均数算法理解和平均数价值理解的基础上，教师顺势推进，把统计表转化成统计图，出示平均数和三组成绩统计图结合在一起的组图，让学生观察，提出开放性问题："这些平均数与每一组成员答对的题数之间有什么关系？"这样的关系可以从多角度去描述，引发学生对平均数的思考和进一步的深入探究，有挑战性，又有基于个体的思考。小组交流，在全班的汇报中，积极地"联"和主动地"融"，自然生成了对平均数特点、性质的认识。

教学片断

师：同学们，通过刚才求平均数，得到了第一组的平均数是 11；第二组的平均数是 13；第三组的平均数是 12。

由统计表变化到统计图，出示图 6-68。

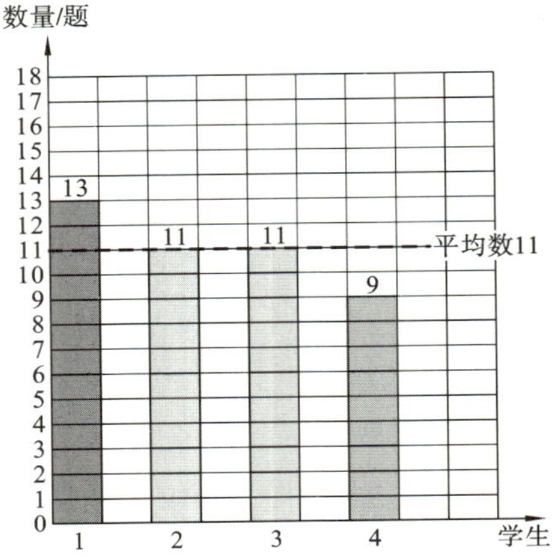

（a）第一组口算比赛成绩统计图

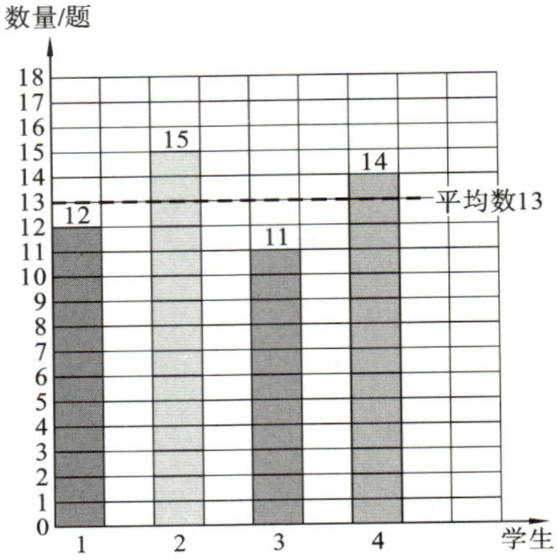

（b）第二组口算比赛成绩统计图

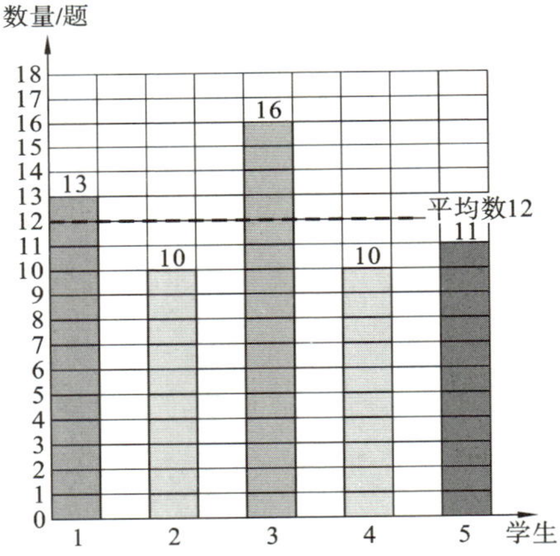

（c）第三组口算比赛成绩统计图

图 6-68　口算成绩统计图

师：请观察，这些平均数与每一组成员答对的题数之间有什么关系？

四人小组或五人小组，开始热烈讨论，教师走下讲台参与讨论，聆听每组的发言并不断鼓励学生。

学生将每个数据与平均数进行比较，小组交流。

生1：我们组发现，第一小组中的平均数相当于把1号同学多的部分移到4号同学少的部分那里，使他们四个人同样多，这就是他们的平均数。

生2：我也是这样做的，但是我跟她的有点不同，我把这叫作“劫富济贫”。我把多的看成富人，把平均数看成平民，把少的看成穷人。我让富人把多的钱分给穷人，让每个人都变成平民，这样每个人就会变成平均数。

师（笑）：孩子们，我们掌声送给他，他不仅看到了数学的平均数，还能用自己的理解表达出来。刘老师给你点赞。

学生鼓掌。

师：把多的移给少的，把富的移给穷的，这移多补少的过程中，你们发现了什么？

生1：平均数在中间，比最多的少，比最少的多。

生2：高于平均数的总题数和低于平均数的总题数是一样多的。

师：其他的组还有什么发现吗？

生：在一个小组内，平均数不一定等于每一个学生答对的题数。

师：能具体说说吗？

生：例如，第一组的平均数是11，与2号、3号答对的11一样，而第二组的平均数是13，他们答对的题数与平均数不一样，第三组也没有一个同学答对的题数和平均数12一样。

师：那么得到的平均数的特点是怎样的？

生：在一个小组内，得到的平均数不一定和某个成员的成绩一样。有的是大于平均数，有的是小于平均数，有的可能正好是平均数。

师：真不错。那平均数表示谁的成绩呢？例如第一组的平均数是11，是不是就是表示2号和3号同学的成绩？

生（齐）：不是！

生：因为平均数就是把每个人的成绩加起来去除以他们的总人数，是这个组平均后的成绩。

师：同学们，不管是把多的分给少的变成同样多，还是通过先合再分，把不同的成绩变成同样多，这样同样多的数就是平均数，而这个平均数表示的是谁的水平?

生:大家的水平,也就是代表一个组的一般水平,而不是一个人个体的水平。

板书:一般水平。

好的问题犹如火把点燃研究的欲望,在核心问题"这些平均数与每一组成员答对的题数之间有什么关系"的引导下,学生观察、对比、思考、交流。这个"探"和"联",让我们看到了学生潜意识的力量,联通了学生对平均数原有的认知和数学世界的桥梁,对平均数的认知"旧中生新",顺畅自如,自然感悟到平均数的以下特点。

(1) 平均数在最大数和最小数之间,表示一组数据的一般水平。

(2) 高于平均数的总数与低于平均数的数的总数是相等的。

(3) 平均数是敏感的,平均数的大小与每个数据都有关系,任何一个数据的变化都会引起平均数大小的变化。

(4) 平均数可能是现实世界(一组数据)不存在的。

课堂实践证明,当我们大胆"开放"情境,让学生经历统计的全过程;潜心"开放"活动,给予学生"探"之平台;巧妙"开放"问题,激发学生"以旧生新"时,我们可以看到学生在直观呈现统计图——问题引领观察——充分讨论——大胆展示的课堂中,通过"探""联""融"自然地走向"内生"的灵动过程。师生互动、生生互动,促成了学生对平均数的自主建构,在"问题"驱动的"探""联""融"中,不仅解决了本节课教学的核心:用什么数据代表一组数据的一般水平,而且让学生知其所以然。"内生"出的这一切,都在"开"之课堂里,"养"之情怀中悄然发生。

怀着尊重与敬畏的心，把握好教与学的度

—— 研磨“搭配”一课有感

武昌区傅家坡小学 汪 屹

首先，想给大家讲一个发生在我身边的故事。

房子新装修，为装点新家，公公买了些绿植给我们小两口养。与其说养，不如说“放养”。结果一段时间后，仙人球活着，其他的都死了。去花鸟市场，打算换点好养活的回来，于是对老板说：“老板，您这儿有什么不用太招呼的，好养活的植物吗?”老板笑了笑说：“了解习性的才好养活，不了解习性的怎么都养活不了！”

面对这突如其来的“讽刺”，先是一惊，哪有这样做生意的。可再细细一想，这位恐怕是极其爱花之人。

浇水次数不是越多越好，适时才好；施肥不是越多越好，适量才好……只有了解了花的习性、喜好，才能把握好这个“度”。

养花尚且如此，何况是培养学生。

老板是位极其爱花之人，彭娟老师是位极其爱学生之人。

彭娟老师提出的“养学课堂”提倡我们以“养”的思维方式去体会作为“种子”的学生，了解并充分尊重学生的思维与学习规律，从学生的角度设计教学活动。因为只有这样，学生“内生”的学习力才会如泉涌一般，持久而有力。一个“养”字，道出了“以生为本”的教育初心。

旁听吴丹老师的课已有 3 次，我更像是一位见证人，见证着吴丹老师在“养学课堂”主张下的一步步转变。

一、理清教学目标，找准教学内容里丰富的“营养”

数学广角向来是块难啃的骨头，难在分寸，难在度，到底是块食之无味弃之可惜的“鸡肋”，还是营养丰富的“鸡肉”，取决于教师对教学内容的价值认同。

“搭配”是日常生活用语，背后是“排列组合”的问题。在小学，这次课是第一次出现这方面的内容，主要是渗透与铺垫。

起初吴丹老师有疑惑，排列组合的知识历来是高中数学的教学内容，对于高中生来说，这部分知识的学习尚有难度，为什么在小学数学中安排此内容呢？

站在学生的角度出发，我们发现如下问题。

(1) 排列组合问题与学生生活实际联系紧密。衣服的搭配、饮食的选择等情境是学生日常生活天天接触的。而数学教学从生活实际出发，引导学生用数学的眼光发现并解决问题，在经历与体验的过程中，逐渐培养学生抽象与应用数学的意识。

(2) 排列组合问题能促进学生逻辑思维能力的提升。想要不遗漏、不重复地找出所有符合要求的结果，需要做到思维的有序性、全面性。这必然会锻炼学生的逻辑、推理能力。

可见，不论是在"让学生经历'数学化'的过程"方面，还是在"发展有序、全面思考问题的能力"方面，"搭配"无疑是非常好的素材。

二、尊重认知规律，教学过程以"涵养"为根本

学生的"本心"与"天赋"是最可贵的涵养，教师不但要尊重更要精心养护。具体表现在：呵护学生的好奇、好问、好学之心；爱护学生的交流、合作、改进之愿；保护学生的猜想、探究、验证之意。

在彭娟老师主张的影响下，我看到了吴丹老师在这节课上以开放来养护的尝试。

(1) 放开过早牵扶的手，让学习自然发生(以保护学生符号化意识为例)。

在第一次试教前，担心学生交流不便、书写太慢，吴丹老师在学生尝试列举出所有搭配方案之前，专门设置了一个给衣服取名字的环节，如图 6-69 所示。

从提高教学进度的角度看来，这一环节不但便于学生交流，而且便于学生用文字记录搭配方案，大大提高了速度；然而从保护学生探究力的角度看来，却让学生错失了一次思考探索符号化的思维体验。

经过权衡，吴丹老师放弃了"精心"设计的取名字环节，正是这样，学生开始思考如何简洁地记录，从而有了后面学生多元化的表达，不论是抓住衣服特征的代表性文字、图形，还是数字、字母，都是学生思考后的成果。虽然学生的能力差异性导致了符号化的程度存在差异，但是学生"符号化"的意识被吴丹老师

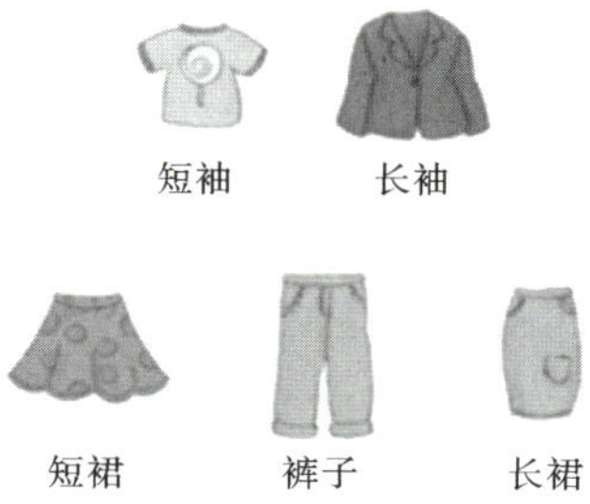

图 6-69 给衣服取名字

保护了。放开过早牵扶的手,让学习自然发生。

(2) 收回过分牵扶的手,让挖掘适可而止(以评价枚举图示的多样性为例)。

养花施肥并不是越多越好,对教学内容的过分挖掘有时也会出现“营养过剩”的情况。

教材例 2 给出了两种符号化的过程,如图 6-70 所示。

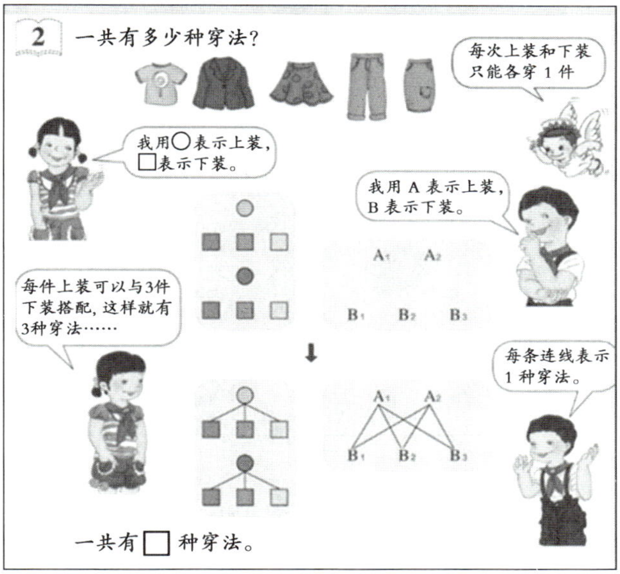

图 6-70 教材例 2

不同的是一个用图形表示,一个用字母表示,相同的都是符号化的过程。与此同时,还展现了分开的图示与合并的图示。

当我们放手让学生用自己的方式表示时,出现了用文字描述、用字母表示、用图示加连线表示等，如图 6-71 所示。

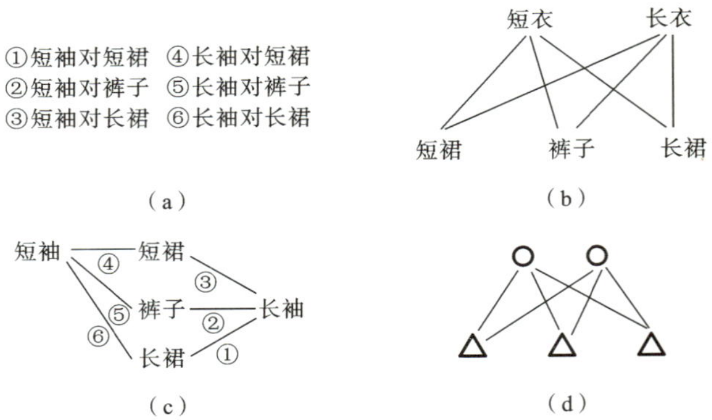

图 6-71 学生搭配方案

学生的这些表示方式都准确无误地表示出了所有不同的搭配，但是否一定要将分开的图示合并在一起(见图 6-72)呢？通过研讨，我们发现：如果有三类物品需要搭配，如在上装搭配下装的基础上，还要再搭配鞋子，那么显然分开的图示更方便继续分析和表示。因此，这里不需要强行统一为合并的图示。教师应当尊重学生多元化思考，只要准确、合理都是值得肯定的，不必要的“优化”可以省略。

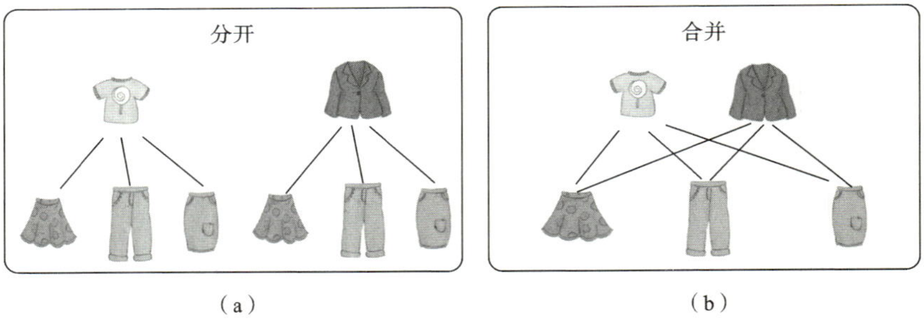

图 6-72 “分开”与“合并”图式对比

三、以打磨课堂为载体，提升自我修养

“养学课堂”不仅追求学生的成长，也关注教师在其中的成长。特别是在五步“养学课堂”教学模式中的“联”这个环节。

强调学生主体作用，但也不能忽视教师的主导作用。“联”这个环节往往是最考验教师的地方，也是最体现教师价值的地方。这节课，体现在吴丹老师面对学生探究出的众多素材时的冷静思考、快速反应。

从吴丹老师初次试讲，虽然收集了学生很多信息，却慌乱找不到头绪，到今天对学生素材的从容应对、层层引导，可以看出吴丹老师在课下进行了反思、重建与提升。

学生搭配方案素材如图 6-73 所示，如何对这些素材进行排序呢？

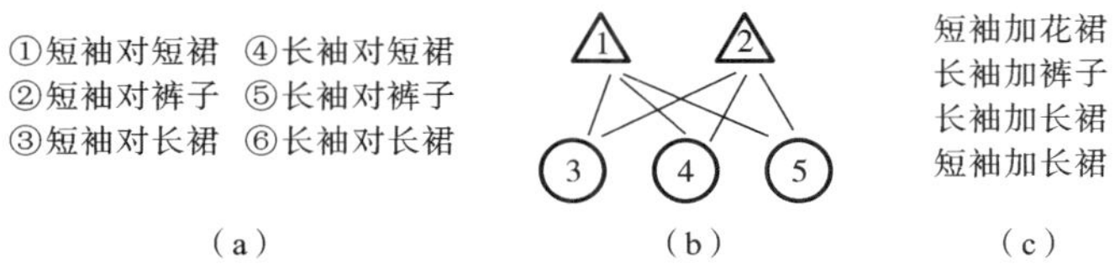

图 6-73 学生搭配方案素材

吴丹老师的选择是：先出示无序、不完整的；然后出示有序、完整的 最后出示有序、简洁（符号化）的，如图 6-74 所示。吴丹老师这样的出示顺序，并不急于“排雷”“搭桥”，把学生拽向“胜利”的彼岸，而是在充分尊重学生思考的基础之上，给学生足够的思考、体验空间，留下绕不开的“雷”，陪着学生直面挑战，让学生在试错、纠错中感悟真理，在倾听、比较、辨析中提升。

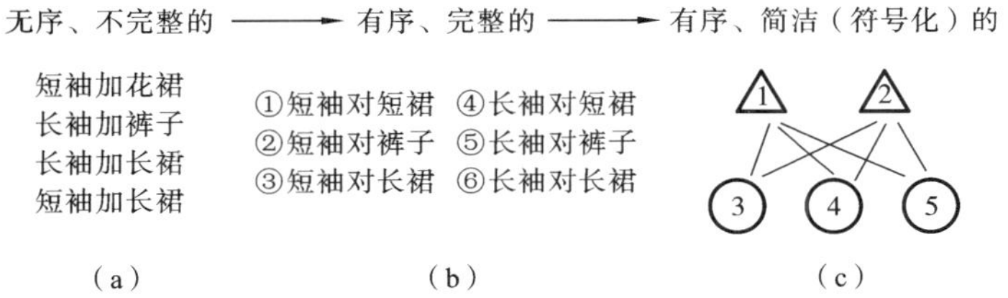

图 6-74 素材排序的逻辑图

可见，当面对学生可能出现的众多素材中，教师要做到“三有”：有目标、有层次、有导向性。因为只有心中有数，才能在短时间内选择有代表性的素材，便于后续的逐层推进。

当我们视学生为“白纸”时，我们会有优越感；当我们视学生为“种子”时，我们会有敬畏感。因此，面对同样的生命，面对求知的学生，我们应该以“养”的心态和行动，遵循和顺应学生的身心成长和认知发展规律，成就每一个生命个体的“内生”与发展。的确，只有怀着对生命尊重与敬畏的心，才能把握好教与学的度。

“导”密码，“探”根源

——“找次品”一课中“养学”主张之“探”的渗透

武汉市青山区红钢城小学　王　漪

为遵循“教师主导，学生主体”的教育原则，教师在教学中通常会设计各种探究活动，引导学生思考、发现，试图发掘学生主观能动性。现实呢？课堂上教师设计的挖坑式地“导”、陷阱式地“探”比比皆是。为什么我们的“教学”变味了？说到底，我们的教学设计，更多的不是站在学生的立场上，不是思考他们真正需要的是什么，而是顾虑自己如何顺利地收场。不得不说，在担心学生跑偏之前，我们自己已经跑偏了。在诱导的背后，依然没有对作为生命个体的学习者的尊重和认可。湖北省彭娟名师工作室提出的“养学”教育主张，“开”“探”“联”“融”“生”既是数学课堂教学的流程，也是学习者学习方式和状态的体现，“养学”主张给受教育者提供充分的适合条件，强调对学生作为生命体的关注，唤醒个体对生命发展的内生力。

如何能不忘初心，“导”出学生的主动探索、“养”出生命的内发生长呢？五年级下册“找次品”是一节极具思考性的数学课，学生通过各种丰富的操作活动，猜测、交流、验证，探索找次品的策略。下面以本课的两次探索活动为例，浅析“养学”主张，“开”“探”“联”“融”“生”中“探”根本。

一、初“探”感知，诱发思考，扫清障碍，为“内生”蓄力

本节课有两个例题。

教材例 1 从 3 个物品中找次品(见图 6-75)，通过学习，学生明确次品的含义，明确用天平找次品的基本方法，并用“如果……那么……，如果……那么……”进行分类思考，清晰描述找次品的过程。例 2 是从 8 个物品中找次品，学生在理解了“至少”“保证”这样规则的前提下，通过多种方式的对比，优化出“分成 3 份，尽量平均”的方式。

在明确了以上教学目标后，设计了如下的第一次探索活动。

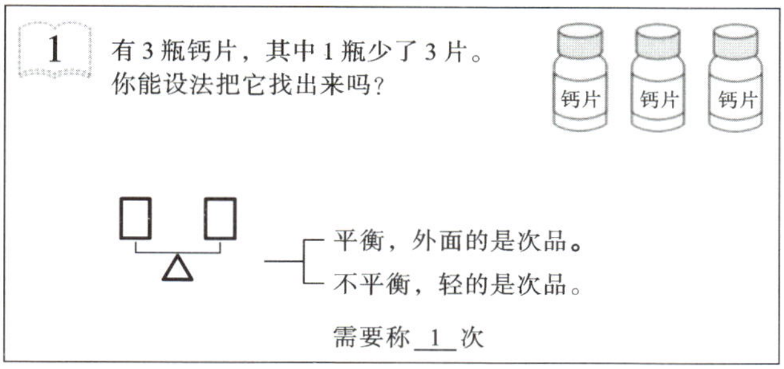

图 6-75　教材例 1

教学片断

(1) 师：什么是次品？

生1：不合标准的，或者残破的是次品。

生2：比正品重或者轻的物品叫次品。

师：同学们说得很好，今天我们就先来找一找比正品轻的次品。

(2) 课件出示：从2瓶钙片中找次品。

师：有次品吗？怎么找？

生：把两瓶钙片放在天平左、右两侧，上翘的那边是次品。

师(规范)：天平不平衡，轻的是次品。

(3) 出示例1(从3瓶钙片中找次品)。

师：现在还能用天平找到次品吗？

学生独立思考后交流。

(4) 师：请你上来边说边摆。

生：把2瓶钙片放在天平两侧，如果天平平衡，那么外面的那瓶是次品；如果天平不平衡，那么轻的那瓶是次品。

师：真好，他用“如果……那么……，如果……那么……”把天平会出现的两种情况描述得很清晰。

师：谁能完整地再说一遍。

学生规范地表述，教师同时记录：

$$3(1,1,1)\begin{cases}\text{平}\rightarrow\text{外面的是次品}\\\text{不平}\rightarrow\text{轻的是次品}\end{cases}$$

师:老师这样记,能看明白吗?看着这种方法,再给同桌介绍一下。

师:从3瓶钙片中找次品,为什么也只用一次就可以找到呢?

生1:天平上的2瓶如果不一样,那么次品只有一个,就称出来了;天平上如果一样,那么外面的那瓶一定是次品,就不用再称了。

生2:外面那瓶不用称,可以根据称出的情况推理出外面那瓶的情况。

教师小结板书:推理。

虽然这个探究环节要达到的目标很多,但几次课堂实践证明,这个环节可以在8分钟内顺利完成。高效课堂的成因不是教师讲得多,也不是学生课前都会,而是教师对教学内容把控清晰,对学生在认知上存在的障碍预设到位。从上面的教学片段可以看出,每一句教学对话都是教师基于学生的认知特点精心设计的,有如下特点。

(1)规范学生数学语言表达,统一交流语境。在学生初次回答问题的时候,注意规范用天平找次品的语言描述,如把学生的“两边一样”“它们不同”“轻的上翘,重的下沉”等琐碎的描述规范为“天平平衡”或“天平不平衡”,简洁、规范的语言描述,使学生的思维严谨、清晰。

(2)准确把握例1对例2的逻辑推进作用。例1是从3个物品中找次品,教师引导学生确定物品摆放的位置(在左盘、右盘和外面),也就是分为3份,这是找次品的重要策略,也是例2的重要伏笔。

(3)关注知识难点分解,引导学生聚焦知识切入点。将从2瓶中找次品和从3瓶中找次品的次数进行对比,聚焦天平外面的那瓶钙片,让学生明确外面那瓶不用称,可以依据天平的称量情况进行推理。

(4)简化记录方式,为例2做准备。找次品的方法多样,要进行正确、简要的记录,画天平直观图、画树形直观图和用数记录都可以帮助学生进行逻辑描述。但前两种方法在反映称量过程中的各种情况时稍显烦琐,选择用数记录更简洁,且可以突出次品是从几个待测物体中找出来的,所以教师在例1中直接演示,让学生接纳这种新的记录方式,为例2复杂的思考做准备。

遵循学生知识的形成规律,从学生的角度出发,这样的“导”才有实效,这样的“探”才切实把学生放在课堂的“中央”。

二、再“探”优化，尊重思维，逐层剖析，促发展“绽放”

教材例2(见图6-76)是从8个物品中找次品，通过教学，学生要学会找次品的方法，还要进行策略优化——“分成3份，尽量平均”，教学内容较难。这么难怎么引导？如何激发学生学习的内在动因？在有限的课堂时间内做得到自然地“养”吗？

2　8瓶钙片里有1瓶是次品（次品轻一些）。假如用天平称，至少称几次能保证找出次品？

活动要求：

（1）同桌讨论，把找次品的过程记录在试验单1上；

（2）做好展示准备，同桌之间一个介绍方法，一个摆一摆。

图6-76　教材例2

找准知识的核心是我们首先研究的问题：例1是从3个物品中找次品，例2为什么不是从4～7个物品中找次品，而是直接“跳跃”到从8个物品中找次品呢？通过分析发现，从4～7个物品中找次品，要么物品不能显示分成3份的优势，要么物品被迫分成3份，且各分法结果一样。而从8个物品中找次品，物品既可分成2份又可分成3份，且分法不同结果不同，8是体现最优方案的最小的数。因此，功夫要下在对“8”的分法上。

学生会如何思考，学生知识的形成过程是我们“导”的根本。本课的第二次探索活动，顺生而“养”，经历了以下更改。

1. 初试

教学片断

给学生充分的时间进行尝试后，师生共同整理，记录了学生称的方法。

师：刚才同学们介绍了从8个物品中找次品的方法，我们用数的方式记录下来(见表6-17)。

表 6-17 找次品过程记录表

分的份数	称的方法	称的次数
2 份	8(4,4)⟶4(2,2)⟶2(1,1)	3 次
3 份	8(3,3,2)⟶3(1,1,1) ⟶2(1,1)	2 次 √
4 份	8(2,2,2,2)⟶2(1,1)	3 次
8 份	8(1,1,1,1,1,1,1,1)	4 次

师：都是从 8 个物品中找次品，这种方法的次数为什么最少？

生：因为它是分成 3 份的。

师：分成怎样的 3 份？

学生茫然。

师：为什么分成 3 份？

学生沉默。

……

从以上的教学片段可以发现，虽然教师多次启发，学生仍不能自主发现最优策略是分 3 份，每份的个数相近。课后我反思发现，自以为设计了开放的探究活动，让学生充分地操作、思考，学生就能发现规律，找到最优策略。事实是操作了，也思考了，但学生的思维并没有深度，这是因为教师没有带着学生找到知识产生的原因，没有真的带领学生寻求知识背后的缘由，只是功利地想让学生快速得到“分成 3 份，尽量平均”的结论。学生没有办法从中发现规律，当然无话可说。这不是在探索，这是披着引导“外衣”的灌输，“探”不是揠苗助长，“养”不是撒手野生。

2. 改进

“分成 3 份，尽量平均”是找次品的最优策略，怎样诱发学生明确找次品策略的真正含义呢？教师在进行教学设计的时候，不能生硬地只关注结论，要追溯知识形成的根源。

我分析了学生找次品的各种方法，其实学生的各种分法，都是不自觉地将待测物品分成 3 份。即使分成 4 份，即 8(2,2,2,2)，也其实是 3 份，即 8(2,2,4)；即使分成 8 份，即 8(1,1,1,1,1,1,1,1)，也其实是分成 3 份，即 8(1,1,6)。

也就是用天平找次品时，要么分成 2 份，左盘和右盘；要么分成 3 份，左盘、右盘和外面。在第一次尝试中，教师没有将学生的思维迁移到分成 3 份上，给后面学生探寻规律造成了干扰。所以在引导学生整理的时候，教师要有意识地引导学生明确分成 4 份和分成 8 份，即在第一次称时其实也是分成 3 份。改进表格，形成如表 6-18 所示的记录。

表 6-18　找次品过程记录表（改进版）

分的份数	称的方法	称的次数
2 份	8(4,4)⟶4(2,2)⟶2(1,1)	3 次
3 份	8(3,3,2)⟶3(1,1,1) ⟶2(1,1)	2 次　√
3 份	8(2,2,4)⟶4(2,2)⟶2(1,1)	3 次
3 份	8(1,1,6)⟶6(3,3)⟶3(1,1,1)	3 次

教学实践证明，由于遵循了知识形成的过程，学生在有效的对比中，在一轮轮的交流中逐步发现了最优策略，但能发现且悟到最优策略的学生占少数，大部分学生还是没有领悟，仅仅停留在能听懂的层面上，没有思考更深层次的原因。当然不能以少数学生的思维代替全体学生的思考；不能只重表层的结果，而轻知识背后的逻辑联系。枝叶的茂盛源于对根的滋养，引导学生自主思考，不是把教师的思考转嫁给学生。我对“探”的过程又进行了优化。

3. 优化

帮助学生突破难点，找到问题的节点。这一轮尝试，我在记录学生的方法时特别注意引导。

教学片断

生（介绍方法 8(1,1,6)）：我的方法是把零件分成 3 份。先称这两个，考虑最不利因素，天平平衡。这两个是正品！

师：接着从几个零件中找次品？这两个呢？

生：接着在 6 个零件中找次品。这两个正品被排除了。

学生在教师语言的影响下继续：把这 6 个分成 3 个和 3 个，天平一定不平衡。又排除 3 个正品，接着从这 3 个零件中找次品。可以用例 1 的方法来称量。一共称了 3 次。

师:找次品的过程,可以看成是排除正品的过程。

师:我们用数的形式一起整理了如下方法(见表 6-19)。

表 6-19　找次品过程记录表(优化版)

分的份数	称的方法	称的次数
2 份	8(4,4)⟶4(2,2)⟶2(1,1)	3 次
3 份	8(3,3,2)⟶③(1,1,1)⟶2(1,1)	2 次 √
3 份	8(2,2,4)⟶④(2,2)⟶2(1,1)	3 次
3 份	8(1,1,6)⟶⑥(3,3)⟶3(1,1,1)	3 次

师:8 个零件,至少要称几次能保证找到次品? 看来找次品是有方法的!

师:哪种方法称的次数最少?

生:这种分成 3 份的方法,称的次数最少。

师:观察这些分成 3 份的方法,你有什么发现?

生 1:这种方法分成 3 个、3 个、2 个,每份分得差不多。

生 2:分成 3 份的,称完一次排除 2 份,分成 2 份的,称完一次只能排除 1 份。

生 3:都是分成 3 份,考虑最不利因素。8(3,3,2)至少排除 5 个,下一次最多从 3 个中找次品。8(2,2,4)至少排除 4 个,下一次最多从 4 个中找次品。8(1,1,6)更明显,排除了 2 个,下一次最多从 6 个中找次品。

生 4:分成 3 份的,称一次就排除 2 份,要考虑最不利的情况。如果这 3 份差不多,那么不论排除哪 2 份,剩下的都是少的。

生 5:总数一定的情况下,排除得越多,剩下的就越少,称的次数就越少。还要考虑最不利的情况,那么最好是平均分,不能平均分的话,每份最多相差 1 个。

师:大家分析得很透彻。找次品就是一轮轮排除正品的过程。排除得越多,剩下的就越少,称的次数就越少。怎么分,第一次称完排除得最多?

生:把物品分成 3 份,且尽量平均分。

师:什么叫“尽量平均”?

生 1:每份的数量最接近。

生 2:分成 3 份,尽量平均就是每份最多相差 1 个。

……

初步尝试时，教师记录策略导向有些混乱，提问不明确，学生不知所措，没有思考方向，茫然地等着教师灌输。教师只求结果不求过程。这不是“导”，是“逼”！随后改进，记录有序，关注知识形成过程，但在难点部分的处理上，以教师的想法为主导，把教师自己的思维强加给学生。这不是“养”，是推！进而优化，铺陈到位，找到适合学生的切入点，转而站在学生的角度，从学生的需求出发，以学生的思维为主导，不急着下定论。在最后的片段中，学生精彩的论述就是最好的证明。“导”皆师之态，“探”为“生”之实。

思维的发展是数学课堂的核心。可是有些时候，有些内容，依然回避不了很多学生暂时探而不得的事实。“养学”主张提示我们不要功利地只奔结果，冲优化而去，而要重思维、推理，让学生用自己的语言表达，让学生真正经历“探”的过程，在过程中提升推理、表达能力。这样的课堂才能给“种子”合适的环境，提供适度的“养分”，扎根向下，必将绽放。

参考文献

[1] 张则幸,余式厚,黄华新.思维方法与规则[M].杭州:浙江人民出版社.

[2] 李光树.小学数学学习论[M].北京:人民教育出版社,2014.

[3] 蒋志萍,汪文贤.数学思维方法[M].杭州:浙江大学出版社,2011.

[4] 陈立华,魏淑娟,王晓松.小学数学思维训练与能力培养[M].北京:教育科学出版社,2016.

[5] 张兴华.儿童学习心理与小学数学教学[M].南京:江苏教育出版社,2011.

[6] 约翰·阿莫斯·夸美纽斯.大教学论[M].刘富利,赵雪莉,译.北京:中国轻工业出版社,2018.

[7] 李虹霞.把自己种在教室里[J].教师月刊.2018(04):25.

[8] 本刊编辑部."新基础教育":唤醒内生力才能提升教育质量[J].人民教育,2016(Z1):32.

[9] 李铁安.新标准的精神实质[J].小学教学(数学版),2012(14):95-98.

[10] 于嘉文.基于数学核心素养的小学数学教学改革实践研究[D].沈阳:沈阳大学,2018.

[11] 成新民.慢的教育[J].小学数学教师,2017(03):1.

[12] 史宁中,马云鹏,刘晓玫.义务教育数学课程标准修订过程与主要内容[J].课程·教材·教法,2012,32(03):50-56.

[13] 刘娟娟.小学数学计算教学改革中的继承与发展——"9的乘法口诀"的教学对比研究[J].南京晓庄学院学报,2012,28(02):45-49.

[14] 李运萍.接受性学习和研究性学习的差异及原因分析[J].教育与职业,2007(06):165-166.

[15] 赵新春.评价在小学数学教学中的主要问题及对策[J].小学时代(教师),2011(07):84.

[16] 高放.对数学有效教学的认识与理解[J].中国商界(上半月),2010

(11):257.

[17] 袁亚敏.教材的“序”和“续”——例谈小学数学教材的延伸[J].江苏教育,2011(13):36-38.

[18] 余小红,林胜.从“抽象学生”走向“具体个人”[J].现代教育科学,2007(08):42-44.

[19] 张伟.自我超越:中小学教师发展的生命哲思[J].基础教育,2009,6(10):50-55,63.

[20] 刘加霞.测评与提升小学生数学素养的好问题及特征分析[J].小学教学(数学版),2019(04):4-9.

[21] 余池增.“最近发展区”在数学教学中的应用[J].学园(教育科研),2013,2(05):143-144.

[22] 廖小敏.走进学生真实的内心,才能收获“静待花开”的美好——对“求经过时间”一课的教学思考[J].华夏教师,2018(35):41-42.

[23] 田心铭.对立统一规律的系统阐述——《矛盾论》研读[J].贵州师范大学学报(社会科学版),2011(03):20-28.

[24] 王青建,董晓丽.数学史的教育价值[J].辽宁师范大学学报(自然科学版),2019,42(01):25-30.

[25] 易通.小学数学“三段式”教学概述——以“梯形的初步认识”为例[J].教师博览(科研版),2018,11(20):77-78.

[26] 郝淑颀.浅析新时代背景下小学生数学核心素养的培养[J].课程教育研究,2018(51):36.

[27] 李金朴.浅谈对“解决问题的方法多样化”的认识与理解[J].成功(教育),2012(07):70.

[28] 张琪.浅析建构主义学习观和教育观[J].黑龙江教育学院学报,2008(04):67-68.

[29] 孙妍.合作学习优化小学数学课堂教学[J].小学科学(教师版),2017(02):125.

[30] 刘仁静.小学生数学学习能动情感培养之刍议[J].数学学习与研究,2015(10):51.

[31] 田苗.发展与培养小学生的观察力[J].科技信息,2012(05):421.
[32] 陈美丽.融入语文教学方法,提升数学课堂效益[J].中国校外教育,2012(13):55,152.
[33] 魏成艳.一题多解对小学生数学思维的促进作用[J]. 陕西教育(教学版),2017(4):37.
[34] 张青锋. 观察能力:小学生数学学习的基本功[J]. 生活教育,2012(12):64-66.
[35] 杨志华.在小学数学教学中如何培养儿童的观察能力[J].教育教学论坛,2010(28):57.
[36] 高利平. 向左走 向右走——“空间与图形”教学点滴[J]. 小学教学设计,2009,9(10):23-25.
[37] 王钦敏.义务教育数学课程标准的主要变化与精神实质——《义务教育数学课程标准(2011 年版)》解读[J].福建基础教育研究,2012(05):10-12.
[38] 庄习海.小学生数学自主学习能力培养探究[J].江西教育,2020(03):77.
[39] 周志圣. 建构观下的圆锥曲线的教学策略[D].武汉:华中师范大学,2008.
[40] 刘生根.建构适切情境,彰显知识自然生长——以“探索确定位置的方法”教学为例[J].中学数学教学参考,2020(08):21-24.
[41] 张安军.初中数学复习课有效教学策略——人教版数学“函数”复习教学片断评析[J].基础教育论坛,2012(19):42-45.
[42] 王爱丽.小学数学教师课程意识及其生成探析——以《除数是两位数除法》单元为例[J].新疆教育学院学报,2019,35(02):45-51.
[43] 张洁,郑浩森,陈晓.基于建构主义的小学生行为规范课堂培育模式探究[J].现代职业教育,2019(34):58-59.
[44] 张卫星.课堂改革顺利推进的实践路径[J].初中生世界,2020(08):28-30.
[45] 杨智辉.合作发现学习在研究方法类课程教学中的应用——以心理学研究方法课程为例[J].中国林业教育,2011,29(06):38-40.
[46] 陈飞燕.让“数学味”回归数学课堂[J].中小学电教(下半月),2010(03):115.
[47] 白学军.儿童思维发展水平测验的编制与测试结果[J].心理发展与教育,

1994(01):22-25.

[48] 余颖.求真、求证:指向核心素养的一次教学实践——以"三角形的内角和"一课为例[J].小学教学(数学版),2017(Z1):88-91.

[49] 袁凤婷.小学生推理教学现状的调查研究[D].昆明:云南师范大学,2019.

[50] 李康.人教版与北师大版初中数学教科书中探究活动的比较研究[D].昆明:云南师范大学,2019.

[51] 杨燕芬.核心素养下数学体验式教学样态的构建[D].贵阳:贵州师范大学,2019.

[52] 谢黎霞.例谈让学生主动"发现问题"——一名"老教师"对践行《教学建议》的思考[J].新课程学习(上),2011(05):132.

[53] 李娜.六年级数学教科书中数学思想方法的教学研究[D].昆明:云南师范大学,2019.

[54] 沈琴红.基于数学本质 培养核心素养——"正方体和长方体表面积"教学设计[J].考试与评价,2020(02):71-72.

[55] 王凯.用手持技术让孩子走进美妙的数学花园——以"一'式'一'画'"活动为例[J].浙江教育技术,2019(06):32-36,58.

[56] 唐恒钧,高敏.中国、澳大利亚小学数学课程主题的比较研究[J].中小学教材教学,2020(03):66-68,80.

[57] 凌国伟.关于体积的一点困惑[J].小学数学教师,2019(12):87.

[58] 柳咏梅.让"数学味"在课堂中漫溯开来[J].四川教育,2020(02):47-48.

[59] 陈雁.数学核心素养引领下的教学设计——以"二项式系数的性质"为例[J].上海中学数学,2019(09):38-41.

[60] 王克勤,张晓斌.回归数学本质,教学才有力量——"平面向量的实际背景及其基本概念"的教学解析[J].中小学教师培训,2020(01):40-44.

[61] 文小平.追根溯源,把握本质——以四则运算意义为核心的简单问题解决策略[J].读与写(教育教学刊),2020,17(01):176.

[62] 郭振钦.初中数学学科核心素养培养的教学模式探究[J].新课程研究,2020(06):120-122.

[63] 陈绍明.对比学习统计[J].数学教学通讯,2011(07):12-13.

[64] 赵玉香.“小学数学”四导教学模式探究[J].山东教育,2013(34):39-41.
[65] 王应密,吕莉.基于“最近发展区”理论的教学设计探析——从“最近发展区”理论谈教师在教学设计中应注意的几个问题[J].内蒙古师范大学学报(教育科学版),2004(05):56-58.
[66] 郭宇君.提高课堂教学有效性策略浅析——建构主义在自我成长课堂中的应用[J].北京城市学院学报,2013(02):88-92.
[67] 冯胜.让数学概念顺“学”而“生”——“认识负数”的教学思考与实践[J].教育实践与研究(A),2020(01):15-20.
[68] 何睦.高中数学章节起始课的理论探析与教学思考[J].数学通讯,2019(22):1-4,7.
[69] 曹志国.深度学习——有效教学的生态重构[J].教育科学论坛,2020(07):32-35.
[70] 林松.研究教材悟意图 理解教学促提升[J].上海中学数学,2019(12):28-30.
[71] 祁永成.如何创设有价值的教学情境[J].教育艺术,2020(02):77-78.
[72] 吴国明.不因“简单”而“简略” 在猜想验证中“一探究竟”——以《小数四则混合运算》为例[J].教育界(基础教育),2019(12):115-116.
[73] 杨捷. 中小学生数学阅读能力结构的发展研究[D].太原:山西师范大学,2019.
[74] 吕立峰,郭春.读懂学生,读透教材,让学习真实发生——“分数除法”单元整合课的研究历程[J].小学数学教育,2020(Z1):42-46.
[75] 顾秋娜.概念不牢 地动山摇——对数学概念教学有效性的几点思考[J].高中数学教与学,2019(24):16-18.
[76] 侯木华.关注评价机制 彰显课堂活力[J].教育实践与研究(A),2020(02):45-47.
[77] 刘重庆.基于核心素养的小学生数据分析观念培养研究[J].创新人才教育,2019(02):25-28.
[78] 刘重庆.培养数据分析观念——以《平均数》为例[J].湖北教育(教育教学),2019(09):62-63.

[79] 魏芳.《7 的乘法口诀》教学实录与思考[J]. 小学教学设计,2015(29):27-29.
[80] 王日."5 的乘法口诀"教学纪实与反思[J]. 黑龙江教育(小学),2015(09):30-32.
[81] 朱红伟. 根植 唤醒 提升——谈有效利用经验促进学生学习[J]. 小学教学设计,2011(14):22-24.
[82] 陈玉钗. 关于动态生成性课堂的几点思考[J]. 科学咨询(教育科研),2013(03):39.
[83] 熊菲. 五年级下册"因数和倍数"教学设计[J]. 中小学数学(小学版),2018(10):31-33.
[84] 黄爱华,谷向格. 问题让学习发生——"认识负数"大问题教学实录与反思[J]. 小学教学(数学版),2016(Z1):81-85.
[85] 孙振华,林景."周长的认识"教学实录与评析[J]. 小学数学教育,2020(05):45-47.
[86] 万泉. 促进学生可持续性学习——《长方形和正方形》单元教学探究[J]. 湖北教育(教育教学),2019(09):57-58.
[87] 王相春. 三种版本教材"条形统计图"单元的比较分析[J]. 教育视界,2019(24):26-27.
[88] 刘艳芳. 小学数学核心素养的培养及课堂着力点[J]. 华夏教师,2019(32):11-12.
[89] 汪劲松. 引导学生多元观察,培养学生的立体视野——对"观察物体"教学策略的再认识[J]. 贵州教育,2010(07):41-42,45.
[90] 白兆雪. 浅析小学生数学思维的培养[J]. 课程教育研究,2020(05):147.
[91] 赵邦位."图形的旋转"教学设计[J]. 云南教育(小学教师),2019(Z1):23-24.
[92] 任卫兵."'正、反比例'总复习"教学实录与思考[J]. 小学数学教育,2019(12):68-70.
[93] 吴芹. 用数学史引领人文数学教学[J]. 小学教学参考,2013(32):89.
[94] 沈刘华. 运用数学史 走向人文数学[J]. 中小学信息技术教育,2009(02):

55,88.
[95] 任卫兵. 玄而又玄,众妙之门——《解决问题的策略——转化》教学设计与思考[J]. 教育视界,2015(12):56-59.
[96] 徐卫峰. 旋转[J]. 浙江教育技术,2009(03):40-44.
[97] 薛良. “复式统计表”教学实录与意图说明[J]. 中小学数学(小学版),2010(Z2):86-89.
[98] 胡戈. “图形的旋转”教学设计[J]. 云南教育(小学教师),2019(10):27-28.
[99] 仲秋月,杭瑛. 经历真实统计过程 发展数据分析观念——“复式统计表”教学实录与评析[J]. 小学数学教育,2020(Z1):103-106.
[100] 党秀丽. 将游戏融入小学数学教学之中[J]. 小学教学参考,2020(11):59-60.
[101] 王彦伟. “图形的旋转”教学设计与意图[J]. 小学教学(数学版),2013(05):37-40.
[102] 王荣,吕健. “条形统计图”教学实录与评析[J]. 小学数学教育,2016(19):53-55.
[103] 胡伟能. “平均数”教学设计[J]. 中小学数学(小学版),2016(Z1):75-76.
[104] 刘桂玲,刘太令. “复式条形统计图”教学设计与评析[J]. 小学数学教育,2019(23):45-47.
[105] 邵璐露. 数学教学要把握学生的认知起点——以“平均数”的教学为例[J]. 小学数学教育,2018(12):10-12.
[106] 张齐华. “平均数”教学实录[J]. 小学教学(数学版),2009(04):16-20.
[107] 邵颖,余长艳,陈亚明. 在感性与理性之间寻求平衡——以“平均数”一课为例谈数据分析观念的培养[J]. 小学数学教师,2016(12):64-69.
[108] 周仁科,肖凡. 培养学生数据分析观念的基本策略——以“单式折线统计图”的教学为例[J]. 小学数学教育,2020(Z1):25-26.
[109] 杨红干. 千锤百“练” 不如自“练”[J]. 教育实践与研究(A),2020(01):21-24.
[110] 易增加. 问题导向对话教学的探索与实践[J]. 新教师,2020(02):60-61.
[111] 张翠. “数与代数”部分概念和符号的历史探源[D]. 北京:首都师范大学,

2009.

[112] 吴伟华.提升数学思考 渗透数学思想——“数学广角”的教学内容和教学方法的研究[J].陕西教育(行政),2011(Z1):82.

[113] 蒋佳邑,王培丽,王邦林.“有余数的除法”教学实录与评析[J].小学数学教育,2020(07):39-41.

[114] 蔡凌燕.《数学广角》教学设计[J].陕西教育(教学版),2007(12):12.

[115] 李俊.“数学广角”教学中渗透数学思想的案例研究[D].昆明:云南师范大学,2017.

[116] 赵龙.提有效问题 育核心素养[J].山西教育(教学),2020(02):32-33.

[117] 王翔.小学四年级数学课堂提问有效性研究[D].烟台:鲁东大学,2017.

[118] 于丹.“统计”教学纪实[J].黑龙江教育(小学),2011(Z2):56-58.

[119] 刘福林.在继承中体现发展和创新——人教版《义务教育教科书·数学(四年级下册)》修订说明[J].小学数学教师,2015(02):14-17.

[120] 张德强.自主体验感受 探究知识脉络——人教版数学四年级上册《复式条形统计图》教学设计[J].新教师,2012(Z1):73-74.

[121] 葛秀敏.渗透小学数学模型思想的实践研究[D].南京:南京师范大学,2019.

[122] 李光杰.小学生“数据分析观念”培养摭谈——从数学课程标准中核心概念的调整说起[J].湖北教育(教育教学),2012(09):38-40.

[123] 刘丽.义务教育教科书教师教学用书.数学五年级.下册[M].北京:人民教育出版社,2016:195-210.

[124] 朱文秀.小学数学“图形的旋转”教学实施与反思[J].求知导刊,2016(08):95.

[125] 王荣,吕健.“条形统计图”教学实录与评析[J].小学数学教育,2016(19):53-55.

后　　记

于“养学”从初识到熟识，默默影响湖北省彭娟名师工作室每一个人的行动，这背后到底有哪些历程呢？请听听我们与“养学”亲密接触的那些故事吧！

一、初识“养学”的触动

当彭娟老师一提出“养学”教学主张时，工作室的老师们立刻就产生了共鸣。初识“养学”，是什么触动了大家呢？工作室的老师们说：“挖坑排雷、越俎代庖、视而不见，这可是我们教学中经常做的事。经过彭娟老师的分析，现在回忆起我们平时的教学确实有悖‘以学为本’的思想。我们的教学设计，更多的不是站在学生立场上思考他们需要怎样的帮助，而是顾虑自己该如何顺利地收场；我们在教育学生时，缺乏必要的等待和耐心，而是迫不及待地、尽我们所能地、‘高效率’地去教。”

作为教师的我们，心里都明白要以学生为主体，但是在教育、教学中总是立场不够坚定，或者是不知道该如何处理。当听到彭娟坚定地提出“养学”这一教学主张时，我们更加坚定了立场，特别这个“养”字深深地触动了我们，让我们茅塞顿开。确实，作为教师的我们，应该以“养”的心态和行动去遵循和顺应学生的身心成长和认知发展规律，成就每一个生命个体的“内生”与发展。正是基于这份认同与共鸣，大家有了共同的目标。

二、深入“养学”的磨合

随着“养学”主张内涵的不断充实，我们越发觉得，彭娟提出的这一个“养”包含着对知识形成的科学态度，包含着对学生成长的深切热爱，包含着对生命个体的尊重与敬畏。怎样把理论落到实处呢？工作室的每位成员都在深入“养学”的过程中，将实践与理论不断磨合，其间一节节精彩的课例逐步呈现。

一年级的课堂上，我们让学生在玩中学，在学中玩，从而使学生感到“数学好玩”，提高数学课堂的有效性，提升学生的数学核心素养。我们悟出“开”是贯穿数学学习始终的场域与氛围的基础。

习得数学学习的方法和思想需要有一个不断渗透、循序渐进、由浅入深的过程，让学生在一次次的有层次的活动体验中，不断地反思、不断地积累、不断地感悟！“探”是学生在问题的引领下，独立猜想、尝试、验证的经历。

结合课例，聆听报告。在思维火花的碰撞中，我们确定“联”是个体内部逐步完善和集体达成共识的过程，是“探”后的必要环节，并可能与“探”形成多次循环，直至达到成功解决问题的目标。

复习课“总复习——立体图形”中，夯实点、串成线、拓宽面的教学实践让资源之间相互补充、共享，让个体之间不断交融、滋养，形成了丰富的营养，通过发酵等一系列的反应，将其内化为生长能量，为“生”的迸发而蓄势。

在彭娟的引领下，工作室成员不断修正，尝试，再修正，再尝试，“开”“探”“联”“融”“生”五步“养学课堂”模式初现。

我们送教武汉市汉阳区、蔡甸区、东西湖区等学校的课堂，用典型课例生动诠释“从‘开放’走向‘内生’”的“养学课堂”。

教学“三位数乘两位数”时，我们发现师生信息不对等，于是我们设计前测问卷，了解学情。

打磨“复式统计表”的过程中，我们结合生活，创造适合学习内容的学习环境、创造适合学习内容的学习情境。

“养学课堂”“探”的过程中，我们既重视思维过程的发展，也注意提供给学生“充足”并且“开放”的学习素材。

课例反思中，我们确定课堂上关键性的问题，当一个学生近乎完美的发言之后，延迟同学或教师的点评，留出时间，根据学生情况深入互动。

设计“不规则图形的面积”和“负数的认识”时，我们关注不同层次的学生，运用“策略锦囊，分层指导”。

我们不回避问题，当学生出现差异时，我们认为有差异是好事。“养学课堂”的“联”和“融”恰恰是利用学生之间的差异，在学生现实起点、不同的理解和表征水平基础上，完成交流和对话。

……

显然这不是终点，我们还会秉持一贯的务实态度、严谨作风继续探寻“养学”精髓，力争不断地把自己最出彩的实践成果分享给更多的教师，让更多的学生成为“养学课堂”的受益者。

三、践行“养学”的成长

从彭娟老师“养学课堂”主张的提出，到今天，已经历经了将近30个月，在这30个月里，彭娟老师组织我们边研讨、边实践。工作室的每一位教师都在自己的课堂实践中，践行着“养学”的教育主张，同时又将所得滋润着主张。在这个过程中，大家都收获满满！行为由思想而生，在这30个月的学习中，教师最大的收获在于，慢慢地学会了如何思考。

首先是理性地思考。工作多年的教师，面对教学中的问题，也有自己的经验和看法。可这些经验和看法是相对零散的、不够系统的。在工作室教学主张的学习和研讨中，我们提出“养学”目标，这将我们以前的想法串联了起来，从“养学”教育、激发“内生”的角度去系统、清晰地看待教学中的问题。对五步养学法和教学策略的研学，让我们的思考有了载体和方向。有时我们会想得很长远，这样的课堂能激发学生哪些内生力，能帮助他们在未来处理哪些问题。有时我们会想得很细微，这个问题该怎么问，才能让学生“开”得自然，“探”得充实，“联”得有效。在理性的加工和自我的孵化下，教师的教学行为也越来越从容，因为大家知道：我做了什么，为了什么。

其次，教师开始学会为学生思考，在我们的教学主张中，一个“养”凸显我们以生为本的理念。从琢磨教材到琢磨学生，是“养学课堂”带给我们的改变。当“养”的目标是培养学生数学观察的敏锐性、数学好问的主动性、数学联系的自觉性时，“探究出新知”就没必要那么急切了。在该教学主张的引领下，我们总是不断审视自己的课堂：学生的生长点找好了吗，是否把握好了“浇水”和“施肥”的力度？因为有了对学生的思考，学生在课堂上的收获也越来越多。

的确，在“养学课堂”研究实践过程中，每一个人都有自己的收获：学生快乐地学习，教师也幸福地成长。通过此书我们将所得和所想与大家分享，更想将我们心中“养学课堂”的模样描绘给大家。

当我们视学生为白纸时，我们会有优越感；当我们视学生为种子时，我们会有敬畏感。

面对同样的生命，面对求知的学生，我们应该以“养”的心态和行动，成就每一个生命个体的“内生”与发展。

撤掉过度铺垫的“桥”，让学习真实展开！

留下绕不开的“雷”，让学习直面挑战！

放开过早牵扶的手，让学习自然发生！

只有怀着对生命尊重与敬畏的心，才能把握好教与学的度。

其实，“养学”不仅仅滋养的是学生，还让参与其中的每位教师得到了成长

我们希望播下的是种子，让它沐浴阳光，生根发芽，在“养”的土壤里去实现师生的同生共长！

湖北省彭娟名师工作室　汪屹　冯胜　吴丹　孙巧丽　王漪　朱莉萍